Jeannette Lawrence: Neuronale Netze

Jeannette Lawrence

Neuronale Netze

Computersimulation biologischer Intelligenz

*Aus dem Amerikanischen übersetzt und bearbeitet
von Marie-Cécile Bertau*

Systhema Verlag GmbH • München 1992

Jeannette Lawrence: Neuronale Netze

Vollständig überarbeitete und erweiterte Auflage

Titel der amerikanischen Originalausgabe:
»Introduction to Neural Networks«
Erschienen bei California Scientific Software, Grass Valley, CA 91024
© by California Scientific Software

15 14 13 12 11 10 9 8 7 6 5 4 3 2 1

94 93 92

ISBN: 3-89390-271-6

© 1992 by Systhema Verlag GmbH, Frankfurter Ring 224,
D-8000 München 40 / Germany.
Alle Rechte vorbehalten
Umschlaggestaltung: Systhema Verlag, Peter Balassa
Herstellung/Gestaltung: Systhema Verlag, Brigitta Keul
Satz: Caroline Butz für someTimes, München
Druck: Graphische Kunstanstalt Jos. C. Huber KG, Dießen/Ammersee
PostScript-Belichtung: CD GmbH, Neuler

Printed in Germany

Inhaltsverzeichnis

Vorwort

Vorwort

Als man mir die Idee vortrug, dieses einführende Buch zu schreiben, habe ich spontan die Gelegenheit ergriffen. Bald türmte sich auf meinem Schreibtisch so viel Material, daß ich Jahre damit beschäftigt gewesen wäre, alles durchzulesen. Mein erstes Problem bestand darin, alle Mitteilungen, wissenschaftlichen Aufsätze und Bücher, die ich finden konnte, durchzusehen und zu entscheiden, welche ich studieren sollte, um eine allgemeine Übersicht über neuronale Netzwerke zusammenzustellen, die für Leser, die nicht unmittelbar mit der einschlägigen Forschung befaßt sind, interessant sein würde. Viele ausgezeichnete Forschungsarbeiten von Leuten wie Leon Cooper, Christoph von der Malsburg, Shun-Ichi Amari, Eli Bienenstock, Paul Munro, Kunihiko Fukushima, Francis Crick, Carver Mead, Michael Arbib, Bart Kosko und anderen wurden aus Mangel an Platz und Zeit nicht berücksichtigt. Ich entschuldige mich bei diesen unerwähnten Helden. Wer gerne einige ihrer Werke lesen möchte, sei auf die von James Anderson und Edward Rosenfeld publizierte Sammlung verwiesen; Einzelheiten finden Sie in der Bibliographie.

Ich danke Sylvia für die sorgfältige Bearbeitung des Buches sowie Mark, der mir nahezu völlige Freiheit bei der Stoffauswahl gelassen und einige gute Illustrationen beigesteuert hat.

August 1988, Pasadena, CA. J.S. (Jeanette Stanley)

Vorwort zur zweiten Auflage

Als ich darum gebeten wurde, die „Neuronalen Netze" auf den neuesten Stand zu bringen, war ich Feuer und Flamme. Vor mehr als zwei Jahren hatte ich meine ersten Recherchen gemacht, seitdem habe durch die Arbeit bei California Scientific Software eine ganze Menge gelernt. Die Veränderungen in diesem Buch beruhen auf wertvolle Erfahrungen, gewonnen durch das Beobachten vieler Entwürfe neuronaler Netze; außerdem wurden die neuesten Entwicklungen der Industrie für neuronale Netze-Chips und der Forschungen auf dem Gebiet der Neurowissenschaften verfolgt. Daher enthält die vorliegende Version viel neues Material.

Ich danke Sylvia Luedeking für die Herausgabe dieses Buches und Mark, daß er das Layout von Grund auf neu gemacht und die Diagramme verbessert hat. Ich stehe tief in der Schuld von Al und Jerry bei California Scientific Software, da sie mir in vielen Fällen ihren Verstand bei technischen Fragen zur Verfügung stellten. Schließlich gilt mein Dank den großartigen Kunden von CSS, die viel mit mir darüber gesprochen haben, welche Entwurfsansätze am besten für sie wären.

März 1991, Grass Valey, CA. J. Lawrence

Vorbemerkung zur zweiten deutschsprachigen Auflage

Dieses Buch stellt eine durchgesehene und überarbeitete Version der ersten Auflage dar. Es nimmt die von J. Lawrence vorgenommenen Ergänzungen auf und richtet sich sonst in weiten Teilen nach der für die erste Auflage vorgelegten Übersetzung von Johannes Leckebusch.

M.-C. Bertau, München im Februar 1992

Wozu dieses Buch?

Es ist nicht leicht, neuronale Netze aufgrund der heute verfügbaren Literatur zu verstehen, wenn man keine Fachkenntnisse auf den Gebieten der Mathematik, Biologie oder Computerwissenschaft besitzt. Das ist wohl der Grund, warum neuronale Netze bisher so wenig eingesetzt werden. Forscher aus den verschiedensten Gebieten haben ein Interesse an diesem Thema, jeder trägt einen Mosaikstein (formuliert in den Begriffen seines Fachgebietes) zu dem Versuch bei, ein detailliertes Arbeitsmodell des Geistes zu schaffen.

Wir haben uns bemüht, durch eine einheitliche, wo immer möglich auf der Biologie beruhenden Terminologie die Verwirrung zu meiden, die sich aus der Lektüre vieler verschiedener Forschungspapiere mit unterschiedlicher Terminologie ergibt. Wir haben zeichnerische Konventionen eingeführt, die eine Zusammenstellung der von den ersten Forschern verwendeten Symbolik darstellen und haben die Ähnlichkeit von Theorien mit verschiedenen Namen hervorgehoben. Auch das ausführliche Fachwortverzeichnis am Ende des Buches sollte dem Leser dabei behilflich sein, sowohl andere Bücher und Artikel wie auch dieses Werk zu verstehen.

Das vorliegende Buch ist eine grundsätzliche Einführung, für Leute gedacht, die wenig oder gar nichts über neuronale Netze wissen. Sie brauchen also kein Hintergrundwissen in Biologie, Mathematik oder Psychologie, um etwas über neuronale Netze zu lernen. Auch wenn Sie kaum etwas über Computer und Programme wissen, brauchen Sie nicht zu verzweifeln. Sie sind dann sogar vielleicht in einer besseren Ausgangsposition, um Informationen über neuronale Netze aufzunehmen, da Sie keine vorgefaßten Vorstellungen haben, die Sie beiseite lassen müßten.

Dieses Buch liefert Hintergrundinformationen zur Biologie, Psychologie und Computerwissenschaft. Sie müssen nicht alle lesen, aber wenn Sie an ihnen interessiert sind, stehen sie zur Verfügung. Wenn Sie neugierig darauf sind, wie der Geist arbeitet, oder nur daran interessiert, diese neue Technologie anzuwenden, wird Ihnen dieses Buch Ihre Fragen in einer einfachen und direkten Weise beantworten. Wir führen neue Terminologie nur dann ein, wenn unbedingt notwendig, erklären gründlich, verwenden einfache Diagramme und stellen mehrere erläuternde Anhänge bereit. Kurz, Sie bekommen alles, was Sie brauchen, um das zu verstehen, was die aufregenste Erfindung seit dem Transistor sein könnte.

Kapitel 1

Neuronale Netzwerke

Neuronale Netze wurden als der größte technische Fortschritt seit der Erfindung des Transistors angepriesen. Im Jahre 2000 sollen sie in jedem gewöhnlichen Haushalt zu finden sein. Diese neue Form maschineller Intelligenz ist auf geradezu überirdische Weise verklärt worden. Was ist wirklich dran an dieser Sensationsmache? Dieses Buch beantwortet diese und andere Fragen auf der Basis des aktuellen Wissens.

Über neuronale Netzwerke sind Tausende von technischen Abhandlungen und Zeitschriftenartikeln geschrieben worden, doch richtet sich dieses Material vorwiegend an Forscher, nicht an die Öffentlichkeit. Dieses Buch schließt die Lücke, damit mehr Menschen neuronale Netze verstehen und anwenden können.

Neuronale Netzwerke werden entwickelt, um Krankheiten zu diagnostizieren, feindliche Flugzeuge zu erkennen, Aktienkurse vorherzusagen usw. Dieses Buch führt Sie Schritt für Schritt durch verschiedene Beispiele von Anwendungen neuronaler Netze. Mit den Verfahren, die Sie dabei kennenlernen, können Sie Probleme lösen, die mit traditionellen Methoden nicht zu lösen sind. Neuronale Netze erlauben es, bei der Problemlösung kreativ zu sein, da sie nicht den Gebrauch von Regeln oder Mathematik erfordern. Sie brauchen lediglich Beispiele, von denen sie lernen können.

Dieses Buch wird Sie auf den aktuellen Stand bezüglich dieser jüngsten Entwicklung in der maschinellen Intelligenz bringen. Nachdem Sie dieses Buch gelesen haben werden, werden Sie wissen, wie Sie neuronale Netzwerke zu Lösungen von Problemen anwenden können – sei es zum Spaß oder zu Ihrem Vorteil. Sie werden gut Bescheid wissen in den neuesten Forschungsgebieten, die Wissen aus vielen Disziplinen zusammenbringen. Dieses Buch sagt Ihnen, was neuronale Netzwerke sind, wie sie zu entwerfen sind, was sie können und nicht können, und Sie erfahren etwas über die Ursprünge dieses Gebietes. Es untersucht die biologischen Grundlagen der neuronalen Netzwerke und die jüngsten Entwicklungen und Theorien zur Arbeitsweise des Gehirns.

Was sind neuronale Netzwerke?

Das menschliche Gehirn ist ein komplexes biologisches Netzwerk, das aus Milliarden von Zellen besteht, die Neuronen genannt werden. Diese Neuronen schicken einander Informationen durch Verbindungen in alle Richtungen, und das Ergebnis ist ein intelligentes Wesen, das fähig ist zu lernen, analysierend zu verstehen, etwas vorauszusehen und wiederzuerkennen. Künstliche neuronale Netzwerke werden von Hunderten oder Tausenden simulierter Neuronen gebildet, die ähnlich wie Gehirnzellen miteinander verbunden sind, und deshalb auf ähnliche Weise etwas lernen können.

Ein neuronales Netz ist eine hochgradig vernetzte Neuronengruppe, die Informationen parallel verarbeitet. Es gibt zwei Arten neuronaler Netzwerke: biologische oder natürliche und künstliche Netze. Ein biologisches neuronales Netz besteht einfach aus den Nervenzellen in einem Lebewesen; ein künstliches neuronales Netz ist ein Modell, das ein biologisches neuronales Netz nachbildet. In diesem Buch wird der Begriff „neuronales Netzwerk" stets in Bezug auf ein künstliches neuronales Netzwerk verwendet.

Frühe neuronale Netze wurden als eigenständige elektronische Geräte aufgebaut, jetzt werden jedoch üblicherweise Simulationen neuronaler Netzwerke verwendet, um Theorien über neuronale Netze zu überprüfen oder für nützliche Anwendungen. Die Simulation eines neuronalen Netzwerkes besteht aus einem Programm (eine Befehlsfolge für den Computer), das ein Modell von Neuronen mit ihren Verbindungen schafft, um dann dieses Modell zu trainieren. Die meisten Leute schaffen sich nicht ihre eigene Simulation, weil sie einfach zu sehr mit der Forschung befaßt sind. Es gibt viele im Handel erhältliche Simulationen neuronaler Netzwerke, die das Entwerfen der Netzwerke einfacher machen.

Grundsätzlich lernen alle neuronalen Netzwerke durch Assoziation. Ein sehr einfaches Beispiel dafür ist zu lernen, einen Kürbis durch die Assoziation der Eingänge „groß", „rund", „orange" und „Gemüse" mit dem Ausgang „Kürbis" zu identifizieren.

Die Neuronen im neuronalen Netzwerk sind normalerweise in drei Schichten organisiert: Eingangsschicht, verborgene Schicht und Ausgangsschicht. Manchmal wird mehr als eine verborgene Schicht verwendet. Im Bild 1.2 stellt jeder Kreis ein Neuron dar, jeweils eine Reihe Neuronen entspricht einer Schicht. Jedes Neuron einer Schicht ist mit einem jeden der anderen Schicht verbunden.

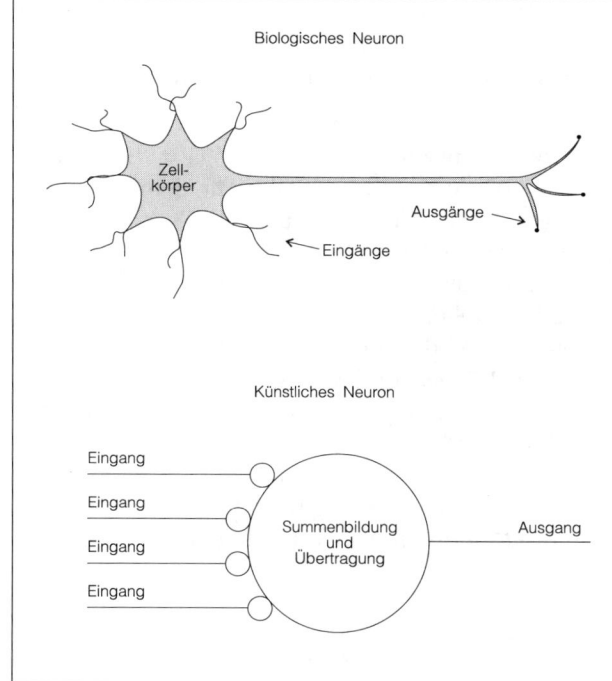

Bild 1.1: Zwei Darstellungen eines Neurons

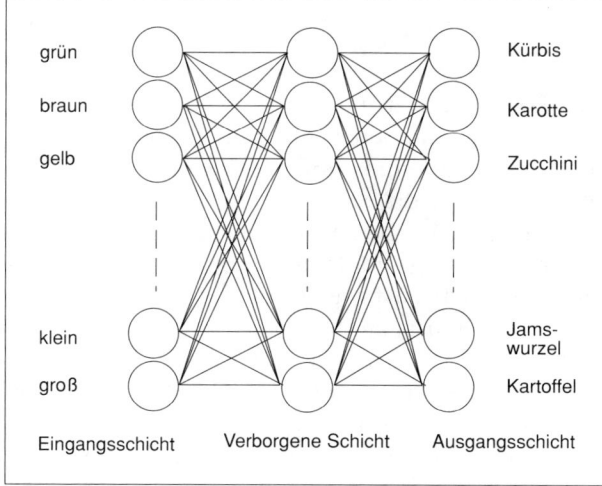

Bild 1.2: Einfaches Netzwerk zur Nahrungserkennung

Das hier gezeigte Netzwerk ist darauf trainiert, Gemüsearten nach ihrer Beschreibung zu erkennen. Die Information fließt von der Eingangsschicht durch die verborgene Schicht zur Ausgangsschicht. Die verborgene Schicht stellt die Assoziation zwischen den Ein- und den Ausgängen her. Diese Schicht heißt verborgene, weil sie keine direkte Verbindung zur Außenwelt aufweist. Man bietet der Eingangsschicht Information dar, das Netzwerk antwortet an der Ausgangsschicht. Das gezeigte Netzwerk verwendet das gebräuchlichste Schema für Schichten und Verbindungen. Es gibt andere Arten, wie Neuronen verbunden sein können, in Kapitel 4 und 5 wird dies näher erläutert.

Ein neuronales Netzwerk kann auf verschiedene Weisen lernen. Die bekannteste Methode ist die durch Beispiele und Wiederholungen, auch Fehlerrückführung (back propragation) genannt, mit dieser Methode ist auch unser Gemüsenetzwerk trainiert. Diese Methode wird eingehender in Kapitel 7 erklärt. Viele Beispielpaare von Eingaben und Ausgaben werden gesammelt und dem Netzwerk dargeboten. Jedesmal, wenn ein Beispiel für einen Eingang („orange", „rund", „groß" und „Gemüse" im obigen Fall) dem Netzwerk vorgelegt wird, rät es, was es sein könnte. Wenn ein Netzwerk brandneu ist und daher noch nichts gelernt hat, wird es sehr wahrscheinlich falsch raten.

Angenommen, unser untrainiertes Netzwerk entscheidet sich anfangs dafür, daß ein großes, rundes und orangefarbenes Gemüse eine Zucchini ist. Mit dem Trainingsbeispiel, das ja den richtigen Ausgang darstellt (Kürbis), wird das Netzwerk korrigiert. Die Simulationssoftware des neuronalen Netzes realisiert den Fehler durch Vergleich des richtigen Ausgangs mit der geratenen falschen Antwort. Die Software verändert daraufhin ihre internen Verbindungen so, daß beim nächsten Eingang dieser Art die Antwort eher richtig ist. Die Verbindungen werden so justiert, daß diese Eingänge stärker mit dem Ausgang „Kürbis" und weniger stark mit dem Ausgang „Zucchini" assoziiert werden. Dieses Training wird für eine Reihe von Beispielen durchgeführt, bis das Netzwerk die richtige Antwort lernt. Sobald das Netzwerk mit ausgewählten Ein- und Ausgängen eingeübt ist, kann es mit neuer Eingangsinformation (*ohne* Hilfsausgänge) zum Laufen gebracht, und zur Wiedererkennung, Verallgemeinerung oder Vorhersage von Antworten benutzt werden.

Anwendungen neuronaler Netzwerke

Schon heute gibt es etliche praktische Anwendungen für neuronale Netzwerke. Einige der geläufigsten sind Finanzprognosen, Entscheidungsfindung im Geschäftsleben, Mustererkennung (Militärbereich inbegriffen), Verhaltensmodellierung, mechanische Kontrollen, Buchstabenerkennung und Erstellung medizinischer Diagnosen.

Weiterhin werden neuronale Netzwerke verwendet, um unter Wasser Sonarsignale zu klassifizieren, um Sprache und Handgeschriebenes zu identifizieren, um die Wahrscheinlichkeit des Sudden-Infant-Death-Syndroms vorherzusagen, Roboterarme zu kontrollieren, Darlehensvergaben zu prüfen, die Sieger beim Pferderennen auszuwählen, Vorschläge für die Herstellung eines besser schmeckenden Bieres zu machen, die Aktienkurse bei Börsenschließung vorherzusagen, feindliche Flugmaschinen zu erkennen, einen Computer dazu zu bringen, ihn unbekannte Worte laut lesen zu lassen, Sonneneruptionen vorherzusagen, Immobilien zu bewerten, die Fehler eines Fließbandes zu diagnostizieren, die Ursachen von Staus zu bestimmen, Krebszellen zu erkennen und zu klassifizieren, die Anwesenheit und Position von Rissen im Beton herauszufinden, dynamische Strukturen zu erkennen und zu entschlüsseln und vieles andere mehr. Das Aufregende daran ist, daß – trotz all dieser Anwendungen – diese Technologie noch in ihren Kinderschuhen steckt.

Am New Yorker University Medical Center benutzen Forscher die Tensortheorie in Verbindung mit neuronalen Netzen, um die Berechnungen zu bewerkstelligen, durch welche künstliche Gliedmaßen mit nie zuvor dagewesener Anmut, Geschicklichkeit und Schnelligkeit bewegt werden können. Konventionelle Computer führen die notwendigen komplexen Berechnungen für Arm- oder Beinbewegungen zu langsam aus, um viele gleichzeitige Bewegungen in Echtzeit koordinieren zu können.

Die NASA bringt Robotern mit Hilfe von neuronalen Netzen bei, zufällig verstreute Objekte aufzunehmen. Normalerweise sind Roboter darauf angewiesen, daß Gegenstände exakt ausgerichtet sind, damit sie sie mit ihren Greifarmen aufnehmen können. Das neuronale Netzwerk geht anders vor: Es schätzt den Winkelunterschied zwischen dem Objekt und sich selbst ein und dreht aufgrund dieser Information die Greifarme in die richtige Stellung zu dem Gegenstand. Auf derselben Idee beruht eine Entwicklung, die Raumfahrzeugen beim Andocken an eine Orbitalstation helfen soll.

Ein von General Dynamics entwickeltes verbessertes militärisches Unterwasser-Horchsystem identifiziert verschiedene Schiffs- und Bootstypen sowie Unterseeboote aufgrund des Geräusches, das ihre Maschinen erzeugen. Das neuronale Netzwerk ersetzt Ohr und Gehirn des Mannes am Sonar. Es unterscheidet zwischen einzelnen Booten des gleichen Typs und erkennt einen über der Wasseroberfläche schwebenden Hubschrauber.

Ein an der Universität von Pensylvania in Zusammenarbeit mit dem Computerhersteller TRW entwickeltes Netzwerk kann 50 Meilen weit entfernte Flugzeuge unterscheiden und Strukturdetails mit einer Auflösung von 18 Winkelminuten erkennen. Es vermag ein Flugzeug aufgrund einer nur zehn Prozent seiner Merkmale umfassenden Beschreibung zu identifizieren.

Eines der ersten funktionierenden Netzwerke war NetTalk („Netz-Sprecher"), das von dem Biophysiker (Terry) Sejnowsky (John-Hopkins-Universität) und Charles Rosenberg (Princeton) gebaut wurde. Es bestand aus nur 300 Neuronen, konnte aber einen geschriebenen Text über einen Lautsprecher vorlesen. Das Netzwerk produzierte einen Code für die Sprachlaute der Worte, welche elektronisch in die Sprachlaute eines Sprechers übersetzt werden konnte. NetTalk beruht nicht auf formalen Regeln und verwendet kein Wörterbuch.

Teuvo Kohonen forschte an der Technischen Universität von Helsinki auf dem Gebiet der Spracherkennung. Er hat die Erkennung von gesprochenem Japanisch und Finnisch (einschließlich der Umsetzung in gedruckten Text) in Echtzeit demonstriert. Sein System entscheidet, wie Sprachlaute in Buchstabenkombinationen zu übersetzen sind. Zum Beispiel entscheidet das Netzwerk die richtige Schreibweise für identisch klingende Sprachlaute, wie etwa das „sch" ([ ]) in „Stuhl" und in „Schule", das sich durch den Buchstabenkontext ergibt.

Es gibt viele Anwendungen neuronaler Netze, viele andere sind noch in der Entwicklung, wie z.B. die folgenden:

– Die US Air Force entwickelt einen netzwerkbasierten Flugsimulator für das Bodentraining von Piloten. Das neuronale Netz soll mit Beispielen von Leistungen erfahrener Piloten trainiert werden.

– Im Anderson-Memorial-Krankenhaus in Süd-Carolina spielen neuronale Netze eine Schlüsselrolle bei der Verbesserung des medizinischen Behandlungsprogramms, welches schon viele Leben gerettet hat – und auch etliche Dollars eingespart hat.

– Die General Devices Space Systems Division verwendet ein neuronales Netzwerk zur Kontrolle des Öffnens und Schließens der Ventilklappen der Atlas-Rakete. Dazu beobachtet das Netz die Schwankungen im Stromverbrauch, anstatt relativ teure und nicht immer zuverlässige Sensoren für jede der 150 Ventilklappen zu benutzen.

– Die Ford Motor Company besitzt ein neuronales Netzwerk, welches sensorische Daten von Automotoren abzulesen in der Lage ist und die wahrscheinliche Ursache für auftretende Probleme oder Fehler bestimmen kann.

– Die Eaton Corporation hat ein System zur Auswuchtung von LKW-Bremsen entwickelt, das sowohl ein neuronales Netzwerk als auch ein traditionelles künstliche-Intelligenz-Programm benutzt, um die Bremsen über den fünf Achsen eines achtzehnrädrigen LKWs auszuwuchten.

– Die Firma BC Hydro in Vancouver verwendet ein neuronales Netzwerk, um ihr Stromnetz den Leistungsschwankungen ihrer industriellen Nutzer anzupassen. Die vier Kondensatoren sind nicht identisch und erfordern ständige Neujustierungen und Kontrollen.

– Ein von Halliburten entwickeltes neuronales Netzwerk identifiziert die Gesteinsarten aus Ölbohrlöchern, indem es die graphischen Darstellungen und Tabellen prüft.

– Auf dem John-F.-Kennedy-Flughafen in New York wird am TWA-Terminal ein Bombendetektor verwendet, der auf einer Implementierung eines neuronalen Netzwerkes beruht.

Entwerfen eines neuronalen Netzes

Obgleich es viele verschiedene Arten neuronaler Netze gibt, lernen Sie alle aufgrund von Beispielen und nicht nach Regeln oder mathematischen Formeln. Sie können im Handel käufliche Software benutzen, um Ihr Netzwerk zu entwerfen, zu trainieren, zu testen und zum Laufen zu bringen. Andererseits können Sie auch Ihr eigenes Programm schreiben, das jede einzelne dieser Aufgaben – oder alle – erfüllt.

Das Entwerfen eines neuronalen Netzes wird ausführlich in den Kapiteln 8 und 9 beschrieben, ganz allgemein gilt jedoch, zunächst das Problem für sich selbst klar zu definieren, eine Reihe von Beispielen zu sammeln und dann das neuronale Netz zu trainieren. Um etwa den Kurs einer bestimmten Aktie für den nächsten Tag vorherzusagen, würden Sie sich dafür entscheiden, die Informationen des Tages bezüglich des durchschnittlichen Industrieaktienindexes einzuholen sowie den Verbraucherpreisindex, den Preis bestimmter Rohstoffe, den Kurs der Aktie selbst und den der Konkurrenzaktien.

Sobald Sie das Problem definiert und die Ihnen zur Verfügung stehenden Daten bestimmt haben, müssen Sie diese Informationen in eine Form bringen, die das neuronale Netz verstehen kann. Kommerzielle Simulationssoftware ist bezüglich der Übersetzungsleistung ihrer Daten in die Form eines neuronalen Netzes sehr unterschiedlich. Manche Programme können viele verschiedene Datenformate lesen, andere nicht. Wenn Ihre Daten von außerhalb des Computers kommen, etwa bei einem Sensor oder einem mechanischen Eingabegerät, müssen Sie zuerst die Daten in einem von der Netzwerksimulation unterstützten Format in einer Datei ablegen, erst dann können Sie mit dem Training beginnen.

Wenn Sie nun Beispiele gesammelt und in Netzwerkdaten übersetzt haben, können Sie sie dem Netzwerk für das Training darbieten. Sie können spezifizieren, wie genau das Netzwerk sein muß, wenn es als gut trainiert gelten soll. Sobald das Netzwerk trainiert ist, sollten auf ihm völlig unbekannte Informationen getestet werden, um so sein Wissen zu dem speziellen Problem zu überprüfen.

Ein trainiertes und getestetes Netzwerk kann ihm unbekannten Daten verarbeiten, um Ihre Fragen zu beantworten. Ein trainiertes Netzwerk kann sowohl über Simulationssoftware als auch über Ihr eigenes Programm in Betrieb genommen werden. Es kann auch auf einem neuronalen Netzwerk-Chip implementiert und in Ihre eigene Hardware für extrem schnelle Verarbeitung eingebunden werden. Bei manchen Chips ist es möglich, das Training auf dem Chip selbst durchzuführen, aber ein Software-Programm wird trotz allem benötigt, um das Training zu leiten. Die jüngste Entwicklung bei den neuronalen Netzwerk-Chips wird in Kapitel 2 diskutiert.

Geschichte der Forschung neuronaler Netzwerke

Das Gebiet der neuronalen Netzwerke ist nicht neu. Die Forschung begann vor ungefähr 40 Jahren, wurde jedoch von einer Ära der Entwicklung regelbasierter künstlicher Intelligenz überschattet. Neuronale Netzwerke werden auch als künstliche neuronale Systeme, konnektionistische Systeme, Neurocomputer, adaptive

Systeme, parallel verteilte Prozessoren, kollektive Entscheidungsschalter und natürliche Intelligenz bezeichnet. Der letzte Begriff betont die Tatsache, daß das Netzwerk biologisches Verhalten simuliert und nicht auf sequentiellen Verarbeitungs-
regeln oder Mathematik beruht, wie das bei der traditionellen künstlichen Intelligenz
der Fall ist. Zum Teil werden neuronale Netzwerke als Zweig der künstlichen Intelligenz gesehen, weil beide Gebiete sich um die Nachahmung menschlicher Intelligenz
bemühen.

Es ist noch nicht lange her, daß – vor allem aufgrund von Fortschritten in der biologischen Forschung – neuronale Netzwerke wieder bekannter geworden sind und
weltweit viele Forscher unterschiedlicher Disziplinen angezogen haben. 1982 haben
drei prominente Forscher, Hopfield, Marr und Kohonen, unabhängig voneinander
Aufsätze über neuronale Netzwerke, die als Gedächtnis, zum Sehen und zum
Erstellen von Gehirnkarten benutzt werden, publiziert. Diese und ungefähr ein
Dutzend anderer Aufsätze in den frühen 80er Jahren haben für neues Interesse
gesorgt (1). Die beiden Bände *Parallel Distributed Processing* über neuronale Netz-
werke und verwandte Themen aus dem Jahre 1986 trugen ebenso dazu bei, das
Gebiet der neuronalen Netzwerke durch die Bereitstellung der mathematischen
Grundlagen zu neuem Leben zu erwecken (2).

Bibliographische Hinweise

(1):   ANDERSON, J.A. und ROSENFELD, E. (Hrsg): Neurocomputing, Foundations of
       Research. Cambridge, MIT Press, 1988.

(2):   RUMELHART, D.E., HINTON, G.E. und MCCLELLAND, J.L.: Parallel Distributed
       Processing, Band 1 und 2. Cambridge, MIT Press, 1986, 1987.

KAPITEL 2

Neuronale Netzwerke im Vergleich mit traditionellen Methoden

Auch wenn die Anwendungen im vorigen Kapitel wie eine kunterbunte und zufällige Mischung aussehen, haben sie doch einige Dinge gemeinsam. Neuronale Netze sind bei bestimmten Urteilsarten sehr gut, bei anderen jedoch sehr schlecht. Bestimmte Problemarten führen daher von sich aus zu einer Lösung mit neuronalen Netzen, andere nicht.

Es ist nicht von Wichtigkeit, daß Sie verstehen, wie ein neuronales Netz genau funktioniert, um zu entscheiden, ob es das adäquate Werkzeug für Sie ist. Dieses Kapitel beschreibt die Fähigkeiten eines neuronalen Netzwerkes, verrät etwas über seine Grenzen, vergleicht neuronale Netzwerkmethoden mit traditionellen Computermethoden und diskutiert die jüngsten Entwicklungen auf dem Gebiet der neuronale Netze-Chips. Sie werden nach dem Lesen dieses Kapitels verstehen, warum so viele unterschiedliche Probleme und Aufgaben gut mit neuronalen Netzwerken zu lösen sind.

Fähigkeiten eines neuronalen Netzwerkes

Menschen führen jeden Tag biologische Berechnungen aus, wenn sie ein Gesicht erkennen, nach einem Butterbrot greifen oder sich an den Geschmack ihres Lieblingsbonbons erinnern. Es erwies sich als sehr schwierig, herkömmliche Computer dazu zu bringen, etwas derartiges zu tun. Hingegen kann man mit künstlichen neuronalen Netzen normalerweise diese Art Aufgaben besser lösen.

Die Übersicht 2.1 listet knapp die Fähigkeiten neuronaler Netze auf und gibt jeweils ein Beispiel. Diese Fähigkeiten werden im folgenden genau diskutiert.

Fähigkeit	Anwendungsbeispiel
Mustererkennung	Identifizierung von U-Booten mit Hilfe des Sonars
Generalisation	Bewertung von Immobilien
Trendvorhersagen	Entscheidungen über Kauf und Verkauf von Aktien
Verhaltensvorhersagen	Vorhersagen der Ergebnisse einer Operation
Bewerten	Akzeptieren/Ablehnen eines Darlehens
Tolerant gegenüber unsauberen Daten	Erkennung optischer Zeichen
Tolerant gegenüber unkorrekten Daten	Vorhersagen von außergerichtlichen Vergleichen
Filtern	Säubern von Bildsignalen
Rasche Arbeitsweise	Kontrolle von Roboterarmen
Erfassen subtiler Zusammenhänge	Medizinische Expertensysteme
Kontrolliertes Nachlassen bei Beschädigung	Automatische Kontrolle im Weltraum
Gute Optimierung	Erstellung von Flugplänen
Analyse großer Datenmengen	Korrelieren von Versicherungsansprüchen
Extrapolation	Diagnose von Produktionsfehlern

Übersicht 2.1: Typische Anwendungen neuronaler Netze

Alles, was mit Mustern zu tun hat, ist ein Fall für den Einsatz neuronaler Netze. Ein Muster kann aus visuellen, numerischen oder symbolischen Daten bestehen. Neuronale Netze sind in der Lage, Muster zu erkennen, auch wenn sie geräuschvoll, zweideutig, verzerrt sind oder viele Variationen enthalten. Mit neuronalen Netzwerken können U-Boote durch Sonarsignale, Krebszellen durch Bildanalyse, Risse im Beton durch Schallwellen, Moskitos durch die Flügelschlagfrequenz sowie Hand- oder Maschinengeschriebenes und vieles mehr erkannt werden. Um ein neuronales Netzwerk auf Mustererkennung zu trainieren, braucht man sehr viele Eingabebeispiele, welche mit der richtigen Identifikation oder Klassifikation jedes Eingabemusters gekoppelt sind. Mustererkennung ist sehr wahrscheinlich das einfachste, was einem neuronalen Netzwerk antrainiert werden kann.

Menschliche Experten können zwar auch sehr gut Muster erkennen, aber mit Menschen sind stets spezielle Probleme verbunden, denn sie neigen dazu, langsam und inkonsistent zu sein. Außerdem variieren die Meinungen nicht nur zwischen verschiedenen Leuten, sondern eine einzelne Person sieht häufig ein und dieselbe Sache an verschiedenen Tagen unterschiedlich. Meistens werden mehr trainierte

Leute gebraucht als tatsächlich zur Verfügung stehen. Darüber hinaus neigen Menschen dazu, beim Prüfen von Mustern nach einer gewissen Zeit zu ermüden, außerdem brauchen Menschen einige Zeit, um etwas zu trainieren, und das Wissen der einen Person kann nicht einfach in eine andere Person „hinüberkopiert" werden – der Trainingsprozeß muß für jede Person wiederholt werden. Neuronale Netzwerke leiden an keinem dieser Hindernisse. Sie sind schnell, konsistent, ermüden nicht, und sobald sie trainiert sind, können sie beliebig oft kopiert und mit einem Copyright-Schutz verbreitet werden. Neben der Erkennung und Identifizierung von Mustern können neuronale Netzwerke auch unsaubere Daten aufnehmen und diese „säubern". Bild 2.1 zeigt die Art von schlampigem Input, die ein neuronales Netz in saubere Ziffern übersetzen kann. Bei der Verarbeitung von eingehenden geräuschvollen Daten wie Bild-, Funk-, Sonar- und Sprachsignalen kann ein neuronales Netzwerk den „Schmutz" eliminieren und nur die bedeutungsvollen Anteile zurückbehalten. Das nennt

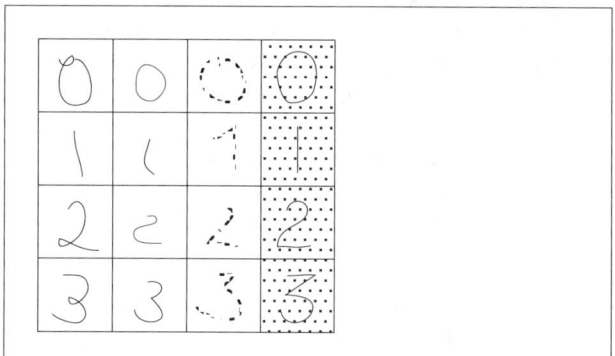

Bild 2.1: Vier Trainingsmuster, durch die ein neuronales Netz allgemeine Gestalten lernt

man Filtern. Generalisieren ist die Fähigkeit, Schlüsse bezüglich unbekannter Dinge zu ziehen, unter der Bedingung, daß die gegebene unbekannte Information von der bekannten Information zwar verschieden, aber dieser doch ähnlich ist. Z.B. könnten Sie Beispiele von Beschreibungen und Verkaufspreisen von Häusern zusammentragen, die in Ihrer Umgebung verkauft wurden, und damit ein Netzwerk trainieren. Anhand der Hausbeschreibung könnte dann der Preis vorhergesagt werden. Sie könnten dabei Faktoren wie die Quadratmeteranzahl, die Größe des Gebäudes, die Anzahl der Schlafräume, der Badezimmer, die Einstufung der Nachbarschaft, das Vorhandensein eines Kamins, eines Schwimmbades, einer Klimaanlage usw. heranziehen, um den Preis vorherzusagen. Jedes neue, auf den Markt kommende Haus kann durch das Netzwerk in seinem Wert eingeschätzt werden, auch wenn das jeweils neue Haus nicht genau den Trainingsbeispielen entspricht.

Es wurden Programme geschrieben, die dasselbe mit Hilfe mathematischer Regeln zu erreichen suchen, aber oft liefern sie wegen der feinen Zusammenhänge innerhalb der Daten nicht so gute Ergebnisse wie neuronale Netzwerke. Viele Probleme können nicht einfach über einen Satz von Formeln oder Regeln definiert werden.

Neuronale Netzwerke können komplizierte nichtlineare Probleme lösen, weil die Neuronen nichtlinear und hochgradig vernetzt sind, so daß komplexe Zusammenhänge zwischen Ein- und Ausgang eingefangen werden können. Dies wird genau in Kapitel 4 erklärt.

In einem nichtlinearen Problem können bestimmte Werte an einem der Eingänge des neuronalen Netzes eine unterschiedliche Wirkung auf den Ausgang haben, je nach den Werten der anderen Eingänge. Die Anwendung eines neuronalen Netzes für die Immobilienbewertung ist ein Fall von nichtlinearem Verhalten: Die Fläche und die Anzahl der Schlafräume haben einen Einfluß auf den Preis des Hauses. Das Ansteigen der Anzahl von Schlafräumen in einem Haus mit wenig Quadratmeterfläche könnte sich negativ Wirkung auf den Preis auswirken (wobei es hier um eine Veränderung innerhalb des Hauses geht, nicht um eine Vergrößerung). Die Zunahme von Schlafräumen in einem sehr großen Haus wird jedoch den Preis steigen lassen, vor allem wenn anfangs nur zwei Schlafzimmer vorhanden sind. Die unterschiedlichen Wirkungen, die die Eingänge auf den Ausgang haben können, werden nichtlineare Beziehungen genannt; neuronale Netzwerke können diese sehr gut lernen.

Die Trendvorhersage, vor allem bei Börsenkursen, ist im Grunde genommen ein Spezialfall der Mustererkennung, wobei hier das Zeitelement in das Eingangsmuster einbezogen ist. Auf der Grundlage gegebener Erfahrungsdaten kann ein neuronales Netzwerk den Börsenindex der nächsten Woche für eine bestimmte Firma, den Preis von Rohstoffen, die ein bestimmter Industriezweig braucht, für den Zeitraum von sechs Monaten vorhersagen und vieles andere mehr; so wird ein Geschäft profitabler, Entscheidungen werden leichter gemacht. Allerdings sehen neuronale Netzwerke den Faktor Zeit nicht in derselben Weise wie wir. Davon mehr und ausführlicher in den Kapiteln 8 und 9.

Andere Vorhersagen, wie das Ergebnis einer Psychotherapie, die Wahrscheinlichkeit des Auftretens von SIDS bei einem Kind, den Sieger eines Pferderennens oder das Auftreten einer Sonnenerruption sind auch Spezialfälle von Mustererkennung. Wir neigen dazu, dies für Zukunftsvorhersage zu halten und nicht für eine Mustererkennung, aber das neuronale Netzwerk realisiert nicht, daß das Muster, das es erkennt, ein Ereignis der Zukunft ist. Es weiß z.B. einfach nur, daß ein Kind, dessen Bruder oder Schwester eine unerklärliche Atemstörung hatte, für das Auftreten eines SIDS anfälliger ist.

Neuronale Netzwerke werden auch dann angewendet, wenn die Regeln unbekannt oder schwer erklärbar sind. Angenommen, daß Sie alle Unterlagen der Patienten gesammelt haben, die unterschiedliche Symptome und anormale Lymphzellen aufweisen, und zwar sowohl für Patienten, bei welchen die Hodgkins-Krankheit diagnostiziert wurde als auch für Patienten ohne diese Diagnose. Sie haben Daten aus persönlichen Fragen und Testergebnissen ausgewertet. Nun möchten Sie bestimmen, für wen die Gefahr besteht, die Hodgkins-Krankheit zu bekommen. Dies soll Ihnen helfen, zu entscheiden, ob bestimmte kostspielige Tests notwendig sind. Sie wissen, daß Ihre Daten wichtige Informationen sind und haben vielleicht eine intuitive Vorstellung von den Zusammenhängen zwischen diesen Daten. Doch dies können Sie einem Computer nicht in Form von Regeln und Formeln erklären – zumal meistens kein spezielles Symptom eindeutig auf die Krankheit hinweist. Einem neuronalen Netzwerk brauchen Sie nur Beispielfälle von Patienten mit und solchen ohne diese Krankheit zu zeigen, das Netzwerk wird die subtilen Zusammenhänge Ihrer Daten ausfindig machen.

Netzwerke werden deswegen als clever und intuitiv bezeichnet, weil sie durch Beispiele und nicht durch die Befehlsfolgen programmierter Regeln lernen. Ein neuronales Netzwerk kann sogar für ein Problem verwendet werden, das Sie selbst nicht ganz verstehen. Z.B. könnten Sie nur in ganz allgemeiner Form verstehen, welche Dinge bei der Lösung eines Problems beteiligt sind. Vielleicht wissen Sie, welche Information wichtig ist und können eine gute Datenauswahl zum Training des Netzes auswählen, aber Sie sind nicht sicher, wie wichtig die jeweilige Datenart ist. Ist der Verbraucher-Preisindex wichtiger als der Preis des Benzins für die Vorhersage der General-Motor-Aktien? Sie können ein neuronales Netzwerk trainieren, Beziehungen zu lernen und ihm dann Fragen stellen wie „welche Wirkung hat der Benzinpreis auf die Aktie bei gegebenen Werten für die anderen Eingänge?", oder „welche Faktoren sind am wichtigsten bzw. haben die größte Wirkung auf diese Vorhersage?" Auf diese Weise können Sie selbst ein besseres Verständnis des Problems erlangen.

Probleme, die schwierig zu berechnen sind und die keine exakte oder perfekte Antwort fordern, sondern nur schnelle und sehr gute Antworten, können mit neuronalen Netzwerken gut bearbeitet werden. Es ist manchmal wichtiger, daß ein Roboterarm schneller in eine ungefähre Richtung bewegt werden kann, als langsam in genau diese Richtung. Ein Programm, das komplizierte Formeln benutzt, um die Richtung, die Geschwindigkeit, das Volumen oder irgendeine andere Menge zu berechnen, kann um einiges langsamer mit der Antwort sein als ein neuronales Netzwerk.

Verteidigungsministerien haben ein besonderes Interesse an neuronalen Netzen, da diese insofern dem Gehirn ähnlen, als daß sie bei Beschädigung in ihrer Funktion nur kontrolliert nachlassen. Daten und Informationsverarbeitung sind auf viele Neuronen verteilt. Daher funktioniert das Netz, wenn einige der Neuronen zerstört werden, immer noch, wenn auch mit geringerer Leistung. Ein vergleichbarer Schaden wäre für einen konventionellen Computer ein Desaster. Zerschneidet man nur eine der Leiterbahnen eines Computers, bricht seine Funktion zusammen. Computerzusammenbrüche können im Bereich der Weltraumfahrt oder in Kernkraftwerken schwerwiegende Katastrophen heraufbeschwören.

Neuronale Netzwerke können zur Lösung von Optimierungsproblemen herangezogen werden, das heißt, eine gute Antwort aus vielen akzeptablen herausfinden anstatt der besten. Die beste Antwort herauszufinden kann eine in vielen Fällen praktisch undurchführbare Aufgabe sein und oft ist eine gute Antwort völlig ausreichend. Z.B. mag es viele Arten geben, Pläne für Flugzeuge und Mannschaft so zu erstellen, daß die Flugbedingungen erfüllt sind, aber es ist dabei nicht notwendig, tagelang zu rechnen, nur um die allerbeste Kombination zu finden. Wenn es Veränderungen aufgrund von Abbestellungen oder schlechtem Wetter in letzter Minute gibt, ist lediglich eine rasche und gute Antwort nötig, um das System am Laufen zu halten.

Neuronale Netzwerke sind sehr viel besser in der Lage als regelbasierte Software zu extrapolieren oder auf neue Situationen zu projizieren. Z.B. kann ein neuronales Netzwerk darauf trainiert werden, Disfunktionen zu erkennen, die ein fehlerhaftes Produkt zur Folge haben. Nehmen Sie an, daß Sie das Netzwerk mit zwei Beispieltypen trainieren: zum einen Fälle, wo innerhalb einer Fertigungsstraße eine Kontrollstelle kaputtgegangen ist, zum anderen, wo zwei Kontrollstellen kaputtgegangen sind. Wenn ein Teil aufgrund des Kaputtgehens von drei Kontrollstellen defekt ist, kann Ihnen das neuronale Netz häufig sagen, daß es drei Stellen sind. Dieses neuronale Netzwerk extrapoliert die Daten einer Stelle oder zweier Stellen auf die Defekte dreier Kontrollstellen.

Neuronale Netzwerke können große Datenmengen analysieren. Manche Probleme enthalten Tausende von Beispielen mit unterschiedlichen Ausgängen und sehr vielen abhängigen Variablen. Für eine Person ist es sehr schwer, die Zusammenhänge herauszufinden. Z.B. versucht ein Pharma-Unternehmen, Herstellungsverfahren zu vervollkommnen, so daß das Produkt die besten Eigenschaften bezüglich Festigkeit, Löslichkeit, Haltbarkeit, Temperaturempfindlichkeit, möglichst geringe Nebenwirkungen etc. aufweist. Früher mußte dies durch Chemiker in sehr vielen Laborexperimenten herausgefunden werden, indem Hitze, Druck, Zusammensetzung, Herstellungsverfahren etc. immer wieder eingestellt und getestet wurden. Jetzt kann man ein Netzwerk mit diesen Daten trainieren und dann „Experimente" durchführen. Einem so trainierten Netzwerk können neue Kombinationen von Bestandteilen und chemischen Prozessen eingegeben werden, der Ausgang gibt dann Auskunft darüber, ob der neue Ansatz etwas Gutes hervorbringt. Nur wenn das neuronale Netzwerk ein bestimmtes entwicklungsfähiges Rezept vorschlägt, betritt der Chemiker das Laboratorium, stellt die Substanz her und macht zeit- und kostenaufwendige Labortests.

Neuronale Netzwerke sind kein Computerersatz, sondern ein Zusatz. Neuronale Netzwerke sind gegenwärtig nicht in der Lage, seriell-logische und präzise, komplizierte arithmetische Aufgaben gut zu lösen. Aber es wurden ernsthafte Versuche unternommen, um die biologischen Mechanismen des Denkens zu verstehen und in die neuronalen Netzwerke zu integrieren.

Netzwerke sind sehr schlecht beim Schlußfolgern oder logischen Denken. Beispielsweise wird einem neuronalen Netz erzählt, daß Blumen rot sind, daß Rosen Blumen sind und daß Crimson Glories Rosen sind (was sich ja nicht aus einer bloßen Assoziation ergibt, da eine Assoziation noch kein logischer Schluß ist!). Dieses Netz kann wahrscheinlich nicht schlußfolgern, daß Crimson Glories rot sind. Interessanterweise sind regelbasierte Expertensysteme sehr schlecht beim Generalisieren und in der Toleranz gegenüber fehlerhaften Eingaben, aber sie sind exzellent im Schließen. Neuronale Netzwerke können auch nicht besonders gut Operationen lernen, die viele unterschiedliche Schritte beinhalten, wie etwa Kuchenbacken. Ein neuronales Netzwerk kann darauf trainiert werden, ob eine Liste von Zutaten einen guten Kuchen ergibt, aber es würde mit der Aufzählung der dazu notwendigen Schritte überfordert werden.

Mathematische Präzision ist nicht die Stärke neuronaler Netzwerke. Wenn Sie ein neuronales Netzwerk fragen, was 2,01 und 2,02 ergibt, wird es Ihnen mit „ungefähr 4" antworten; bilanzieren Sie also Ihre Ausgaben besser nicht mit einem neuronalen Netzwerk. Wenn jedoch Schnelligkeit wichtiger ist als Präzision, dann ist ein neuronales Netzwerk ein gutes Instrument. Ein Problem mit traditionellen Programmen oder einem Expertensystem zu lösen, kann so rechenintensiv sein, daß die Antwort zu spät erscheint, um noch nützlich sein zu können. Wenn eine rasche Antwort wichtiger ist als eine exakte, ist das neuronale Netzwerk genau das richtige Arbeitsmittel. Daß ein neuronales Netzwerk nicht präzise ist, bedeutet nicht, daß es unrichtig ist. Die Fehlerlosigkeit, die von einem neuronalen Netz erwartet werden kann, hängt von der Art des vorliegenden Problems und von der Qualität der zur Verfügung stehenden Daten ab. Hier einige Hinweise. Neuronale Netzwerke sind bei Mustererkennung sehr gut. Wenn repräsentative und eindeutige Beispiele für die zu identifizierenden oder zu klassifizierenden Dinge vorliegen, wird das neuronale Netzwerk mit 100prozentiger Richtigkeit antworten. Wenn „chaotische" Daten vorliegen, wie etwa bei Börsenkurs-Vorhersagen, kann man eine 80- bis 90prozentige Richtigkeit erwarten. Wenn ein Problem vorliegt, das an und für sich schwer vorherzusagen ist, wie z.B. das Ergebnis eines Pferderennens, kann man die Richtigkeit durch das Trainieren mehrerer Netzwerke und das Heranziehen deren gemeinsamer „Meinung" erhöhen.

Vergleich mit traditionellen Verarbeitungsmethoden

Neuronale Netzwerke werden von vielen Leuten als der nächste größere Schritt sowohl in der Computerindustrie als auch bei der Erforschung des menschlichen Denkens angesehen. Sie sind eine neue Form „elektronischer Intelligenz". Sie lassen eine gesamte Hardware-Industrie entstehen, die von der gegenwärtigen Computer- und Programmierindustrie sehr verschieden ist.

Neuronale Netzwerke sind keine Weiterentwicklung normaler serieller Computer, sie unterscheiden sich von diesen in ihrer Architektur, ihrer Funktion und ihren Einsatzgebieten grundsätzlich. Neuronale Netzwerke gleichen eher rechnenden Speichern, deren Operationen durch Assoziation und Ähnlichkeit gesteuert werden.

Die meisten neuronalen Netzwerke sind Software-Simulationen, wobei die Neuronen nichts weiter als Datenstrukturen im Speicher eines herkömmlichen Computers darstellen. Darum scheint es dem Benutzer so, als liefe ein ganz normales Computerprogramm; ein einzelner Hochgeschwindigkeitsprozessor bewegt Daten Bit für Bit hin und her – der entscheidende Unterschied liegt in der Musterstruktur der Daten.

Die Befehle konventioneller Computer sind in vorgegebenen Abfolgen angeordnet und werden einer nach dem anderen ausgeführt. Das ist der Grund, warum man sie oft als serielle Computer bezeichnet. Auch die Daten werden seriell gespeichert: Jedes Byte setzt sich normalerweise aus acht Bit zusammen, jedes Bit stellt entweder eine 1 oder eine 0 dar. Jedes Byte steht in einer einzelnen Speicherstelle mit einer individuellen, unverwechselbaren Adresse, genau wie ein Brief in einem Briefkasten. Ein Befehl kann veranlassen, daß ein Byte aus dem Speicher in den Zentralprozessor gebracht, mit anderen Daten kombiniert und dann zurück in den Speicher geschrieben wird, wo es auf weitere Verarbeitung wartet. Dies alles geschieht mit unglaublich hoher Geschwindigkeit, aber es wird jeweils nur ein Befehl zu einem Zeitpunkt ausgeführt .In einem neuronalen Netzwerk gibt es keine auszuführenden Befehle und keine hier- oder dorthin zu speichernden Daten. Es wird kein Programm geschrieben, das ihm sagt, was es tun soll; Architektur und Trainingsmethoden bestimmen, wie das Netzwerk arbeiten wird. Ein neuronales Netz besitzt keinen getrennten Speicher für die Aufbewahrung von Daten. Seine einfachen Prozesorelemente, die Neuronen,

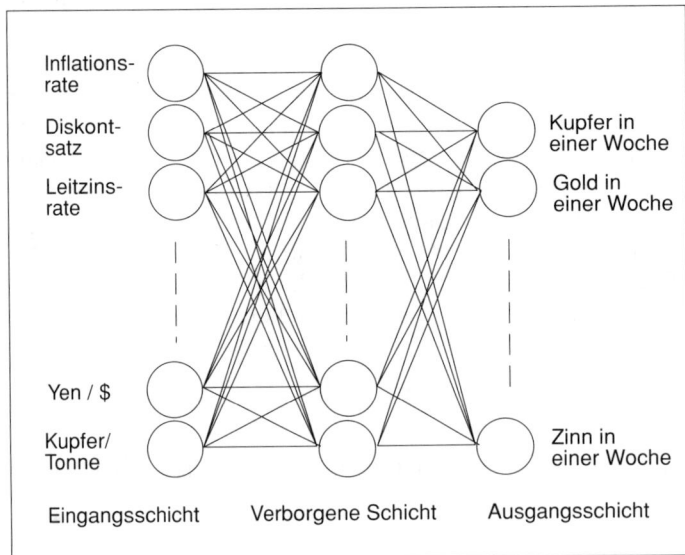

Bild 2.2: Netzwerk zur Vorhersage

reagieren auf eine Vielzahl von parallel anfallenden Eingangswerten (siehe Bild 2.2). Das Ergebnis besteht aus dem Gesamtzustand des Netzes, sobald dieses einen

Gleichgewichtszustand erreicht hat. Das Wissen eines neuronalen Netzes befindet sich nicht an irgendeiner Adresse, sondern es ist als Muster über das gesamte Netz verteilt. Genausowenig wie man das Hirn zerschneiden kann, um das Wissen herauszuholen, das einmal darin war, können neuronale Netzwerkentwerfer den Neuronenverbindungen ansehen, welche Informationen sie gespeichert haben.

Computer führen nicht nur mathematische, sondern auch logische Operationen aus, wie zum Beispiel „nicht", „und", „oder" (logische Verneinung, UND-Verknüpfung, ODER-Verknüpfung). Sie können jedoch, aufgrund der Hardware, nur zwei bis zehn Operanden zu einem Zeitpunkt bearbeiten. In einem neuronalen Netzwerk hat die kleinste Einheit, das Neuron, normalerweise Eingangverbindungen zu Tausenden von anderen Neuronen. Dieser hohe Grad an inneren Verbindungen ähnelt der Struktur unseres Gehirns und findet bei konventionellen Computern keine Anwen-

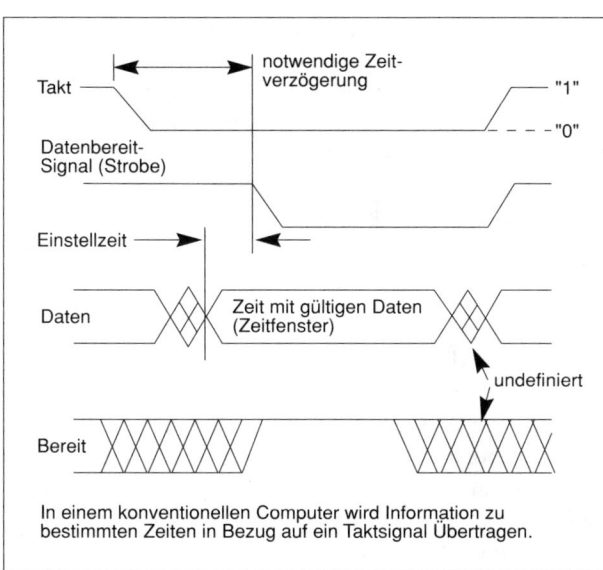

In einem konventionellen Computer wird Information zu bestimmten Zeiten in Bezug auf ein Taktsignal Übertragen.

Bild 2.3: Zeitdiagramm eines Computers

dung. Neuronen werden manchmal mit Computerspeicherzellen verglichen. Eine solche Speicherzelle (Latch) ist ein digitaler Schaltkreis mit einer Rückkoppelungsschleife, die sie veranlaßt, ihren Zustand aufrechtzuerhalten und somit zu speichern. Dieser Vergleich ist irreführend, weil eine Speicherzelle eine Vorrichtung ist, die ein einzelnes binäres Datum speichert, ein „An" oder „Aus", und diese Information unbegrenzt aufbewahren kann. Neuronen enthalten keine spezifische An- oder Aus-Information, sondern sie bewahren die Art und Weise, in der sie auf die Signale der Neuronen antworten, mit denen sie verbunden sind, und sie feuern entsprechend den Informationen an ihren „Eingangssynapsen" und deren gespeicherter „Bewertung" (Gewichtung). Wenn ein Neuron feuert, sendet es ein An-Signal. Die Zeit, die dieses Signal auf An bleibt, ist immer gleich. Aber die Gesamtfrequenz der Feuerimpulse ist veränderlich: höhere Feuerfrequenzen zeigen an, daß das Neuron stärker erregt ist.

Die logischen Operationen eines Computers beruhen auf digitalen Signalpegeln (sprunghaften Spannungswechseln) und stabilen Zuständen, das heißt, das Ausgangssignal eines Gatters kann seinen Pegel beibehalten, auch nachdem der Eingangswert sich geändert hat beziehungsweise nicht mehr vorhanden ist; Computer synchronisieren alle Vorgänge mit einem Taktsignal, wie in Bild 2.3 dargestellt. Neuronale Netzwerke sind nicht binär, nicht statisch und sie arbeiten nicht synchron. In einem konventionellen Programm gibt es zahllose, sich wiederholende logische Operationen mit präzisen Vorschriften für jeden Schritt. Das Programm kann während der Ausführung angehalten werden und zeigt dann einen Zustand, der exakt die bis dahin stattgefundenen Rechenschritte widerspiegelt. In einem neuronalen Netz „entwickelt" sich eine Antwort. Wenn dieser Vorgang unterbrochen wird, ehe er abgeschlossen ist, sieht die unfertige „Antwort" wahrscheinlich unsinnig aus.

Das Lernen von zeitabhängigen Abfolgen nennt man temporäre Assoziation. Diese Abfolgen enthalten gewöhnlich Alternativen, so daß Sprünge zu verschiedenartigen Ketten von Geschehnissen auftreten können. Die Abläufe können auch zyklisch (sich in Schleifen wiederholend) sein. Da auch Computerprogramme auf diese Weise aufgebaut sind, vergleicht man Denkprozesse oft mit Computerprogrammen. Oberflächlich scheinen sich die Vorgänge zu ähneln, aber man sollte sich nicht zu dem Glauben verleiten lassen, die zugrundeliegenden Mechanismen seien die gleichen. Das Gehirn hat keinen Zentralprozessor, keinen separaten Datenspeicher und keine Speicheradressen. Dasselbe gilt für neuronale Netze. Das Lernen von zeitgesteuerten Abfolgen in einem selbstassoziierenden neuronalen Netz beruht auf verzögerter Rückkoppelung.

Manche Leute mögen der Ansicht sein, daß die Tatsache, daß ein neuronales Netzwerk durch Beispiele lernt, ein Hindernis ist. Es ist in Ordnung, zufallsgenerierte Beispiele zu verwenden, sofern der richtige Ausgang für jedes Beispiel dargeboten wird. Es ist häufig günstig, konstruierte Beispiele für Grenzfälle zu benutzen, das heißt solche Fälle, die den Punkt definieren, an welchem der Ausgang ein anderer sein wird. Wenn man viele Beispiele, aber weder Regeln noch Formeln zur Verfügung hat, dann ist ein neuronales Netz genau das Richtige.

Konventionelle Computer sind gut in Buchführung, im richtigen Erstellen komplexer Berechnungen und im sequentiellen Behandeln von Daten. Neuronale Netzwerke sind gut bei der Gestalterkennung, bei der Sprachsynthese, der Entstörung von Signalen und der natürlichen Informationsverarbeitung, wie z.B. der Wahrnehmung zum Teil verdeckter Objekte in einer komplexen Szenerie.

Ein anderer Vorteil neuronaler Netze gegenüber traditionellen Programmen ist, daß bei Veränderung der Sachlage lediglich neue Beispiele gesammelt und einem anderen Netzwerk antrainiert werden müssen. Dies ist häufig einfacher, als neue Formeln und Regeln zu erstellen.

Einige Beispiele

Sowohl herkömmliche Computer als auch neuronale Netze sind in der Lage, die Buchstaben des Alphabets zu erkennen. Um die Unterschiedlichkeit der jeweiligen Verfahren zu verstehen, wollen wir untersuchen, wie sie dabei jeweils vorgehen. In einem herkömmlichen Computer werden die Abbilder der Zeichen des Alphabets als Folge(n) von Datenbytes gespeichert. Um einen Buchstaben zu erkennen, muß ein Programm die Bytes in seinem Speicher durchstöbern und jedes einzelne Abbild mit dem zu erkennenden Zeichen vergleichen, um zu entscheiden, welches dem Buchstaben am ähnlichsten sieht. Jedes Byte besteht aus acht Bit, jedes Bit enthält entweder eine 1 oder eine 0.

Die Leistung eines Computers beim schnellen Vergleich von Mustern hängt von der Anzahl der Varianten ab, die er individuell untersuchen muß. Ein neuronales Netz prüft, nachdem es die fraglichen Muster einmal „gelernt" hat, sobald ihm der gesuchte Buchstabe gezeigt wird, alle Alternativen gleichzeitig und findet sofort die passende heraus.

Was aber, wenn die Buchstaben von Hand geschrieben sind? Wie kann ein Programm all die möglichen Abweichungen einer Handschrift erfassen? Das ist ein Beispiel für ein Problem, dessen Lösung für konventionelle Computer schwierig ist. Ein neuronales Netz kann jedoch trainiert werden, kleine Abweichungen zu ignorieren. Es kann eine allgemeine Gestalt erfassen und die in ihr enthaltene Information über viele seiner Neuronen verteilen, indem es mit vielen verschiedenen Handschriftenproben trainiert wird. So lernt es die möglichen Erscheinungsweisen jedes Buchstabens.

Konventionelle Computer sind für ihre hohe Rechengenauigkeit bekannt, der in erster Linie durch die Hardware Grenzen gesetzt sind. Diese Genauigkeit ist nicht immer von Vorteil. Beispielsweise werden in der herkömmlichen Robotertechnik detaillierte Messungen vorgenommen, um die richtigen Winkel für die Positionierung von Werkstücken zu berechnen. Die Programme und die mathematischen Berechnungen werden recht kompliziert. Wenn sich die Meßwerte durch belastete Glieder ändern, benötigt die konventionelle Robotertechnik neue Messungen zur Nachberechnung.

Ein neuronales Netz braucht keine detaillierten Messungen oder Berechnungen, da es die räumlichen Positionen und Winkel direkt lernt. Es kann über die räumlichen Beziehungen Verallgemeinerungen treffen, nachdem es ein paar Beispiele kennengelernt hat, und so die neuen benötigten Werte bestimmen.

Parallel arbeitende Computer

In den meisten modernen Computern bilden der Speicher und der Zentralprozessor (CPU, central processing unit) getrennte Einheiten. Um eine Berechnug auszuführen, müssen die passenden Daten aus dem Speicher gelesen und in den Zentralprozessor übertragen werden; dort werden sie bearbeitet, bevor sie wieder in den Speicher zurückgeschrieben werden. Dies nennt man sequentielle (oder serielle) Arbeitsweise.

Als die ersten Computer gebaut wurden, war Speicher billiger als die eigentlichen Prozessoren. Die sequentielle Arbeitsweise machte vom Prozessor den bestmöglichen Gebrauch und nahm dafür eine eher verschwenderische Speichernutzung in Kauf. Heute stecken 90% der Transistoren eines Computers in seinem Speicher. Während der Prozessor, der heute auch auf einem einzigen Siliziumplättchen („Chip") hergestellt wird, wunderbar beschäftigt ist, bleibt der größte Teil des Siliziums untätig. Die meiste Arbeit wird folglich von nur zehn Prozent der Hardware geleistet. Um eine höhere Effizienz zu erreichen, führte man die parallele Verarbeitung ein. Dabei sind viele Prozessoren miteinander verbunden, um gleichzeitig mit zeitversetzt genutztem Speicher zu arbeiten (Bild 2.4). Die Herausforderung für die Programmierer besteht nun darin, ihre Programme so zu gestalten, daß sie die Möglichkeiten einer parallel arbeitenden Maschine wirklich auszunutzen vermögen. Die höchstentwickelte Form paralleler Computerarchitektur nennt man Datenfluß-Prozessoren. Sie werden von abstrakten sequentiellen Prozessen namens Petri-Netzen

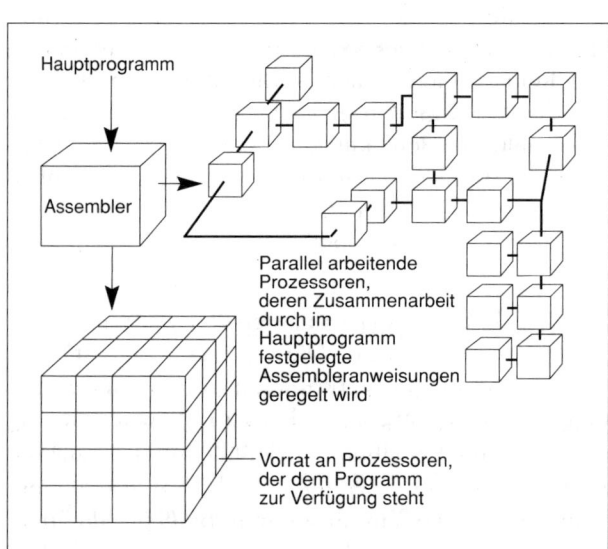

Bild 2.4: Parallele Verarbeitung

gesteuert. Datenfluß-Prozessoren führen zwar immer noch digitale (insbesondere arithmetische) Operationen nach vorgegebenen Befehlen aus, aber der Unterschied gegenüber konventionellen Computern besteht darin, daß sie, wann immer ein Zwischenresultat vorliegt, neue parallel ablaufende Verarbeitungsschritte anstoßen. Folglich ist es unmöglich, die exakte Reihenfolge vorherzusagen, in der die verschiedenen Prozesse ablaufen werden. Anwendungsprogramme für solche

Architekturen verlangen ganz andere und komplexere Überlegungen als herkömmliche sequentielle Programme. Schwierigkeiten entstehen dadurch, daß die Programmierer an eine Vielzahl von gleichzeitig ablaufenden Problemlösungen denken müssen, anstatt an eine Aufeinanderfolge von Ergebnissen, bei denen jedes direkt zum nächsten führt.

Neuronale Netzwerke lassen sich gut auf parallelen Maschinen implementieren. Eines der schwierigsten Probleme, das hochgradig parallele Computer aufwerfen, ist es zu entscheiden, wie man ein Programm parallel abarbeiten läßt. Bei der Mehrzahl der Problemstellungen haben Menschen wenig oder keine Vorstellung, wie das anzustellen wäre. In einem neuronalen Netz leistet jedes Neuron seine Arbeit unabhängig von allen anderen. Aus diesem Grund können neuronale Netze auf parallel arbeitenden Computern laufen, wobei sie bis zu einem Prozessor pro Neuron nutzen. Dazu ist keine Umarbeitung des Programms notwendig. Manche Leute sind der Ansicht, daß eine der wichtigsten Anwendungen für neuronale Netze darin liege, eine Programmiertechnik für parallele Computer zu bilden.

Der Grad an Parallelität eines neuronalen Netzes ist höher als der irgendeines „massiv parallelen" digitalen Computersystems. Neuronale Netze arbeiten anders als parallele Computer, sie verwenden kein exakt definiertes Datenformat und keine Codierung der Verarbeitungsschritte durch Statusbits oder Adressen von Daten. Jede Signalverbindung zwischen den Neuronen ist nur für ein bestimmtes Signal zuständig, sie wird nicht zeitversetzt für verschiedene Funktionen benutzt wie in einem parallelen Computersystem.

Neue Chips für neuronale Netze

Neuronale Netzwerke lösen schneller ein Problem als traditionelle Techniken, sofern sie Regeln, komplizierte Mathematik und alles, was eine Vielzahl an Instruktionen erfordert, ersetzen. Das schnellste neuronale Netz berechnet eine Antwort auf ein Problem mit zehn Eingängen und einem Ausgang in weniger als zwei Millisekunden, allerdings muß man die Zeit dazurechnen, die ein Programm braucht, um dem neuronalen Netzwerk die Daten zu vermitteln und die Antwort auszugeben. Der gesamte Prozeß kann zehnmal so lange dauern; bei Interaktionen mit der Außenwelt, wie z.B. das Lesen eines Sensors oder das Aufblinken eines Lichtes, muß man noch mehr Zeit dazurechnen. Dies kann bis zu einer ganzen Sekunde dauern – bei einer Wettervorhersage kein bedeutsamer Umstand, bei der Kontrolle von Raketen oder der Verarbeitung von Bilddaten in Echtzeit ein erheblicher Unterschied.

Wird ein neuronales Netzwerk auf einem Chip implementiert, welcher dann in Hardware eingesetzt wird, die den Datenfluß zu dem Chip kontrolliert (gegenüber der Datenflußkontrolle durch Software), so werden die Operationen sehr viel schneller. So schnell, daß neuronale Netzwerke Vorgänge kontrollieren können, während diese vor sich gehen, was als Echtzeit-Operation (real-time operation) bezeichnet wird. Konsequenterweise haben deshalb die Chip-Hersteller begonnen, sowohl Chips für allgemeine Zwecke als auch Chips für spezielle Anwendungen zu produzieren, um der Nachfrage nach sehr schnellen neuronalen Netzwerklösungen entgegenzukommen.

Chips für spezielle Anwendungen gibt es etwas länger als solche für allgemeine Zwecke. Im folgenden werden einige von den bekannteren beschrieben:

– AT&T hat einen neuronalen Netzwerk-Chip entwickelt, der jedes Videobild verarbeitet, indem er es in einfach kodierte Musterblöcke aufteilt. Die Bewegung der Videobilder ergibt sich aus dem kontinuierlichen Senden dieser Blocks über die Fernsprechleitung. AT&T plant bald Videotelefone, die mit diesen Chips arbeiten, anzubieten.

– Carver Mead entwickelte bei seiner Arbeit am California Institute of Technology ein „Silicon-Auge". Die Entwicklung seines Chips nahm drei Jahre in Anspruch und leistet halb so viel wie die menschliche Retina. Mead hat auch ein künstliches Ohr entworfen.

– Die DARPA (Defense Advanced Research Projects Agency) sponsert die Entwicklung eines analogen neuronalen Kontrollchips für Anwendungen wie Autopilot, Motorkontrollen und Kontrollen für chemische Reaktoren.

– Motorola arbeitet zusammen mit Applied Intelligent Systems Inc., um eine Familie von massiv parallelen Computern für die Bildverarbeitung zu entwickeln, die neuronale Netzwerke verwenden. Das System wird von Motorola bei der Montageanlage für die Herstellung elektronischer Chips benutzt werden.

– Nova Technology Inc. hat eine neue Hardware-Architektur für neuronale Netzwerke entwickelt, die mit einem optischen Sensor bzw. Schalter arbeitet, der in einem Hochtemperatur-Keramik-Supraleiter ausgeführt ist. Die NASA hat ihr Interesse für diese Technologie bekundet, im Hinblick auf ein Weltraumteleskop, das schwaches Licht aus entfernten Sonnensystemen aufspürt.

– Syntonic Systems (eine Firma aus Beaverton, Oregon) arbeitet an einem neuronalen Netzwerk-Chip zur Buchstabenerkennung. Syntonic Systems hat den ersten kommerziellen neuronalen Netzwerk-Chip, namens Dendros I, 1989 produziert, der später eingestellt wurde.

Es gibt vier Herstellerfirmen, die davon ausgehen, ihre neuronalen Netzwerk-Chips für allgemeine Zwecke 1991 anbieten zu können, und mindestens vier US-amerikanische Gesellschaften arbeiten an der Entwicklung, haben jedoch noch keine Produktankündigung zur Zeit des vorliegenden Buches gemacht. Die Chips unterscheiden sich sowohl bezüglich ihrer Herstellungstechnologie als auch bezüglich ihrer Leistungen sehr stark voneinander. Manche Chips sind digital, andere analog, einige sehr schnell, wieder andere bieten sehr weitgehende Netzwerkfähigkeiten an.

– Der Chip 80170 ETANN von Intel ist gegenwärtig der schnellste Chip. Er läuft mit einer Geschwindigkeit von zwei Milliarden Verbindungen pro Sekunde, ein vollständiger Verarbeitungszyklus kann in Mikrosekunden durchgeführt werden. Der 80170 hat analoge Gewichte, benutzt die CMOS-EEPROM-Technologie und bietet sowohl digitale als auch analoge Schnittstellen. Der Chip kann zur Implementierung verschiedener neuronaler Netzwerktypen verwendet werden. Er besteht aus drei Schichten mit je 64 Neuronen und 10 000 Verbindungen. Intel verkauft ein Entwicklungssystem und California Scientific Software liefert die von Intel beglaubigte Software, die den 80170 für das Training simuliert, weil der Chip keinen Lernschaltkreis enthält.

– Das Naval Weapons Center (Zentrum für Marinewaffen, in China Lake, California) hat verschiedene neuronale Netzwerke, die den Intel-Chip benutzen, für Raketen- und Flugzeuganwendungen in Entwicklung, die Zielerkennung und Verfolgung beinhalten. Sie hoffen, einen funktionierenden Prototyp bis Ende 1991 vorweisen zu können.

– Micro Devices, ein Zweig der Chip Supply (in Orlando, Florida) bietet einen digitalen Chip mit acht Verarbeitungselementen (Neuronen) pro Chip, mit bis zu 15 Eingängen an. Der Neural Bit Slice MD1220 kann parallel oder seriell zu größeren Architekturen verbunden werden. Der MD 1220 kann nicht selbst lernen, sondern braucht eine externe Hardware und ein Softwaresystem zum Training. Der MD 1220 erfordert darüber hinaus einen zusätzlichen Speicherbaustein, um die Verbindungswerte des Netzwerkes zu speichern.

– Die Firma Hitachi (Japan) arbeitet an einem neuronalen Netzwerk-Chip mit 576 Neuronen, unter Verwendung von CMOS-Technologie unter digitaler Kontrolle. Jedes Neuron ist mit einem Adreß- und Datenbus verbunden. Der Chip soll ein Hopfield-Netzwerk implementieren.

– Die Bell-Laboratorien (in Holmdel, New Jersey) haben ein bis jetzt unbekanntes Produkt zur Mustererkennung entwickelt. Der Chip kombiniert analoge und digitale Verarbeitung, die Anzahlen von Neuronen und Verbindungen sind durch den Benutzer definierbar, möglich sind 32000 Verbindungen. Der Chip läuft mit 300 Milliarden CPS (connections per second) in seinem kleinstmöglichen Modus (1 Bit).

Viele andere Firmen arbeiten an neuronalen Netzwerk-Chips, haben jedoch zum Zeitpunkt des Erscheinens dieses Buches noch keine Ankündigung gemacht.

KAPITEL 3

Gehirn, Lernen und Denken

Einführung

In den letzten zehn Jahren wurden viele Gebiete des Gehirns kartographiert, die mit bestimmten Körperteilen und sensorischen Funktionen korrespondieren. Doch immer noch wundern wir uns darüber, wie das Gehirn das, was es leistet, zustandebringt. Auf irgendeine Weise organisiert das Gehirn Milliarden von Neuronen dergestalt, daß es manche Berechnungen um ein Vielfaches schneller als die schnellsten Digitalcomputer ausführen kann. Das ist keine Kleinigkeit, bedenkt man, daß das einzelne Neuron eine Million Mal langsamer arbeitet als ein modernes Logikgatter. In diesem Kapitel soll behandelt werden, wie das Gehirn arbeitet und untersucht werden, auf welchen biologischen Grundlagen ein neuronales Netzwerk aufgebaut ist.

In welchem Verhältnis stehen biologische Nervensysteme und künstliche neuronale Systeme zueinander? Künstliche neuronale Systeme, die auch als neuronale Netzwerke bezeichnet werden, können biologische neuronale Strukturen nachbilden und einige ihrer Verhaltensweisen simulieren. Es gibt zwei wichtige Ebenen der Simulation: einerseits die Modellierung der physiologischen Prozesse im Gehirn, andererseits die der informationsverarbeitenden Leistungen des Gehirns.

Der Zweck eines Modells der Gehirnprozesse ist es, neue Theorien über die Funktionsweise des Gehirns zu testen. Ein menschliches Gehirn kann zum Beispiel gesprochene Sprache verstehen, aber seine Fähigkeit zur Spracherkennung ist temperaturabhängig. Wenn die Gehirntemperatur unter 32 Grad sinkt oder 40,5 Grad übersteigt, läßt zunächst die Leistung des Gehirns nach; sinkt die Gehirntemperatur unter 26,7 Grad oder übersteigt sie 43 Grad, ist das Gehirn nicht mehr in der Lage, Sprache zu erkennen. Ein neuronales Netz, das die Arbeitsweise des Gehirns nachbildet, könnte auch dessen Temperaturabhängigkeit berücksichtigen.

Der Zweck eines Modells von Leistungen des Gehirns liegt darin, nützliche Funktionen auszuführen, was nicht notwendigerweise auf exakt die gleiche Weise erfolgen muß, wie das Gehirn sie vollbringt. Ein neuronales Netz, das die Fähigkeit, Sprache zu verstehen, modellieren soll, würde man ohne die Temperaturempfindlichkeit bauen.

Die meisten künstlichen Netzwerke würden wohl als Modelle von Leistungen des Gehirns klassifiziert werden, da sie eher die Leistungen als die präzise Arbeitsweise des menschlichen Gehirns zu modellieren versuchen. Ein grundlegendes Verständnis biologischer Systeme ist in jedem Fall nützlich sowohl für das Lernen und Verstehen dieser Art von künstlichem Netzwerk als auch für die Art der Gehirnprozesse.

Biologie der Nervenzelle

Eine Nervenzelle besteht aus vier Hauptkomponenten: dem Körper (Soma), dem Axon sowie den Synapsen und Dendriten (1). Eine Nervenzelle des Gehirns empfängt die Signale vieler anderer Nervenzellen durch die Synapsenverbindungen mit diesen. Die Synapsen bestimmen, welcher Anteil eines eingehenden Signals in das Neuron gelangt. Die Signale werden addiert; wenn genügend Signalenergie vorhanden ist, feuert das Neuron ein Signal an andere Neuronen ab. Obwohl die für künstliche neuronale Netze verwendete Terminologie sich geringfügig von der biologischer Netze unterscheidet, funktionieren die Neuronen in einem künstlichen Netzwerk auf ganz ähnliche Weise. Das *Soma* ist der Körper der Nervenzelle, es wird von einer Zellwand umhüllt, die man als Membran bezeichnet. Struktur und Funktion des Zellkörpers ähneln sehr stark dem anderer Zellen, abgesehen davon, daß sich die Neuronen normalerweise nicht teilen oder reproduzieren. Im Zellkörper werden eingehende Signale im Laufe der Zeit addiert. Hier wird entschieden, wann und

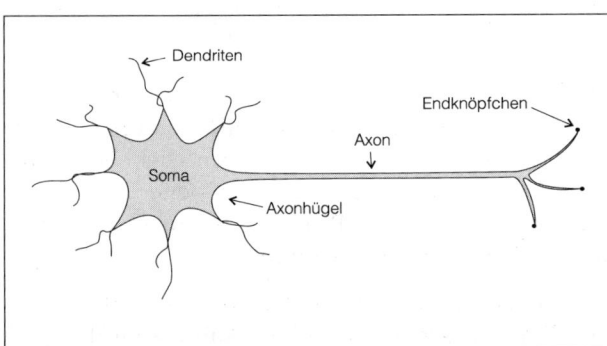

Bild 3.1: Ein typisches Neuron

wie auf die Eingangswerte reagiert werden soll. *Dendriten* sind die Eingangskanäle einer Zelle; sie stellen haarfeine Auswüchse des Zellkörpers dar. Durch die Synapsen empfangen die Dendriten die erregenden oder hemmenden Signale von anderen Neuronen, diese werden im Körper der empfangenden Nervenzelle addiert. Je mehr Dendriten eine Zelle aufweist, desto mehr Möglichkeiten gibt es für die Bildung von Synapsen. Die meisten Neuronen im Gehirn gehören zum Typ der *Pyramidenzelle*, siehe Bild 3.2. Pyramidenzellen besitzen zwei Arten von Dendriten: die *basalen Dendriten*, die sich an der Basis des Zellkörpers befinden und die *apikalen Dendriten*, die weit vom Zellkörper entfernt und mit dem Soma durch schaftartige Membrangebilde, sogenannte Schnürringe, verbunden sind.

Das *Axon* ist der Ausgangskanal der Zelle. Es ist ein Auswuchs des Somas, der die Nervenimpulse aus dem Soma auf andere Nervenzellen überträgt. Das zylinderförmige Axon erlaubt nur bestimmten Molekülen den Aufenthalt in seinem Inneren. Es wird von einer Flüssigkeit umgeben, die hauptsächlich Kaliumsalze und Natriumchloride enthält, die in geladene Ionen aufgespalten sind. Große negativ geladene Ionen sind wegen ihrer Größe im Inneren der Zelle gefangen. Kleinere positiv geladene Ionen können durch die Membran treten, sie werden für die Übertragung der Nervenimpulse benutzt. Axone können sich in mehrere Axone verzweigen.

Der Austritt des Axons aus dem Zellkörper, der *Axonhügel*, hat eine niedrigere Feuerschwelle als die anderen Teile der Membran. Die Impulse des Neurons werden im Axonhügel erzeugt, wandern durch das Axon bis zu dessen Ende und treten dann mit anderen Neuronen in Kontakt. Die Enden des Axons, welche die Verbindung zu anderen Neuronen bilden, werden als *Bouton (Endknöpfchen)* bezeichnet. Das Endknöpfchen ist eine kleine Fabrik, die chemische Übertragungsstoffe produziert und sie an die empfangenden Neuronen übermittelt.

Synapsen sind die Gebiete des elektrochemischen Kontaktes zwischen den Neuronen. Eine Synapse ist nicht eigentlich ein Teil einer Nervenzelle, sondern der Spalt zwischen dem Axon der sendenden und dem Dendriten der empfangenden Nervenzelle. Es ist das Gebiet, in dem eine Zelle eine andere hemmt oder erregt. Einige Synapsen tragen, wenn sie aktiviert werden, dazu bei, daß ein Neuron feuert; sie werden *erregende Synapsen* genannt. Andere vermindern die Feuerbereitschaft einer Zelle, es sind *hemmende Synapsen*. Die Wirkung einer hemmenden Synapse ist normalerweise sehr viel stärker als die einer erregenden Synapse.

In den Verdickungen am Ende eines jeden Axons befinden sich kleine Bläschen, die man Vesikel nennt. Die Vesikel enthalten einen der zahlreichen Arten chemischer Transmitter, d.h. Überträgerstoffe (1). Das Eintreffen eines Impulses im Endknöpfchen löst einen der chemischen Transmitter aus dem Vesikel. Der chemische Transmitter bewirkt die Weiterleitung der Erregung vom Axon eines Neurons auf den Körper eines anderen. Der chemische Stoff verändert die Durchlässigkeit (Permeabilität) der Membran der Empfängerzelle, wodurch gewisse elektrisch geladene Ionen durch die Membran wandern können. Obwohl die chemischen Transmitter selbst genügend Ionen durch die Membran schleusen können, wird die Übertragung durch die Aktivität besonderer Proteine, die man chemische Rezeptoren nennt, noch effektiver gemacht. Diese chemischen Rezeptoren befinden sich in der Membran der Empfängerzelle und unterstützen die Übertragung, indem sie die Ionen anziehen.

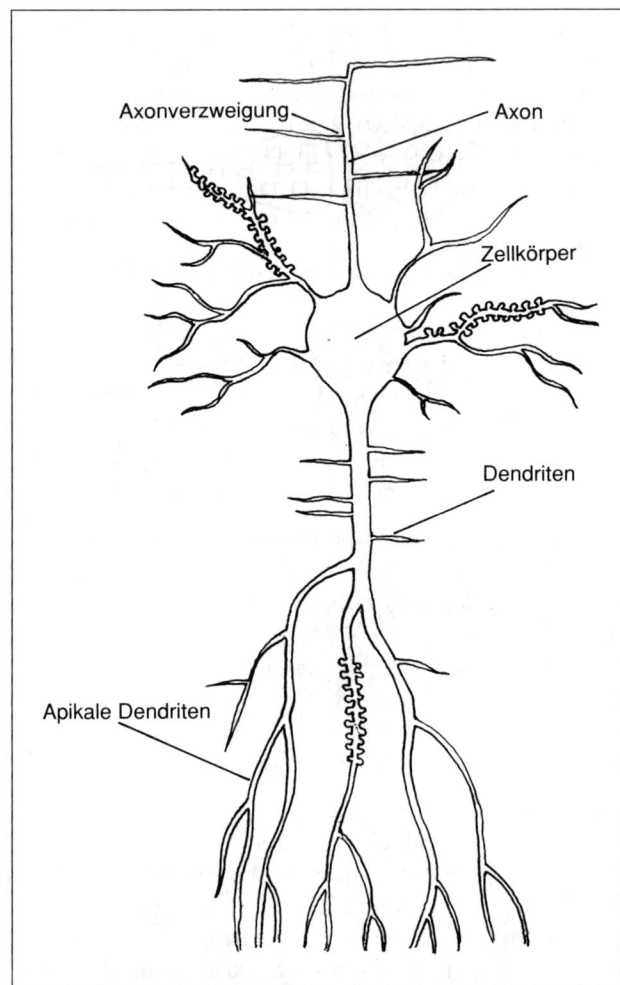

Bild 3.2: Eine Pyramidenzelle

Wenn zwei Neuronen miteinander in Wechselwirkung treten, wird aus dem Körper der ersten Zelle ein Impuls durch das Axon übertragen. Das Ende eines Axons verbreitert sich zu einem sogenannten Endknöpfchen, dicht daran befindet sich die Zellmembran oder der Dendrit einer anderen Zelle. Diese Membran oder der Dendrit berühren das Endknöpfchen nicht direkt, der schmale Spalt zwischen beiden ist die Synapse.

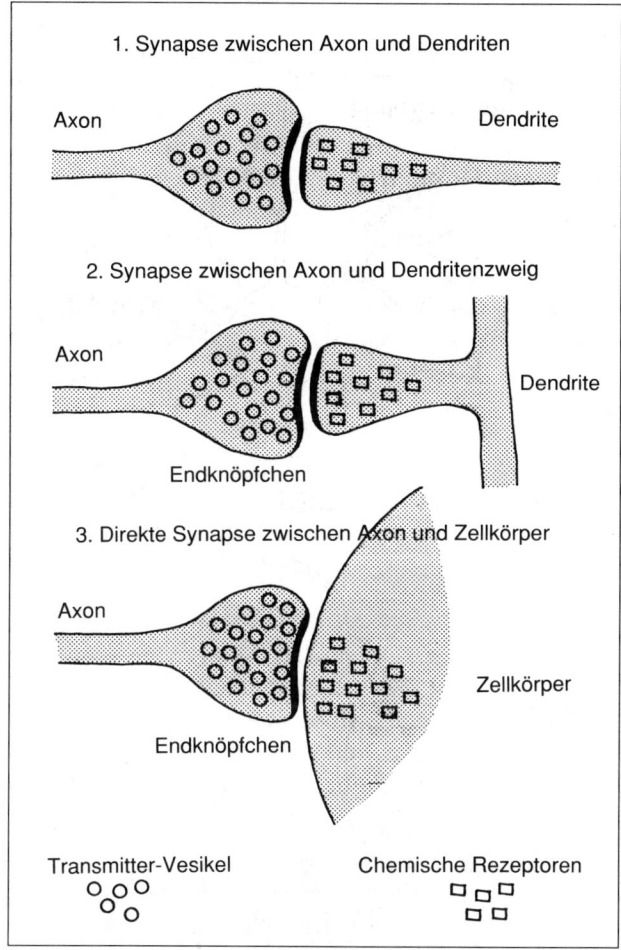

Bild 3.3: Drei Typen von Synapsen

Signalübertragung

In den Ruhezuständen halten chemische Prozesse innerhalb des Neurons die Konzentration der positiven Ionen innerhalb der Zelle niedriger als in der Umgebung. In diesem Zustand beträgt die Spannungsdifferenz zwischen dem Inneren und dem Äußeren der Zelle zwischen 40 und 60 Millivolt, dies wird auch als Ruhepotential bezeichnet. Das Ionengleichgewicht vor und hinter der Membran kann durch Anlegen einer Spannung oder durch Ändern der Ionenkonzentration in der Flüssigkeit gestört werden. Das elektrische Potential der Empfängermembran wird jedesmal, wenn das Neuron einen Impuls empfängt, um einen kleinen Betrag verändert. Trifft eine große Anzahl von Impulsen ein, wird das Membranpotential schrittweise erhöht, bis ein Schwellenwert von ungefähr 75 Millivolt über dem Ruhepotential erreicht ist. Wenn das Potential den Schwellenwert erreicht, schnellt das elektrische Potential an diesem Punkt der Membran in die Höhe, startet einen Impuls und kehrt dann auf den Ruhewert zurück, wie in Bild 3.4 gezeigt. Es liefert einen Ausgangsimpuls von ungefähr 100 Millivolt, der etwa eine Millisekunde dauert (2). Wenn ein Neuron feuert, sendet es einen Impuls, der sein Axon entlangläuft. Der im Axonhügel erzeugte Impuls überschreitet den Schwellenwert der angrenzenden Membranbereiche, die so ihrerseits benachbarte Gebiete stimulieren, so daß sich der Impuls vom Zellkörper weg ausbreitet. In ähnlicher Weise stimuliert jeder erregte Bereich die angrenzenden Gebiete, so daß der Impuls vom Soma aus das Axon hinunterläuft. Das Nervensystem ist ein relativ dürftiges Signalsystem. Die Membranen sind undicht, die Zellkapazität ist hoch und die Festigkeit von einem Meter dünner Nervenfaser entspricht etwa einem 16 Milliarden Kilometer langen, etwa 0,6cm dicken Kupferkabel, also eine Entfernung, die ungefähr zehnmal der zwischen Erde und Saturn entspricht.

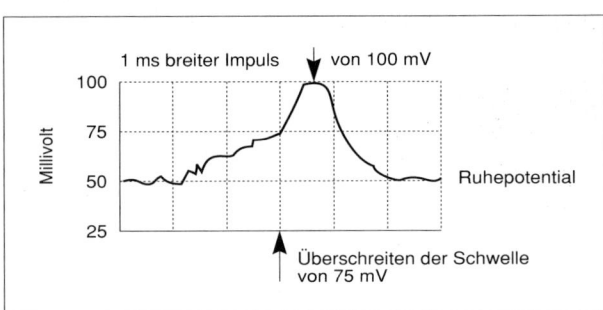

Bild 3.4: Neuronenimpuls

Die Fortpflanzungsgeschwindigkeit der Impulse entlang dem Axon beträgt zwischen 0,5 m/s und 100 m/s (Meter pro Sekunde). Die Geschwindigkeit hängt vom Durchmesser des Axons und vom Gewebe ab, das es umhüllt, aber selbst die schnellsten Zellen übertragen ihre Information millionenfach langsamer als elektronische Schaltungen. Nach jedem Impuls gibt es eine Ruheperiode von einigen Millisekunden, in der sich das Neuron erholt. Durch fortdauernde stark erregende Eingangsimpulse kann man ein Neuron dazu zwingen, einige hundert Male pro Sekunde zu feuern, aber das ist kein typisches Verhalten.

Den Impuls, der das Axon abwärts wandert, nennt man Aktionspotential. Das Aktionspotential wird durch Aktivität an den Synapsen ausgelöst. Die Erzeugung eines Aktionspotentials wird als „Alles-oder-Nichts"-Phänomen beschrieben, da das Neuron an jedem beliebigen Punkt nur zwei Zustände kennt, nämlich erzeugt oder nicht erzeugt. Sobald ein Aktionspotential ausgelöst worden ist, kann die Membran eine kurze Zeit lang nicht wieder erregt werden. Diese Erholungszeit nennt man Refraktärperiode.

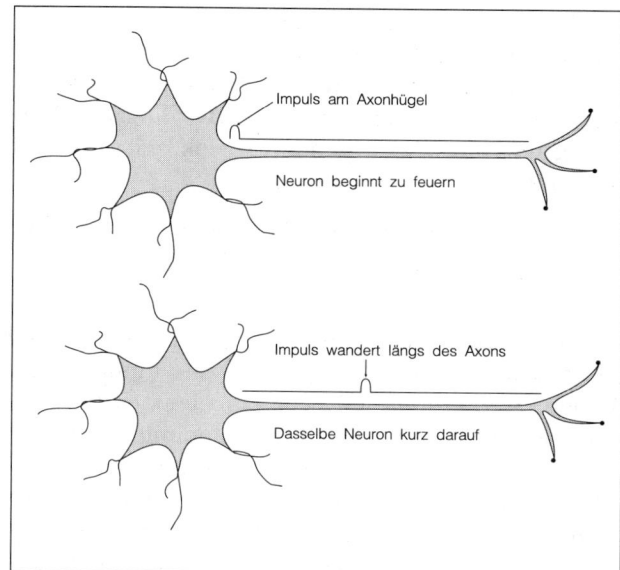

Impuls am Axonhügel

Neuron beginnt zu feuern

Impuls wandert längs des Axons

Dasselbe Neuron kurz darauf

Bild 3.5: Impulsleitung

Die beschriebene Abfolge ist eine typische, jedoch können Synapsen, oder besser gesagt die in der Synapse stattfindenden Aktivitäten, besondere Einflüsse auf die Aktivität von Neuronen haben. Die Wirkung eines einzelnen hemmenden Eingangs an einem Neuron kann sehr stark sein. Eine Synapse kann den Zweig eines Axons daran hindern, ein Signal auszusenden, manchmal sogar die Aktivität eines Neurons vollständig blockieren. Normalerweise wirkt der chemische Übertragungsstoff direkt auf die empfangende Membran erregend oder hemmend ein, aber manchmal ist ein hemmender Eingang an einer erregenden Synapse der Empfängerzelle angebracht. In diesem ungewöhnlichen Fall hemmt das Signal eines übertragenden Neurons eine sonst erregende Synapse. Nervenzellen passen sich an den Pegel des fortlaufend empfangenen Reizes an, auf diese Weise unterdrücken sie Störpegel (Rauschen) (1). Wenn der Reiz mit sehr niedriger Frequenz erfolgt, wird der Nerv nicht erregt, selbst wenn der Reiz den Schwellenwert überschreitet.

Summenbildung, Übertragungsfunktion und Schwellenwert

Neurophysiologen messen die Aktivität eines Neurons üblicherweise anhand seiner Feuerfrequenz, die Anzahl der Impulse pro Sekunde. Diese Impulse bilden den Output eines Neurons, sie werden fortlaufend von anderen Neuronen beobachtet, die seine Feuerfrequenz überwachen. Höhere Feuerfrequenzen verursachen eine stärkere Erregung in anderen Neuronen.

Die elektrochemischen Einflüsse auf das Membranpotential eines Neurons werden in jedem Dendriten summiert. Die Summeneffekte der Dendriten werden wiederum im Zellkörper summiert. Im Laufe der Zeit paßt sich die Zelle an kleine Änderungen des Membranpotentials an, als ob sie einen neuen Ruhepegel lernen würde. Bleibt die Reizstimulierung konstant, erhöht sich das absolute Potential mit der Zeit. Das heißt, die Zelle paßt ihr Ruhepotential dem durchschnittlichen Erzeugungspegel, den sie empfängt, an, so daß unter normalen Umständen das Neuron nicht andauernd feuert. Dieser Effekt wird *Summierung in der Zeit* genannt. Während einer fortdauernden Reizung ist die Ausgangsfrequenz direkt abhängig von der Eingangsübertragungsrate. Doch wenn der Eingangsreiz nicht hoch genug ist, sinkt das Potential ab und reicht nicht aus, um Ausgangsimpulse hervorzurufen.

Der Gesamteingangswert an Impulsen, gemittelt über die Zeit, ist die Summe der Frequenzen der einzelnen Eingänge, wobei erregende und hemmende Effekte einbezogen werden.

Die *Übertragungsfunktion* (transfer function) eines Neurons legt fest, wie der aufsummierte Eingangswert ausgegeben wird. Stellen Sie sich vor, der Input in das Neuron wird durch einen elektrischen Strom dargestellt. Die eingehenden Impulse erzeugen einen Strom, der eine Batterie auflädt, so daß deren Spannung steigt. Die Batterie, welche den Ladezustand der Membran darstellt, weist eine gewisse Selbstentladung auf, die einem Widerstand parallel zur Batterie entspricht. Batterie und Widerstand sind mit einer Schwellenwertschaltung verbunden. Wenn die Spannung der Batterie einen bestimmten Wert erreicht (den Schwellen- oder Auslösewert), wird ein Ausgangsimpuls mit hoher Energie erzeugt. Gleichzeitig wird die Batterie auf ihren normalen Wert entladen. Die Effizienz der Signalübertragung an den Synapsen variiert von Synapse zu Synapse, sie ist abhängig von der Größe der Synapse und der Anzahl und dem Typ der erregenden oder hemmenden Rezeptoren (3). Das Neuron feuert, wenn es eine bestimmte Wertkombination in den eingehenden Signalen „erkennt". Das heißt, die Funktion des Neurons wird dadurch bestimmt, daß das Muster der Eingangssignale zu einem internen Muster

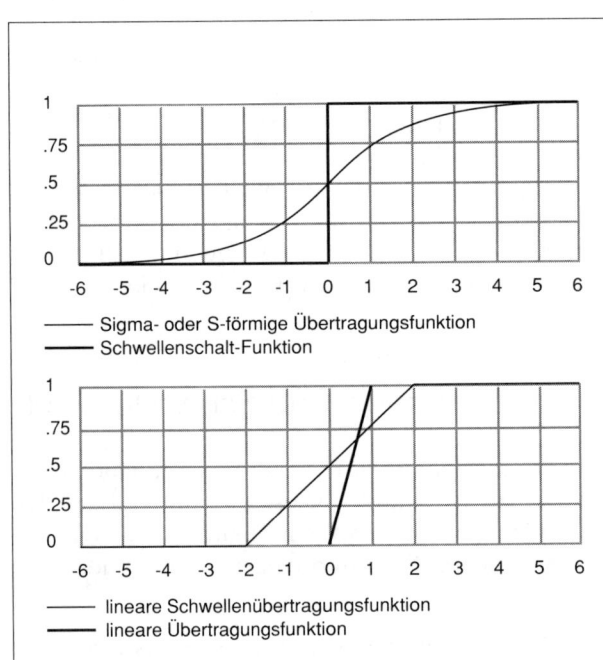

von Parametern paßt. Obwohl sich die meisten Neuronen im Gehirn wie oben beschrieben verhalten, gibt es einige Ausnahmen. Manche Neuronen im Nerven-

Bild 3.6: Vier verschiedene Übertragungsfunktionen

system weisen keine Schwellenwerteffekte auf. Beispielsweise transformieren die Ganglien in der Retina (Netzhaut des Auges) die Signale von den Photorezeptoren unter Verwendung von Additions- und Subtraktions-Operationen und nicht durch Schwellenwertüberschreitung (3).

Schwellenwertänderungen in einem Neuron werden manchmal durch eine kleine Minorität der Synapsen auf der Oberfläche des Neurons in Gang gesetzt. Diese Synapsen scheinen einen Einfluß auf das Neuron auszuüben, so daß dessen normale Verhaltensweise außer Kraft gesetzt wird. Wenn an einer dieser „dominanten Synapsen" ein Signal eintrifft, wird das Neuron augenscheinlich gezwungen, zu feuern (4). Dann justiert es seine Schwellenwerte und synaptischen Gewichte so, daß es künftig dazu neigt zu feuern, wenn die zu diesem Zeitpunkt an den anderen Synapsen anliegenden Nachrichtenkombinationen wieder auftreten. Auf diese Weise hat das Neuron eine neue Reaktion gelernt.

Jüngere neurophysiologische Forschungsergebnisse

Neuere experimentelle Daten machen deutlich, daß biologische Neuronen eine komplexere Struktur aufweisen, als die, die durch neuronale Netze simuliert wird (5). Dendriten verarbeiten manchmal Informationen als eigenständige Organisationseinheiten. Dendritische Verzweigungen verhalten sich als unterschiedliche Kanäle, so daß das Neuron zwischen sensorischen Inputs verschiedenen Ursprungs unterscheiden kann. Das heißt, die Zellstruktur erlaubt es, denselben Erregungspegel auf unterschiedliche Dendritenäste anzuwenden, woraus unterschiedliche Effekte für die Zelle entstehen. Die Äste können es einem Neuron erlauben, zwischen Codes zu unterscheiden, die über dieselben Eingangskanäle ankommen. Wie die Forschung weiterhin gezeigt hat, kann das Axon komplexe mathematische Funktionen ausführen. Der Output des Axons variiert, je nachdem welcher Teil des Axonhügels zum Erzeugen des Impulses benutzt wird; einige Teile erzeugen stärkere Impulse als andere. Es wird interessant sein zu beobachten, welche biologischen Verhaltensweisen in zukünftigen künstlichen neuronalen Netzwerken von Bedeutung sein werden.

Lernen auf der Ebene des Neurons

Die bekannteste Theorie über neuronales Lernen wurde vor mehr als 30 Jahren von Donald Hebb aufgestellt (6). Hebb nahm an, daß, wenn Paare von Neuronen gleichzeitig aktiv sind, die Verbindungen zwischen ihnen verstärkt werden, so daß diese Wege im Gehirn stärker gebahnt werden. Der Vorgang des Lernens und der

Gedächtnisspeicherung schließt Veränderungen der Stärke ein, mit der Nerven-signale über einzelne Synapsen übertragen werden.

Die meisten synaptischen Veränderungen im Endknöpfchen der sendenden Zelle sind von einer der folgenden Arten:

1) Änderung der Menge freier Überträgerstoffe am Endknöpfchen
2) Änderungen der Anzahl der Ionen
3) Veränderungen in der Struktur oder Form der Endknöpfchen

Veränderungen auf Seiten der Empfängerzelle können verursacht werden durch:

1) Änderung der Anzahl aktiver Rezeptormoleküle
2) Veränderungen in Form und Größe der verzweigten Dendritenenden
3) Veränderungen in den Membranproteinen
4) Änderungen in der Membrandurchlässigkeit für Ionen.

Es ist schwierig, experimentelle Ergebnisse zur Prüfung von Theorien über bestimmte synaptische Veränderungen zu gewinnen. Die Veränderungen verteilen sich über viele Neuronen, und die Änderung in der einzelnen Synapse ist gering. Es ist wahrscheinlich, daß die chemischen Rezeptormoleküle nach Bedarf zwischen den Synapsen ein und derselben Zelle rasch umverteilt werden. Es handelt sich bei diesen Molekülen um komplexe Proteine, so daß sich deren Gesamtzahl nur lang-sam ändern läßt. Solche Veränderungen in den Synapsen sind vermutlich umkehr-bar.

Hebbs Theorie hat sich bei weiteren Forschungen bewährt. Das neuronale Gewebe wird infolge von Signalübertragungen am deutlichsten in den Synapsen verändert. Die Stärke der Verbindungen zwischen Neuronen kann durch die chemische Zusammensetzung, Größe oder Form der Synapse verändert werden.

Zur Stärke der Signalübertragung zwischen Synapsen kommen strukturelle und dynamische Veränderungen in der Nervenzelle, die ebenso das Lernen beeinflussen. Die meisten strukturellen Veränderungen erscheinen beim Menschen in einem frü-hen Lebensalter, bei Erwachsenen herrschen dagegen eher chemische Veränderun-gen vor.

Eine andere bei der Modellbildung gebräuchliche funktionale Theorie ist die *Kon-junktionstheorie* (3). Diese Theorie besagt, daß neuronale Veränderungen durch gleichzeitige Eingangssignale bewirkt werden. Zwei Signale, die an einem Neuron ungefähr zur selben Zeit und am selben Ort eintreffen, bewirken eine beträchtliche Erhöhung der Membranempfindlichkeit.

Die Struktur des Gehirns

Das menschliche Gehirn enthält ungefähr 100 Milliarden Nervenzellen. Jede ist mit 1000 bis 100 000 anderen Nervenzellen verbunden. Das bedeutet, daß in jeder einzelnen Nervenzelle in jedem Augenblick eine Vielzahl von Signalen zusammenläuft. Wie können wir mit all diesen herumschwirrenden Signalen etwas darüber erfahren, was im Gehirn vor sich geht?

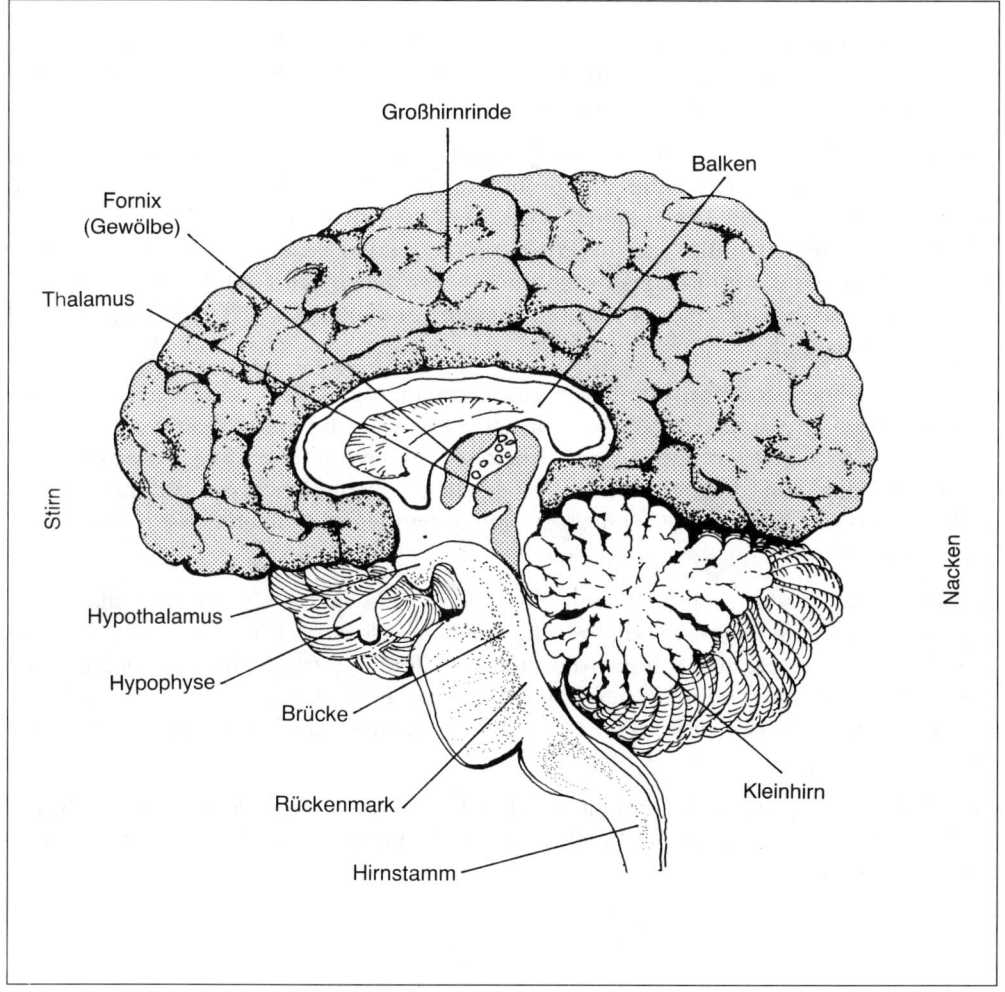

Bild 3.7: Schnitt durch eine Gehirnhälfte

Das meiste, was wir über das menschliche Gehirn wissen, stammt aus sorgfältigen klinischen Beobachtungen von Patienten mit Schlaganfällen, Tumoren und physischen Verletzungen. Neuere Forschungsergebnisse wurden auf der Grundlage von Positron-Emission-Tomographie (PET) erstellt, die es erlaubt, die aktivierten Hirnregionen bei verschiedenen sensorischen Erzeugungen, Bewegungen und bei Denkprozessen zu verfolgen.

Solche Untersuchungen bildeten die Grundlage für die Lokalisierung örtlich zusammenhängender Zellkomplexe, die funktional zusammenwirken, und für die Identifizierung vieler Gebiete der Hirnrinde.

Die Großhirnrinde, allgemein auch Kortex genannt, die in Bild 3.7 zusammen mit anderen wichtigen Hirngebieten zu sehen ist, ist die höchste Verarbeitungsebene des Gehirns, hier spielt sich das logische Denken ab.

Das Gehirn ist ein hochkompliziertes Organ mit sehr vielen und unterschiedlichen Funktionen, von der Kontrolle der grundlegenden Körperfunktionen bis zu komplexen Denkprozessen. Die folgende Diskussion wird sich so weit wie möglich auf den für die Untersuchung von neuronalen Netzwerken wichtigsten Teil beschränken, nämlich das Großhirn. Das menschliche Großhirn wird häufig als Neocortex bezeichnet, was besagt, daß es sich um den entwicklungsgeschichtlich jüngsten Teil des Gehirns handelt.

Die menschliche Großhirnrinde bildet eine aufgefaltete Schicht mit einer Fläche von ungefähr 2000 cm^2 und einer Dicke von zwei bis drei Millimetern. Sie enthält etwas mehr als 100 Milliarden Zellen und mehrere tausendmal so viele Synapsen. Der größte Teil der menschlichen Hirnrinde besteht aus zahlreichen Neuronenschichten. In jeder Schicht weisen die Neuronen untereinander ein dichtes Netz von Querverbindungen auf.

Die Zellen in verschiedenen Bereichen der Hirnrinde unterscheiden sich nicht sehr voneinander. In den entwicklungsgeschichtlich jüngsten und am höchsten differenzierten Teilen des Kortex bilden die Nervenzellen mehrere dünne Schichten, die man graue Substanz nennt. Hier spielen Schwellenwertphänomene eine größere Rolle. Sie unterdrücken Störungen (Rauschen), die aus anderen Bereichen stammen (3).

Eine höhere Schaltschwelle scheint für den Ruhezustand der Neuronen wichtig zu sein, da sie unnötige sporadische Reaktionen verhindert und das gesamte Rindensystem stabil hält.

Es gibt Hinweise darauf, daß die kleinste funktionale Einheit in der Rinde nicht aus einer einzelnen Nervenzelle, sondern aus Gebilden von ungefähr 4000 Neuronen besteht, die eine „Säule" bilden (4). Wie in Bild 3.8 dargestellt, ist eine *Säule* (oder Kolumne) ein Zylinder von 300 Mikrometer Durchmesser, der in der Vertikalen sechs Rindenschichten verbindet; in einer Säule sind die Hälfte der Neuronen Pyramidenzellen. Die Säulen oder Kolumnen werden auch Module genannt. Normalerweise liegen die Zellen senkrecht übereinander, sind aber horizontal miteinander verbunden. Jede Pyramidenzelle weist innerhalb der Rinde Axonverzweigungen auf, die drei Typen von horizontalen Verbindungen bilden: 1) Verbindungen, die sich vollständig innerhalb einer Rindensäule befinden (300 Mikrometer), 2) Verbindungen zwischen benachbarten Säulen (in der Regel in einem Bereich von 3 mm), und 3) Verbindungen zur gesamten äußeren Schicht der Rinde mit Entfernungen bis zu 6 oder 8

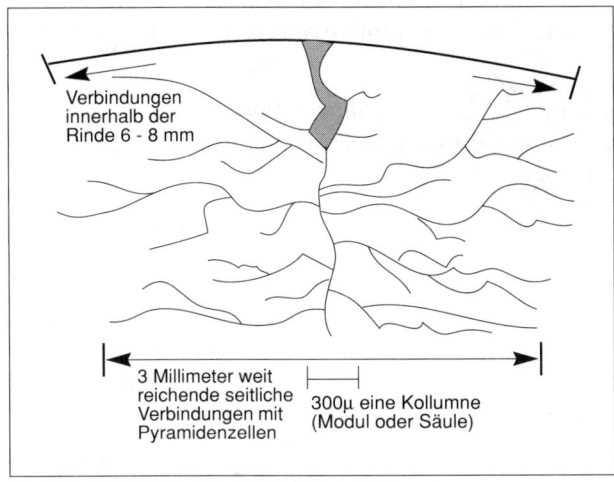

Bild 3.8: Kortikale Säulenorganisation

Millimetern. Die ersten beiden Verbindungsarten sind für die Verarbeitung einfacher Information notwendig. Von der dritten Art von Verbindung glaubt man, daß sie die selbstassoziierende Gedächtnisfunktion verwirklicht, die das Einordnen von unvollständiger Information bewerkstelligt. Von Gedächtnis wird noch die Rede sein.

Großhirnfunktionen

Die traditionelle Psychologie untersucht unsere Geistesvorgänge, indem sie die produzierten Effekte studiert – unsere intellektuelle Leistung oder Kompetenz. Es ist aber auch wichtig, die zugrundeliegenden neuronalen Mechanismen zu verstehen, die geistige Vorgänge erst ermöglichen. Über die Neuronen selbst ist bereits einiges bekannt. Man hat verschiedene Reaktionsorte in Nervenzellen in Abhängigkeit von Sinnesreizen kartographiert. Sie sind in Bild 3.9 zu sehen.

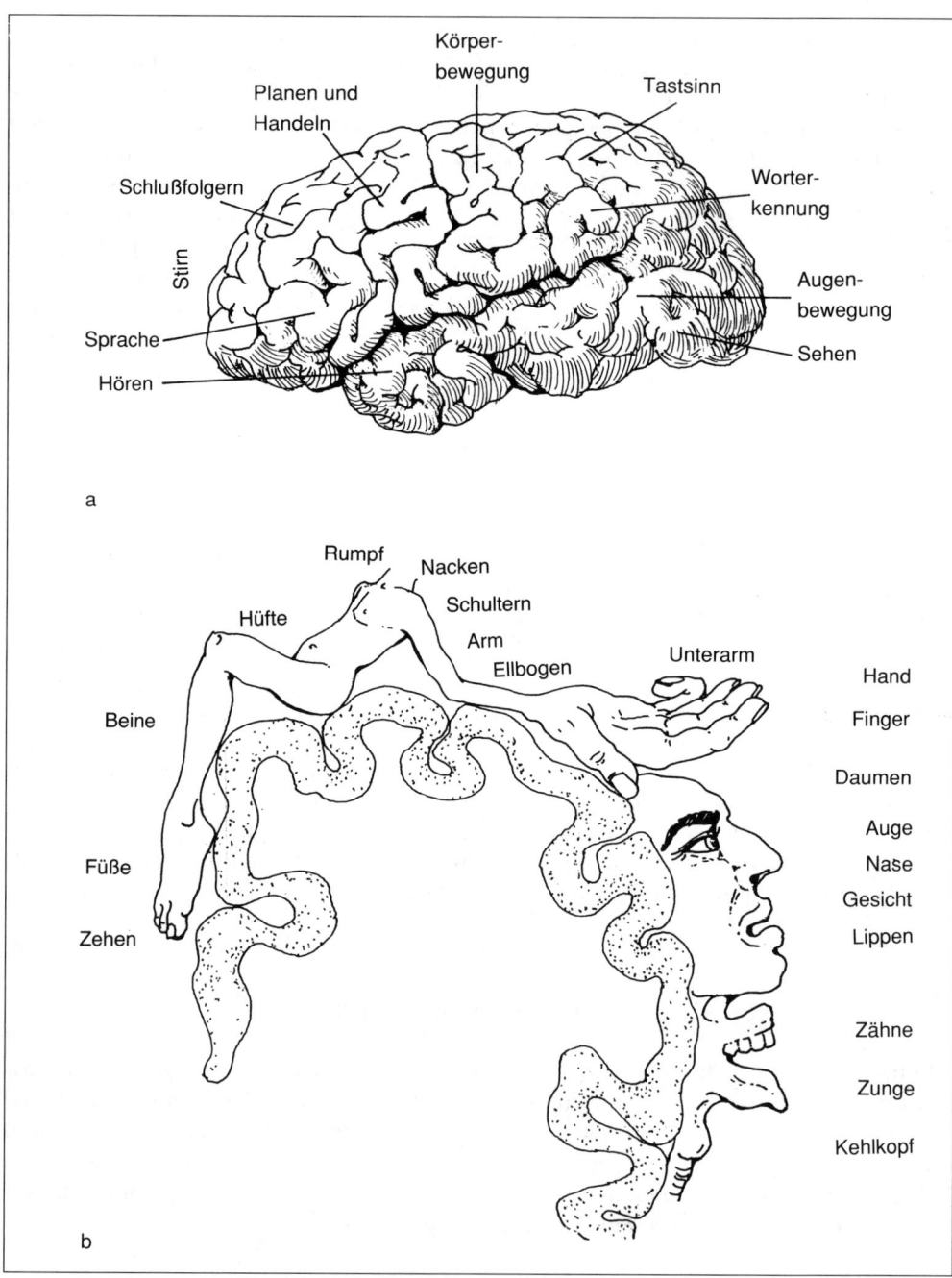

Bild 3.9: Karte der wichtigsten Gehirnbereiche

Das Gehirn läßt sich funktional in spezialisierte Bereiche entsprechend den verschiedenen Sinneswahrnehmungen unterteilen (Auge, Gehör, Farbwahrnehmung usw.) sowie nach den Tätigkeiten (Sprechen, Gliederbewegungen usw.). Forschungen zeigen, daß das Gehirn neuronale Repräsentationen unserer Sinneswahrnehmungen in verschiedenen Bereichen der Rinde bildet (7). Diese sensorischen Bereiche wurden ebenso kartographiert wie die motorisch enervierten Körperbereiche. Das Gehirn läßt sich auch funktional in verschiedene Bereiche abstrakter Verarbeitung unterteilen, obwohl über die genauen beteiligten Mechanismen sehr wenig bekannt ist.

Jeder sensorische Bereich in der Rinde enthält Feinstrukturen, in welchen Reizantworten in derselben relativen Ordnung eintreffen, wie die Reize an dem sensorischen Organ auftreten. Doch das Gehirn empfängt nicht immer genau ein Signal für jeden von einem Sinnesorgan wahrgenommenen Reiz. Im Signalpfad zum Gehirn gibt es auch „Verarbeitungsstationen", wo die Signale gemischt werden. In einigen Gebieten sind die Zuordnungen abstrakter, beispielsweise entsprechen die Zuordnungen im Hörbereich der Tonhöhe oder akustischen Frequenz des gehörten Klanges.

Obwohl diese „Abbildungen" genetisch vorgesehen sind, haben wir die Anpassungsfähigkeit, sie durch Erfahrung zu ändern. Wenn jedoch eine Person in ihrer Jugend einer bestimmten Sinneserfahrung beraubt wurde, entwicklen sich die zugehörigen Gebiete überhaupt nicht. Wenn Teile des Gehirns zerstört werden, können andere Bereiche zumindest Teile der dadurch verwaisten Funktionen übernehmen.

Die dem Denkprozeß zugrundeliegenden spezifischen neuronalen Mechanismen sind bis jetzt nicht ganz erfaßt, allerdings gibt es zunehmend Hinweise darauf, daß komplexes Verhalten einem „multifokalen" Neuronennetzwerk entspringt (8). Dieses Netzwerk besteht aus massiv untereinander verbundenen Neuronengruppen, die Information parallel verarbeiten.

Das Gehirn hat Rückkoppelungen innerhalb eines Netzwerkes derselben Ebene wie auch zwischen verschiedenen Ebenen. Es wird angenommen, daß der größte Teil der Rückkoppelungen hemmend ist, um globale Stabilität zu garantieren (3).

Gedächtnistheorien

Anders als in einem herkömmlichen Computer gibt es im Gehirn keinen Zentralprozessor und keinen gesonderten Speicherbereich. Anatomische Untersuchungen zeigen, daß die Strukturen von lokalen Netzwerken im Großhirn sich in allen Gebieten sehr ähneln. In jedem Abschnitt finden sich dieselben Zelltypen und ungefähr dieselben Zwischenverbindungen.

Die wichtigsten Gedächtnisfunktionen und Assoziationen werden von der Großhirn-rinde ausgeführt. Auch andere Teile des Nervensystems haben rudimentäre Gedächtnisfunktionen, doch soll die Diskussion auf das Gedächtnis in der Großhirn-rinde beschränkt werden.

Das Gedächtnis in der Hirnrinde ist nicht örtlich beschränkt, sondern über alle Rindenbereiche verteilt. Das bedeutet jedoch nicht, daß es gleichmäßig verteilt ist. Beispielsweise hat jedes sensorische Gebiet seinen eigenen spezialisierten Funk-tions- und Gedächtnisbereich.

Gedächtnis erfordert nicht, daß der gesamte Kortex an der Erledigung einer einzel-nen Aufgabe beteiligt ist. Wenn ein Teil der Rinde verletzt wird, wird die Leistung einer bestimmten Funktion geschwächt oder ganz unmöglich. Das Ausmaß der Leistungseinbuße hängt von der Anzahl der insgesamt verlorenen Nervenzellen ab, nicht von einem Verlust in einem bestimmten Bereich.

Wie werden die über die Sinnesorgane eingehenden Signale in eine Form um-gesetzt, die sich in den Neuronen speichern läßt? Lange Zeit hat man gemeint, daß die Signale in einen Pulscode übersetzt werden, doch keines der Impulsmuster im Nervensystem scheint von sinnvoller Natur zu sein. Einige Theorien nehmen an, daß die Reaktionen der Neuronen und die aktuelle Idee identisch sind. So gesehen ist die Aufgabe des Erinnerns leicht. Doch verlangt dies, daß die neuronalen Signale an exakt den Stellen reproduziert werden, an denen sie beim erstenmal erschienen waren. Das ist sehr unwahrscheinlich.

Eine andere Möglichkeit ist, daß die Signalmuster durch charakteristische Eigen-schaften repräsentiert werden. Einige Zellgruppen weisen Feinstrukturen auf, die sich auf die Erkennung besonderer Eigenschaften wie Form, Farbe und dergleichen spezialisieren. In den primären sensorischen Bereichen des Gehirns sind diese Strukturen sehr einfach, in den assoziativen Bereichen sind sie jedoch komplexer. Es ist nicht bekannt, ob wir diese Eigenschaftsdetektoren von Geburt an besitzen oder ob sie sich langsam während des Heranwachsens   durch Anpassungsprozesse bilden. Wie auch immer – die Eigenschaftsdetektoren sind in der Lage, Muster zu er-kennen und diese „Information" in höhere Verarbeitungsebenen weiterzuleiten. Dies reduziert wirksam das Ausmaß der Signalaktivität in diesen Verarbeitungsebenen.

Über das Verstehen der Art und Weise der Signalpräsentation hinaus, möchte man wissen, wie die verschiedenen Gedächtnisinhalte gespeichert werden. Diese Frage enthält zwei Aspekte: wie gehen Veränderungen in den einzelnen Neuronen vor sich, und wie werden diese Veränderungen auf eine Neuronengruppe verteilt, die einen Gedächtnisinhalt repräsentiert. Es gibt zwei gegensätzliche Ansichten über die Veränderungsweise einzelner Neuronen. Neurochemiker glauben, daß die Infor-mation in den Nervenzellen in Makromolekülen in Form von besonderen molekula-ren Mustern gespeichert wird. Dies ähnelt der Weise, in der genetische Information in der DNS ausgedrückt wird. Doch könnte die Änderung der Konzentration von

Makromolekülen während bestimmter Lernaufgaben eher ein Nebeneffekt intensiver neuronaler Aktivität sein, als ein Anzeichen für Gedächtnisspeicherung.

Es gibt weitere Einwände gegen die makromolekulare Speichertheorie. Wenn jedes Makromolekül ein Stück verschlüsselter Information darstellt, wie werden dann die Stücke miteinander in Beziehung gebracht? Wie übersetzen die Zellen die Vielzahl an Daten einer bestimmten Erfahrung in einen Code, den dann jede Zelle speichern kann? Wie wird die in Millionen von Einzelstücken gespeicherte Information gleichzeitig rekonstruiert, um ein Erinnerungsmuster zu bilden, das mit der ursprünglichen Erfahrung übereinstimmt? Die Theorie erklärt auch nicht, wie einander stark ähnelnde Erfahrungen in verallgemeinernde Ideen übergeführt werden können.

Die zweite Auffassung ist diejenige, die das Modell für die meisten neuronalen Netzwerke liefert. Sie besagt, daß das Gedächtnis aufgrund der funktionalen und strukturellen Phänomene von Netzwerken funktioniert. Signale verändern nicht das Innere jedes einzelnen Neurons, sondern die Verbindungen im Netzwerk, insbesondere die Synapsen. Veränderungen in den Synapsen an der Empfängermembran sind hauptsächlich die Grundlage von Gedächtnis. Manche synaptischen Veränderungen mögen für Minuten oder Tage bestehen, andere sind dauerhaft..

Der andere Aspekt der Frage nach Gedächtnisspeicherung betrifft die Frage, wie die Veränderungen einzelner Neuronen auf eine Neuronengruppe verteilt werden, um Gedächtnisinhalte zu repräsentieren.

Psychologen unterteilen das Gedächtnis in zwei Kategorien: Lang- und Kurzzeitgedächtnis. Das Kurzzeitgedächtnis hält Informationen einige Minuten, während das Langzeitgedächtnis sie dauerhaft aufbewahrt. Es ist nicht bekannt, wie das Kurzzeitgedächtnis Inhalte speichert, aber es gibt diesbezüglich hauptsächlich zwei Theorien. Die erste Theorie besagt, daß elektrische und chemische Veränderungen auf der Ebene des Neurons vor sich gehen, die andere besagt, daß die neuronale Aktivität durch eine geschlossene Schleife zurückstrahlender Neuronen aufrechterhalten wird.

Es wurde zunächst gedacht, daß Gedächtnisinhalte im Langzeitgedächtnis mittels der Methode der zurückstrahlenden Schleife gespeichert würden. Wenn das der Fall wäre, würde jede Nichtaktivität von Neuronen (wie etwa bei einer Anästhesie) die Zerstörung dieser Informationen bewirken. Tatsächlich wirkt so etwas nicht auf das Langzeit-, sondern auf das Kurzzeitgedächtnis (9). Nach einer allgemeinen Ansicht ist das Langzeitgedächtnis verbunden mit ständigen Strukturveränderungen im Gehirn. Die meisten künstlichen neuronalen Netzwerke arbeiten mit dieser Theorie.

Die Methode, durch die ein Gedächtnisinhalt vom Kurzzeit- in das Langzeitgedächtnis übertragen wird, ist unbekannt. Physiologisch gibt es keinen Nachweis für die Existenz zweier Arten von Speicherneuronen. Der Unterschied zwischen den beiden Arten von Gedächtnis betrifft möglicherweise die Art und Weise, in der eine Erinnerung gespeichert wird, aber auch das ist bisher nicht nachgewiesen.

Nicht jede eingehende Information wird festgehalten und abgespeichert, da sonst eine große Menge redundanter Informationen gespeichert würde. Das Gedächtnis vergleicht eintreffende Muster mit älteren Eingangmustern und erkennt bestimmte Muster als bekannt. Da das Gehirn generalisiert und identische Muster nicht mehrfach speichert, spart es Speicherplatz. Auf welche Weise genau gespeicherte Muster mit gängigen, bekannten Mustern verglichen werden, ist nicht bekannt.

Forschungen deuten daraufhin, daß es zwei Klassen von Gedächtnismechanismus geben könnte, nämlich einen sogenannten reflexiven und einen sogenannten deklarativen (9). Reflexives Gedächtnis ist von automatischer Qualität, seine Bildung hat nichts mit Aufmerksamkeit oder Kognition zu tun. Ein Beispiel für reflexives Gedächtnis ist das Wissen zu Gehen. Deklaratives Gedächtnis hängt von bewußter Überlegung, Aneignung und Erinnerung ab. Ein Beispiel dafür ist das Vorbereiten und Bestehen eines schriftlichen Tests in der Schule.

In manchen Fällen kann reflexives in deklaratives Gedächtnis durch Übung umgewandelt werden. Dies geschieht z.B. beim Autofahren, das zunächst bewußt gelernt werden muß, um dann automatisch zu werden.

Experimente haben gezeigt, daß der größte Teil der Gedächtnisinhalte nur bei aktiver Konzentration gespeichert wird (3). Das impliziert, daß die Fähigkeit eines Netzwerkes zur Modifizierung oder zum Lernen von seinem Gesamtzustand abhängt. Eine solche Veränderbarkeit mag dem chemischen Zustand des Netzwerkes entsprechen, das durch Aktivierungssysteme wie etwa das lymbische System kontrolliert wird. Das lymbische System ist ein Gebiet im Zentrum des Gehirns, das den Hypothalamus und den Hippocampus enthält, und das in die Kontrolle des emotionalen Verhaltens und der Gedächtnisspeicherung einbezogen ist. Solche Aktivierungssysteme arbeiten vielleicht bezüglich bestimmter Zellen oder Zellengruppen, die sie modifizieren, selektiv.

Der Hippocampus und vielleicht auch andere benachbarte Strukturen im Temporallappen haben mit der Gedächtnisspeicherung zu tun. Scoville führte 1953 eine umstrittene Operation durch. Er entfernte operativ den Hippocampus eines Patienten und verursachte dadurch eine Amnesie (Gedächtnisschwund). Der Hippocampus ist ein Anhängsel des Kortex und liegt tief im Zentrum des Gehirns verborgen. Er ist vermutlich entwicklungsgeschichtlich älter als die Rinde und empfängt von dieser viele sensorische Daten. Doch als Scoville diese Operation durchführte, entfernte er auch einige der benachbarten Strukturen. Folglich bleibt es unklar, welche Faktoren die Amnesie verursachten.

1966 fand Brenda Milner heraus, daß epileptische Patienten, welchen der Hippocampus und benachbarte Strukturen im Temporallappen operativ entfernt worden waren, an einem tiefen und irreversiblen Gedächtnisschwund jüngster Gedächtnisinhalte und am Verlust der Fähigkeit, neue Langzeitgedächtnisinhalte zu bilden, litten. Diese Patienten hatten jedoch keinen Verlust aus früher gelernten Langzeitgedächtnisinhalten (9). Die Arbeit von Scorville und Milner führt zu der Hypothese, daß der Hippocampus die Niederlegung oder Bildung von Gedächtnisinhalten in anderen Hirngebieten unterstützt. Der vorgeschlagene Signalpfad geht vom Hippocampus durch den Thalamus zum Kortex.

Menschliches Verhalten, Lernen und Denkprozesse

Psychologen studieren das Lernen durch die Beobachtung von Reaktionen und kontrollierten Experimenten. Lernen kann in zwei Hauptarten unterschieden werden: assoziatives und nichtassoziatives Lernen.

Assoziatives Lernen beinhaltet das Lernen von Beziehungen zwischen verbundenen Stimuluspaaren. Dieser Art von Lernen liefert das Modell für die überwachten neuronalen Netzwerke. Überwachtes Lernen bei neuronalen Netzwerken findet statt, wenn dem Netzwerk sowohl ein Eingang als auch ein richtiger Ausgang angeboten wird, das neuronale Netzwerk lernt dann beide zu assoziieren.

Es gibt zwei Arten von assoziativem Lernen. Operante Konditionierung ist das Lernen der Beziehungen zwischen einem Stimulus und einer Reaktion, klassische Konditionierung, wie in Bild 3.10 dargestellt, beinhaltet das Lernen der Beziehung zwischen einem Stimulus und einem anderen Stimulus.

Mit klassischer Konditionierung erlernen Tiere Beziehungen zwischen Ereignissen. Solch eine Konditionierung kann beim Mensch am Lidschlagreflex gezeigt werden (10). Eine Person, die ein gedämpftes Licht beobachtet und sieht, wie das Licht ein wenig heller wird, blinzelt normalerweise nicht, reagiert also nicht auf diesen Reiz. Die Versuchsperson kann jedoch darauf trainiert werden, zu blinzeln, indem man einen Luftstoß anwendet. Da ein Luftstoß ins Auge normalerweise reflexhaft einen Lidschluß hervorruft, wird der Luftstoß nichtbedingter Reiz (NR) genannt, den Lidschluß bezeichnet man als nichtbedingte Reaktion (NRA). Nun wird ein Sekundenbruchteil, nachdem das Licht heller wurde, ein Luftstoß ins Auge geblasen. Nach einer Weile wird die Versuchsperson blinzeln, sobald das Licht heller wird, bevor der Luftstoß kommt. Jetzt geschieht der Lidschluß als Reaktion auf das Hellerwerden des Lichtes. Das Blinzeln ist eine bedingte Reaktion (BR) und der Helligkeitssprung der Lampe ein bedingter oder konditionierter Reiz (KR).

Operante Konditionierung ist ähnlich, nur daß eines der Ereignisse ein natürlich vorkommendes Verhalten ist, z.B. Hunger. Auf diese Art kann Tieren beigebracht werden, eine Taste zu drücken, um Futter zu bekommen.

Die Gesetze, die beide Arten des assoziativen Lernens bestimmen, sind sehr ähnlich, was darauf hinweist, daß ihnen wahrscheinlich derselbe neuronale Mechanismus zugrunde liegt (10).

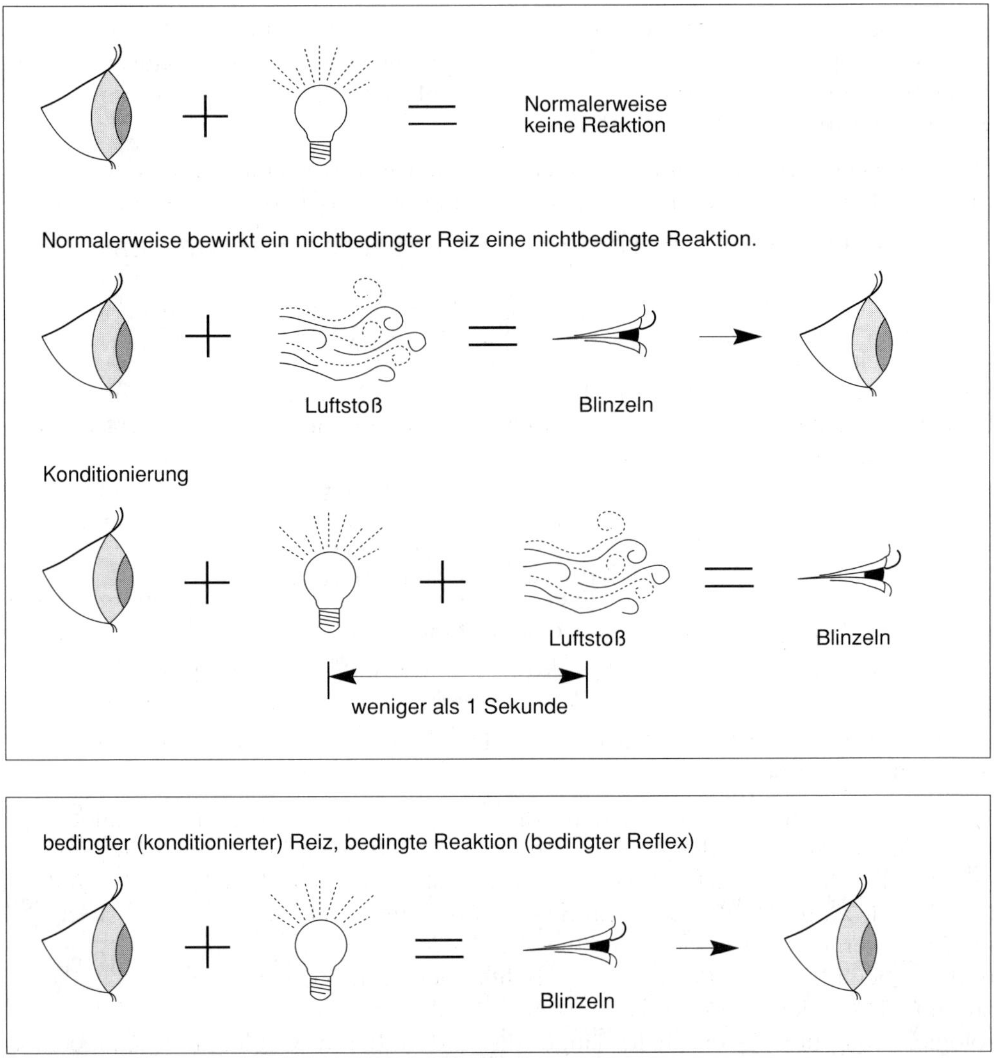

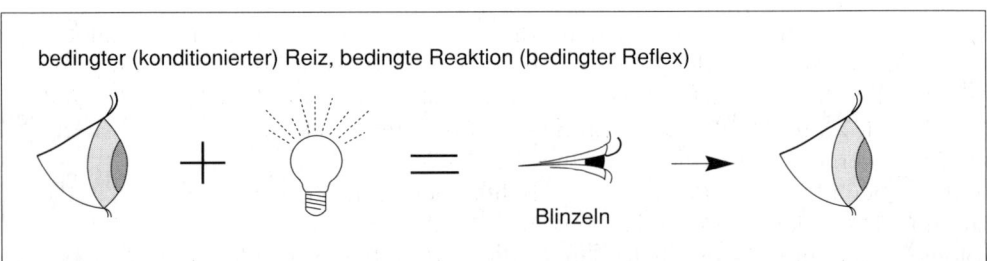

Bild 3.10: Klassische Konditionierung

Beim nichtassoziativen Lernen gibt es keinen zweiten Stimulus, der mit dem ersten assoziiert werden soll. Bei diesem Lerntyp liefert die Wiederholung des Stimulus die Gelegenheit, die Eigenschaften des Stimulus zu lernen. Dieser Lerntyp schließt sensorisches Lernen und Spracherwerb ein; ein unüberwachtes künstliches neuronales Netz stellt ein Modell für diese Art von Lernen dar, denn es lernt ohne zu wissen, ob seine Antworten richtig oder falsch sind.

Die Psychologie kennt viele verschiedene Theorien über das Lernen. Zwei davon verdienen eine besondere Erwähnung: die konnektionistische Theorie und die kognitive Theorie. Letztere wird im nächsten Abschnitt über kognitive Wissenschaften diskutiert werden.

Der *konnektionistische Ansatz* betrachtet Lernen in erster Linie als eine Verknüpfung von Reiz und Reaktion. Eine *Reaktion* kann jedes beliebige Verhalten sein, ein *Reiz* kann irgendeine von außen zugeführte Größe sein, die dazu tendiert, das Verhalten zu beeinflussen. Die von John Watson aufgestellte Theorie besagt, daß alle Reaktionen durch Reize und nicht durch geistige Prozesse hervorgerufen werden. Die Konnektionisten haben für diese Reiz-Reaktionsbeziehung viele Namen wie Gewohnheiten (habits), Reiz-Reaktionsverknüpfung (stimulus-response bonds) und konditionierte Reaktion (KR). Bis heute können die Neurophysiologen nur bei einfachen automatischen Reflexen physische Belege für eine direkte Reiz-Reaktionsbeziehung finden.

Kognitive Wissenschaften

Der *kognitive Ansatz* für das Verstehen menschlichen Verhaltens beschäftigt sich mit den Wahrnehmungen, inneren Haltungen und Anschauungen, die Individuen besitzen. Der kognitive Ansatz konzentriert sich darauf, wie unsere Wahrnehmungen durch Erfahrung verändert werden, daher berücksichtigt er stärker die Flexibilität der menschlichen Intelligenz.

Das Wort „Kognition" bezieht sich auf die Fähigkeiten des bewußten Verstandes: die Vorgänge des Wissens, des Bewußtwerdens von Gedanken oder Empfindungen und des Verstehens und Schlußfolgerns. Das Fachgebiet der *kognitiven Psychologie* besteht seit zwanzig Jahren. Ursprünglich beschäftigte sich diese mit den Mechanismen von Lernen und Gedächtnis. Inzwischen nennt sie sich *kognitive Wissenschaft* und ist bemüht, eine Beziehung zwischen geistigen Zuständen und den diesen zugrundeliegenden Gehirnfunktionen herzustellen. Indem sie Wissen aus der Neurologie, Computerwissenschaft, Linguistik und anderen Gebieten zusammenfaßt, hofft die kognitive Wissenschaft, grundlegende geistige Prozesse zu finden, die erklären, wie unser Denken und Fühlen aus der physischen Aktivität unseres Gehirns hervorgehen. Einige Arten des Denkens, wie zum Beispiel das Führen von Geschäftsbüchern, erfordern formale Logik oder Rechnen. Doch den meisten unserer Denkvorgänge, wie dem Erinnern vergangener Ereignisse oder der Entscheidung, was wir im Restaurant bestellen sollen, liegt eine andere Art von Prozeß zugrunde: der Gebrauch der Sprache und das Erkennen von Gesichtern sind weitaus komplexere Aufgaben. Alle bisherigen Bemühungen, konventionelle Computer zu solchen Leistungen zu bewegen, haben nur klägliche Resultate erbracht. Wir erledigen diese Aufgabe mühelos, ohne darüber nachzudenken, auf welche Weise wir das tun. Dies gehört zu den Dingen, die Gegenstand der kognitiven Wissenschaft sind. Neuronale Netze können auch benutzt werden, neue Theorien der kognitiven Wissenschaft zu erproben. Einer der Beweggründe für die Konstruktion neuronaler Netze ist es, einige der aktuellen Ideen der biologischen Forschung und neue mathematisch begründete Theorien zu testen. Die besten praktischen Anwendungen sind solche mit einem psychologischen Beigeschmack wie Verallgemeinerung oder Schätzen.

Die Simulation neuronaler Netze kann Forschungen, die üblicherweise an lebenden Subjekten erfolgen, ersetzen oder ergänzen. Die meisten nützlichen experimentellen Verfahren der Neuroanatomie benutzen aus ethischen Gründen Tiere und nicht Menschen. Es ist jedoch schwer, valide Information aus Tierstudien zu bekommen, insbesondere für Funktionen wie Sprache und Sprechen.

Ein konventioneller Computer wird nie so funktionieren wie ein Gehirn, aber er kann dazu benutzt werden, menschliches Denken zu simulieren oder zu modellieren. Im Jahre 1955 verkündeten Herbert Simon und Allen Newell, daß sie eine denkende Maschine erfunden hätten. Ihr Programm, der Logic Theorist (logischer Theorienprüfer) prüfte Theorien anhand von ihm mitgeteilten Voraussetzungen.

Später entwickelten Simon und Newell den General Problem Solver (Allgemeiner Problemlöser), der als Grundlage für Systeme der KI (Künstliche Intelligenz) dient. Simon und Newell glaubten, daß es die Hauptaufgabe der KI sei, die Art der Symbole und Regeln herauszufinden, die unser Verstand benutzt. Viele Jahre lang haben die KI-Ingenieure das „top-down"-Verfahren benutzt, um intelligente Maschinen hervorzubringen (top-down – vom Allgemeinen zum Speziellen, in diesem Fall wird von Symbolen und Regeln hoher Komplexität ausgegangen und versucht, die einfacheren Strukturen, die sie erzeugt haben, abzuleiten).

Ein anderer Ansatz zur Modellierung von Gehirnfunktionen geht von der untersten Ebene, dem einzelnen Neuron, aus. Dies könnte man den „bottom-up"-Ansatz zur Nachbildung der Intelligenz nennen (bottom-up – von unten nach oben). Ein neuronales Modellnetz eines bestimmten Gehirnabschnittes kann auf der Basis der jüngsten physiologischen Entdeckungen gebaut werden. Dann lassen sich durch die Simulation des neuronalen Verhaltens Erklärungen und Vorhersagen entwickeln.

Obwohl einige Erforscher neuronaler Netzwerke glauben, daß es ein bestimmtes Netzwerkmodell gibt, das alle Gehirnfunktionen zu erklären vermag, erscheint dies unwahrscheinlich. Die gegenwärtigen Modelltechniken stellen nach wie vor eine enorme Vereinfachung der tatsächlichen Gegebenheiten dar. Ehe die komplexeren Funktionen genau nachgebildet werden können, müssen erst einmal die „einfacheren" Funktionen, wie das Gedächtnis, aufgeklärt werden.

Der mathematische Ansatz versucht, die charakteristischen Eigenschaften und allgemeinen Fähigkeiten zu verstehen, die neuronale Netze besitzen. Er geht von der Analyse eines im Gehirn von Tieren oder Menschen anzutreffenden neuronalen Netzwerkes aus. Zum Beispiel hat man den vollständigen neuronalen Mechanismus des Flügelschlagrhythmus-Generators der Heuschrecke entdeckt (siehe Bild 3.11). Solche neuronalen Funktionen können mathematisch analysiert werden und führen zu einem besseren Verständnis über die Zusammenarbeit der einzelnen Neuronen.

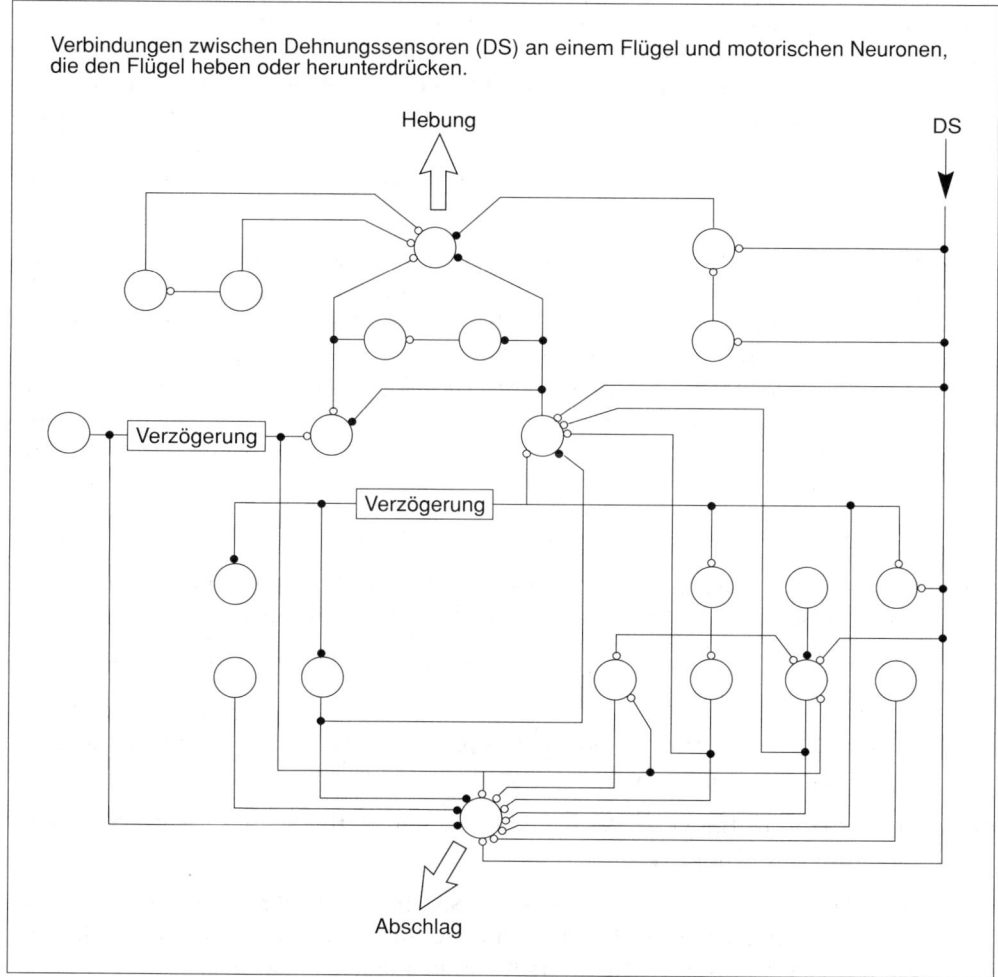

Bild 3.11: Generator für den Flügelschlagrhythmus der Heuschrecke

Ideen und Gedanken werden symbolisch repräsentiert. Die einfachste Form eines symbolischen Konzepts wird Cluster genannt. Es wird angenommen, daß Neuronensäulen die physische Implementierung von Clustern der Denkaktivität darstellen (3). Die kognitive Wissenschaft tendiert gegenwärtig zu der Meinug, daß komplexes Denken gestützt wird durch physische Neuronennetzwerke. Ein neuronales Netzwerkmodell, das einen so komplexen Gedanken bekräftigen könnte, gibt es bis jetzt nicht.

Eine andere Theorie nimmt an, daß die vorderen Teile des Kortex, die Frontallappen, eine „exekutive Funktion" beliefern, die unabhängig von bestimmten Aufgaben ist. Diese Kortexteile spielen keine offensichtliche Rolle für motorische oder sensorische Funktionen, aber sie zeigen jedoch weitgesteuerte Verbindungen zu anderen Kortexteilen, einschließlich der sensorischen Gebiete. Diese Verbindungen könnten die Überwachung des Informationsflusses ermöglichen, die Erregung oder Hemmung anderer Neuronennetzwerke, und vielleicht sogar den Sitz der Selbst-Bewußtheit darstellen.

Bei der Schwierigkeit, den Geist zu verstehen, ist gegenwärtig der Gedanke vorherrschend, daß eine erschöpfende Beschreibung der Hirnprozesse das Bewußtsein auf allen Ebenen erklären kann. Ist es wahr, daß der Mensch nicht mehr ist als ein Mechanismus, nicht nur bezüglich dessen, was er tut und kann, sondern auch in bezug auf sich selbst? Gleicht irgend etwas im Menschen der Arbeitsweise einer Maschine, wie wundervoll komplex er auch sein mag? Vielleicht können diese und andere Fragen durch Forschung anhand neuronaler Netzwerke beantwortet werden.

Bibliographische Hinweise

(1): SAMPATH, G: Stochastic Models for Spike Trains of Single Neurons. In: Lecture Notes in Biomathematics, Band 16. Berlin, New York, Springer-Verlag, 1977.

(2): KOHONEN, T.: Self Organization and Associative Memory. Berlin, New York, Springer-Verlag, 1988.

(3): KUFFLER, S., NICHOLLS, J. und MARTIN,A.: From Neuron to Brain. Sunderland, Massachusetts: Sinauer Assoc.

(4): ALEKSANDER, I., BURNETT, P.: Thinking Machines, the Search for AI. New York City, Alfred A. Knopf, 1987.

(5): BRAS, H., GOGAN, P. und TYC-DUMONT, S.: The Mammalian Central Neuron Is a Complex Computing Device. In: IEEE Neural Network Conference, Juli 1987, Band 4-123. Piscataway, New Jersey: IEEE, 1987.

(6):   HEBB, D.: The Organization of Behavior. New York City, Wiley Publications, 1949.

(7):   SCHMITT, F.O., WORDEN, F.G., ADELMAN, G. und DENNIS, S.G. (Hrsg.): The Organization of the Cerebral Cortex. In: Proceedings of a Neurosciences Research Program Colloquium, 1981. Cambridge, MIT Press, 1981.

(8):   MESULAM, M.: Large-Scale Neurocognitive Networks and Distributed Processing for Attention, Language, and Memory. In: Annals of Neurology, Band 28 Nr.5, Nov.1990, American Neurological Assciation.

(9):   KANDEL, E. und SCHWARZ, J. (Hrsg.): Principles of Neural Science. New York City, Elsevier Publishing, 1985.

(10):   HILL, W.: Learning, a Survey of Psychological Interpretations. New York City, T.Crowell Co., 1977.

KAPITEL 4

Grundsätzliche Struktur und Arbeitsweise neuronaler Netzwerke

Es gibt viele Typen neuronaler Netzwerke, aber allen sind drei Dinge gemeinsam. Ein neuronales Netzwerk kann über seine Einzelneuronen, über die Verbindungen zwischen ihnen (Topologie) und über seine Lernregel beschrieben werden. Diese drei Aspekte bilden so das Modell des neuronalen Netzwerkes. In diesem Kapitel geht es um Struktur und Funktion künstlicher Neuronen, Eigenschaften neuronaler Netze werden beschrieben, Konventionen der Darstellung und Terminologie gegeben, die Mathematik auf einfache Weise erklärt und verschiedene Lernmethoden diskutiert. Es ist wichtig, zuerst diese Konzepte zu verstehen, denn sie bilden die Grundlage für das detaillierte Studium verschiedener Neuronenmodelle in den drei folgenden Kapiteln.

Einleitung

Sowohl biologische als auch künstliche neuronale Netzwerke enthalten Neuronen, wirkliche oder simulierte. Diese Neuronen weisen vielfache Verknüpfungen untereinander auf, die die Information übertragen. Das Wissen eines Neurons ist auf die Querverbindungen der Neuronen verteilt und nicht etwa im einzelnen Neuron als Intelligenz-Bit gespeichert, wie früher einmal angenommen wurde. Ein mit den heutigen Technologien gebautes künstliches neuronales Netz hat, verglichen mit dem Gehirn, nur wenige innere Verbindungen. „NetTalk", das gedruckten Text in Sprache umwandelt, hat etwa 325 Neuronen und 20 000 Verbindungen. Das menschliche Gehirn enthält etwa hundert Milliarden Neuronen und zehn Millionen Milliarden Verbindungen. Die meisten Probleme können mit künstlichen neuronalen Netzwerken gelöst werden, die weniger als 500 Neuronen und 30 000 Verbindungen aufweisen. Optische Mustererkennung ist eine mögliche Ausnahme. Wahrscheinlich besitzt auch das Gehirn eine Vielzahl kleinerer neuronaler Netzwerke dieser Größenordnung, die Problemteile lösen, welche wiederum von Netzwerken auf höherer Ebene zusammengefügt werden.

Ein neuronales Netzwerk besteht aus Schichten von Neuronen, die miteinander verbunden sind. Die genauen Einzelheiten dieser internen Verbindungen gehören zu den wichtigen Entscheidungen bei der Konstruktion eines neuronalen Netzwerks. Einige der Neuronen dienen dazu, mit der äußeren Welt in Verbindung zu treten.

Zunächst gibt es Eingangsneuronen, die Information aufnehmen und sie an die inneren, verborgenen Neuronenschichten weitergeben, die Ausgangsneuronen dagegen liefern uns die Antwort des Netzes. Alle Neuronen der verborgenen Schicht bleiben uns verborgen, sie sind Teil eines großen inneren abstrakten Musters.

Neuronen

Künstliche Neuronen werden auch als Verarbeitungselemente, Knoten, Einheiten oder Zellen bezeichnet. Jedes Neuron bekommt das Ausgangssignal vieler anderer Neuronen. Ein Neuron errechnet seinen eigenen Output, indem es die gewichtete Summe seiner Eingänge herausfindet, einen Aktivierungspegel erzeugt und diesen übersteigt durch eine Ausgangs- oder Übertragungsfunktion. Der Ort, an dem zwei Neuronen in Kommunikation treten, wird Verbindung genannt (analog einer Synapse). Die Stärke der Verbindung zwischen zwei Neuronen wird Gewichtung genannt. Eine Ansammlung von Gewichtungen für das gesamte Netzwerk heißt dann Gewichtungsmatrix.

Schichten

Neuronen kommen an drei grundsätzlich verschiedenen Positionen in einem Netz vor: in der Eingangsschicht, der Ausgangsschicht oder in einer der verborgenen Schichten. Die *Eingangs- neuronen* empfangen Daten aus der äußeren Welt, beispielsweise von einem Digitalisiertablett, aus einer Datei oder von einem anderen Programm. Die *Aus- gangsneuronen* senden Infor-mationen an uns oder an einen anderen Empfänger,

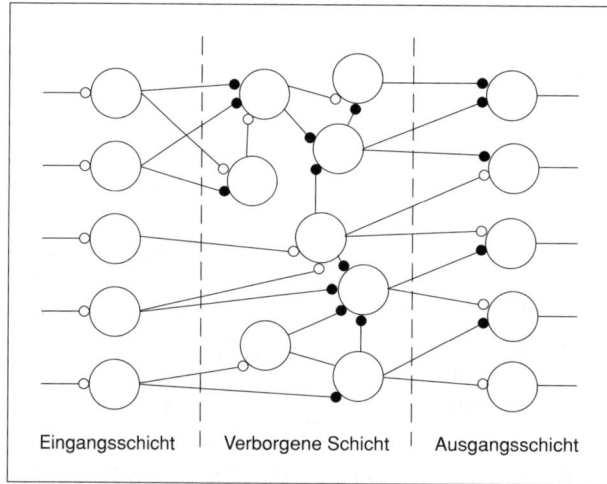

Eingangsschicht ¦ Verborgene Schicht ¦ Ausgangsschicht

Bild 4.1: Diagramm eines einfachen neuronalen Netzwerkes

wie zum Beispiel eine mechanische Steuerung. Wir interpretieren jedes Ausgangsneuron entsprechend der Weise, wie wir die Eingangsneuronen definiert haben. Alle Neuronen dazwischen nennen wir *verborgene Neuronen*. Ihre Ein- und Ausgangsdaten bleiben unsichtbar, da sie nur mit anderen Neuronen verbunden sind (siehe Bild 4.1).

Nehmen wir zur Erläuterung der Funktionsweise von neuronalen Netzen eines, das trainiert wurde, Zeichen zu erkennen. Ein Buchstabe wird auf ein Digitalisiertablett geschrieben. Das Tablett sendet Signale zu bestimmten Eingangsneuronen, die wiederum Signale an die nächste Schicht von Neuronen, die verborgene Schicht, senden. Jedes verborgene Neuron empfängt Signale von allen Neuronen der vorangehenden Schicht. Ein Neuron sendet ein Signal, wenn die Summe der Eingangssignale ein bestimmtes Niveau erreicht hat. Schließlich wird durch den Zustand der inneren Neuronen ein Muster gebildet, das auf ein früher gelerntes Muster paßt, das einem bestimmten Buchstaben entspricht. Das Netzwerk benutzt dann seine Ausgangsneuronen zur Anzeige, welcher Buchstabe erkannt worden ist.

Verbindungen

Eine Verbindung ist eine einzelne Nachrichtenstrecke, die von einem sendenden zu einem empfangenden Neuron führt. Es gibt zwei Arten von Verbindungen zu einem Neuron: erregende und hemmende. Hemmende Verbindungen neigen dazu, das Neuron am Feuern zu hindern, erregende Verbindungen neigen dazu, ein Neuron zum Feuern zu veranlassen. Die Struktur eines Netzwerks kann hemmende Verbindungen von einem Neuron zu allen übrigen Neuronen derselben Schicht aufweisen. Dies nennt man *laterale Hemmung*. Manchmal besitzt ein Netzwerk eine so starke laterale Hemmung, daß zu einem Zeitpunkt nur ein Neuron der Schicht, üblicherweise in der Ausgangsschicht, aktiviert werden kann. Dieser Effekt der Minimierung der Anzahl aktiver Neuronen ist eine Art von Wettbewerb. Die Art, in der die Neuronen miteinander verbunden sind, hat einen enormen Einfluß auf die Arbeitsweise des Netzwerkes. Das Festlegen der Verbindungen bestimmt, welche Art von Informationsverarbeitung das Netz leistet. Manchmal bestehen Verbindungen vom Ausgang

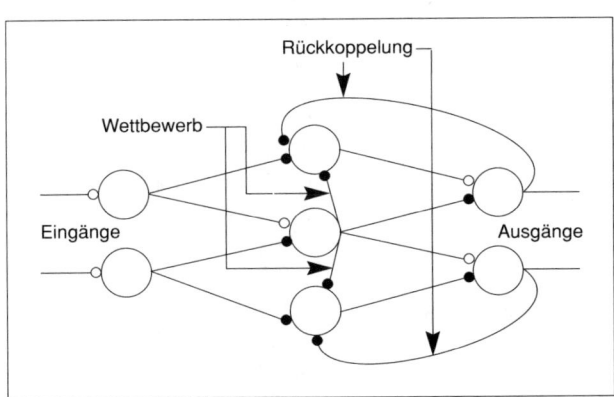

Bild 4.2: Einfaches Netzwerk mit Rückkoppelung und Wettbewerb

einer Schicht zum Eingang einer früheren, oder zu derselben Schicht. Dies wird als *Rückkoppelung* bezeichnet. Beim allgemeinsten Modellfall von Rückkoppelung ist jedes Neuron mit jedem anderen verbunden.

Konventionen der Darstellung und Terminologie

Unter Bezugnahme auf Bild 4.3 können wir die Neuronen in beliebiger Reihenfolge benennen. Das fünfte Neuron könnte u_5 heißen. Wir schreiben das i-te Neuron oder einfach u_i (u steht für Unit oder Neuronen-Einheit, i bedeutet eine ganze Zahl). Das neuronale Diagramm sieht aus wie das vereinfachte Modell eines biologischen Netzwerkes, die meisten Bezeichnungen sind dieselben. Das bedeutet nicht, daß die wirklichen Vorgänge in einer echten Nervenzelle beschrieben werden. Wir stellen lediglich das in einem neuronalen Netz verwendete künstliche Neuron dar. Die Nervenverbindungen im Gehirn sind sehr viel dichter, als es unser Diagramm darstellt, aber wir können aus diesem Modell viel über die Grundlagen des Lernens erfahren.

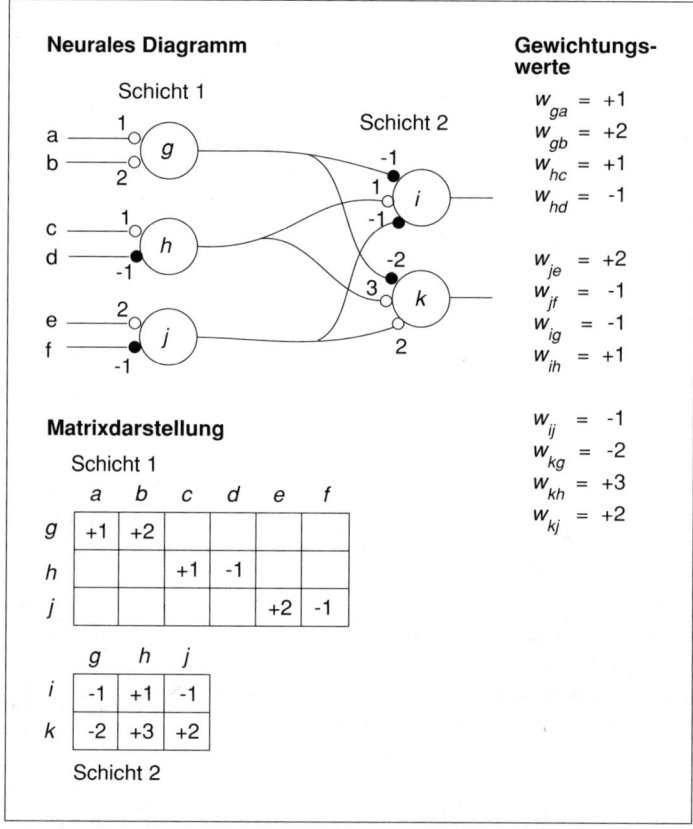

Bild 4.3: Darstellungen eines neuronalen Netzes

Jede Verbindung enthält am Eingang eines Neurons eine Gewichtung oder *Verbindungsstärke*, die das Analogon zu einer Synapse darstellt. Eine Gewichtung steuert die Stärke des in das Neuron eingehenden Signals. Die Gewichtung einer bestimmten Verbindung wird durch w_{ij} bezeichnet, wobei *i* das empfangende Neuron und *j* das sendende ist. Bild 4.3 zeigt die Gewichtung oder Verbindungsstärke vom Neuron j zum Neuron i; die Gewichtung, die durch den kleinen schwarzen Kreis dargestellt wird, entspricht einer negativen (hemmenden) Wirkung auf das eintreffende Signal. Der kleine weiße Kreis steht für eine positive Gewichtung oder eine erregende Wirkung.

In der Matrixdarstellung wird je eine Matrix für jede Schichtenverbindung benötigt. Die Werte der Gewichtungen werden in dem Kasten aufgelistet, sie werden spezifiziert durch das sendende Neuron (Spalte) und das empfangende Neuron (Zeile). Diese Zahlenmatrizen stellen sozusagen die „Intelligenz" dar, die durch das Netzwerk eingefangen wird (sie können unter Copyright-Schutz gestellt werden).

Aktivierungs- und Übertragungsfunktionen

Neuronen verarbeiten Eingangssignale und erzeugen Ausgangswerte. Innerhalb des Neurons werden die gewichteten Signale zur Netzaktivität aufsummiert. Normalerweise werden sie einfach addiert, aber in manchen Modellen ist die Berechnung etwas komplizierter. Die hemmenden Signale haben einen negativen Wert, so daß sie zwar zu den erregenden Signalen addiert werden können, jedoch den gesamten Signalausgang vermindern. Folgende Formel ist grundlegend für neuronale Netzwerke:

$$net_i = \sum_{j=1}^{n} w_{ij} * o_j$$

Man liest die Gleichung als „Die Netzaktivität des Neurons *i* ist gleich der Summe der Gewichte mal der Eingangssignale o_j für alle Eingänge in das Neuron *i*, angefangen beim Ausgang des Neurons *j*=1 und endend bei *j*=n. "Einfacher gesagt bedeutet sie: Addiere alle Aktivität, die in das Neuron hineingeht und berücksichtige dabei die Verbindungsstärken (die Gewichtungen). Das Neuron errechnet seinen Ausgang durch Bestimmen der gewichteten Summe seiner Eingänge (net_i), wendet dann die Aktivierungsfunktion an, die den Aktivierungszustand (a_i) im Neuron selbst produziert. Der Aktivierungswert wird durch eine Ausgangs- oder Übertragungsfunktion f_i geschickt, die den tatsächlichen Ausgangswert dieses Neurons zu diesem Zeitpunkt produziert: $o_i(t)$.

In den einfachsten Modellen ist die Aktivierungsfunktion die Identität, nämlich genau die Summe der gewichteten Eingangswerte; der vorherige Zustand wird nicht berücksichtigt. In komplizierteren Modellen benutzt die Aktivierungsfunktion auch den vorhergehenden Aktivitätszustand des Neurons, so daß das Neuron sich selbst erregen kann. Der Wert dieser Aktivierungsfunktionen nimmt mit der Zeit ab; ein Zustand der Erregung bildet sich langsam zu einem inaktiven Niveau zurück. Manchmal ist die Aktivierungsfunktion stochastisch, das heißt sie enthält einen Zufallsfaktor. Der Aktivierungszustand ist eine Möglichkeit, den Zustand des neuronalen Netzes zu einem gegebenen Zeitpunkt zu bezeichnen. Jedes Neuron hat einen individuellen Aktivierungswert, der als $a_i(t)$ geschrieben wird, wobei das a für Aktivierung steht, i das Neuron bezeichnet und (t) einen bestimmten Zeitpunkt.

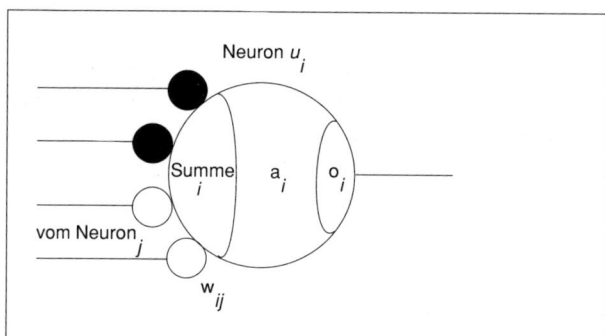

Bild 4.4: Terminologie

Die Aktivierungsfunktion spezifiert, was das Neuron mit dem Signal tut, nachdem die Gewichtungen ihre Wirkung gezeigt haben. In den meisten Modellen kann der Aktivierungswert ein beliebiger Betrag in einem beschränkten Bereich kontinuierlicher Werte sein, einschließlich gebrochener Zahlen.

In anderen Modellen ist der Aktivierungswert *gebunden und diskret*, das heißt, er kann keinen gebrochenen Betrag annehmen. Die gebräuchlichsten Werte sind −1 und +1, wobei −1 inaktiv und +1 aktiv bedeutet. In manchen Modellen können die Grenzen des Wertebereichs fortfallen. Dann spricht man von einem *unbeschränkten und kontinuierlichen* Aktivierungswert.

Die Aktivierungsfunktion kann verwendet werden, um eine Art von *Zeit-Integrierung* der Eingänge durchzuführen , so daß das Neuron und das Netzwerk zeitabhängiges Verhalten zeigen. Dieses Verhalten ist ein Feld aktiver Forschung, aber es gibt bis jetzt noch keine allgemein nutzbaren Ergebnisse.

Der Aktivierungswert wird durch eine Übertragungsfunktion geschickt, die den aktuellen Output dieses Neurons produziert. Die verschiedenen Typen von Übertragungsfunktionen werden im Anhang E beschrieben. Die gebräuchlichsten sind die Schwellenwert- und die sigmoide Funktion.

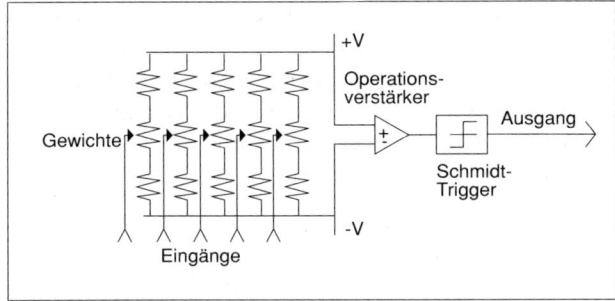

Bild 4.5: Einfache Hardware-Version einer logischen
Schwellenwerteinheit

Die Schwellenwertfunktion ist eine Alles-oder-Nichts-Funktion. Wenn der Aktivierungswert größer als ein festgelegter Betrag ist, dann gibt das Neuron eine 1 aus. Wenn der Aktivierungsbetrag unter dem Schwellenwert liegt, gibt das Neuron eine 0 aus. Die Aktivität des Neurons muß also ein bestimmtes Niveau erreichen, bevor das Neuron einen Beitrag zum Gesamtzustand des Netzes leistet. Schwellenwert-Logik-Neuronen verhalten sich auf diese Weise. (Siehe Bild 4.5 für eine frühe HardwareLösung.) Die sigmoide Funktion ist eine besonders nützliche nichtlineare Funktion. Diese Übertragungsfunktion ist eine Sättigungsfunktion; oberhalb eines bestimmten Maximalwertes hat eine stärkere Erregung keine zusätzliche Wirkung mehr. Die sigmoide Funktion hat eine obere und eine untere Sättigungsgrenze sowie einen proportionalen Bereich dazwischen. Der Wert der Funktion ist 0, wenn der Aktivierungswert eine große negative Zahl ist. Den Wert 1 liefert die Funktion, wenn der Aktivierungswert eine große positive Zahl ist, dazwischen liefert sie einen gleichmäßigen Übergang. In manchen Modellen produziert die sigmoide Übertragungsfunktion einen Ausgangswert von −1 bis 1.

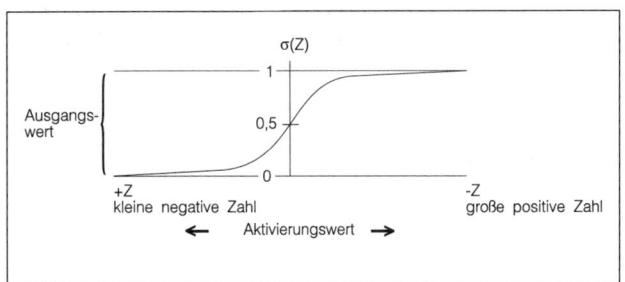

Bild 4.6: Sigmoide Funktion

Für gewöhnlich, aber nicht in jedem Fall, wird die Übertragungsfunktion schon bei der Konstruktion eines Netzwerkes festgelegt, sie sendet ein Ausgangssignal, das vom Aktivierungswert des Neurons abhängig ist. Die Übertragungsfunktion definiert den Wert des Ausgangssignals. In manchen Modellen ist der Ausgangspegel gleich dem Aktivierungspegel. Öfter ist diese Funktion eine Art von Schwellenwert- oder eine sigmoide Funktion. Folglich leistet ein Neuron keinen Beitrag zur Aktivierung anderer Neuronen, ehe sein Aktivierungspegel nicht einen Minimalwert erreicht hat.

In manchen Fällen wird der Ausgang eines Neurons an andere Neuronen weitergeleitet, in anderen wird er an die Welt außerhalb des Netzes geschickt. Manchmal wird das Neuron in beiden Richtungen genutzt (ein bidirektionales Neuron). Ein einzelnes Ausgangssignal zu einer bestimmten Zeit wird durch $o_i(t)$ dargestellt. Die Menge aller Ausgänge zu einer bestimmten Zeit wird o(t) geschrieben.

In der Praxis gibt es Problemstellungen, bei denen die Frequenz der Ausgangsimpulse sehr wichtig ist. Zum Beispiel muß der Ausgang für die Steuerung von Motoren in der Lage sein, schnelle zeitliche Änderungen zu vollziehen. Häufiger ist ein gleichbleibendes Verhalten wichtig, das für 10 bis 50 ms andauert. Wenn ein Neuron seinen Ausgang gerade umschaltet, muß es die Effekte neuer eingehender Signale unterdrücken. Dies wird als Teil eines Verlustfaktors ausgedrückt. Wenn die sigmoide Funktion gesättigt ist (bei 0 oder 1), zeigt das Neuron sehr wenig Reaktion auf kleine Änderungen seiner Eingangswerte.

Gleichgültig, wie die genaue Übertragungsfunktion auch aussieht, das Neuron feuert, wenn es eine bestimmte Wertekombination der eingehenden Signale erkennt. Mit anderen Worten, die Operation eines Neurons wird durch Regeln bestimmt, die ein Zusammenpassen zwischen dem Eingangsvektor, der aus den eintreffenden Signalen besteht, und einem Gewichtungsvektor oder inneren Satz an Parametern festlegen.

Modelleigenschaften

Der Versuch, Netzwerke fein säuberlich in Kategorien einzuordnen, ist schwierig, da sich in jedem neuronalen Netz viele Kombinationen von Eigenschaften wiederfinden. Bevor wir uns den vielen verschiedenen Arten von neuronalen Netzen zuwenden, wollen wir einige allgemeine Konzepte von Netzwerken besprechen.

Es gibt viele Faktoren, die das Verhalten und die Fähigkeiten eines neuronalen Netzes beschreiben. Anpassungsfähigkeit, Plastizität (Flexibilität), Selbstorganisation, Generalisierung, dynamische Stabilität, Konvergenz, Fehlertoleranz und Normalisierung sind Konzepte, die auf nahezu alle neuronalen Netze anwendbar sind.

Anpassungfähigkeit ist die Fähigkeit, eine Reaktion bei wechselnden Bedingungen zu modifizieren. Vier Prozesse erzeugen diese Fähigkeit: Lernen, Selbstorganisieren, Generalisieren und Training. *Plastizität* ist die Fähigkeit einer Gruppe von Neuronen, ihre Funktionen mit der Zeit verschiedenen Anforderungen anzupassen. Wenn ein Teil des Netzwerkes beschädigt ist, passen sich andere Neuronen an, um die Funktionen zu übernehmen, welche der zerstörte Teil früher ausgeübt hatte. *Selbstorganisation* nennt man es, wenn ein Netz alle seine Neuronen gleichzeitig entsprechend einer Lernregel verändert. Dies geschieht normalerweise durch Verändern der einzelnen Synapsengewichte als Antwort auf Veränderungen der Eingangsdaten. *Generalisierung* ist die Fähigkeit eines neuronalen Netzwerkes, eine

Antwort zu einem Problem zu finden, mit dem es noch nie vorher konfrontiert worden ist, indem ähnliche Information herangezogen wird. Lernen wird später in diesem Kapitel detailliert behandelt, das Trainieren behandelt Kapitel 8.

Dynamische Stabilität ist die Fähigkeit eines Netzwerkes, seine Funktionsfähigkeit aufrechtzuerhalten und einen stabilen Zustand zu erreichen. Solch einem Netzwerk kann man extreme Datenwerte einspeisen und es wird sich trotzdem auf einen stabilen Zustand einstellen. *Konvergenz* ist der Zustand der Veränderung des Netzes, wenn es sich auf einen stabilen Endzustand zubewegt. Stabile Zustände werden im nächsten Kapitel behandelt. *Fehlertoleranz* ist die Fähigkeit, mit der Verarbeitung fortzufahren, wenn auch mit verringerter Genauigkeit und/oder Geschwindigkeit, falls eine kleine Anzahl von Neuronen unbrauchbar oder beschädigt ist. *Normalisierung* ist eine Justierung, die die Gewichte in einem vordefinierten akzeptablen Wertebereich hält.

Ein neuronales Netz kann viele besondere Eigenschaften haben, die seine Architektur, Lernmethoden, Hilfsmittel zur Datenverarbeitung und sein Zeitverhalten festlegen. Ein bestimmtes Netzwerk wird nur einen Teil dieser Konzepte besitzen.

Die Beschreibung des Zustands eines Neurons zu einem bestimmten Zeitpunkt kann diskret oder kontinuierlich sein, nicht aber beides zugleich. Diskrete und kontinuierliche Zustände sind Beschreibungen für den Wert, den ein Neuron zu einem bestimmten Zeitpunkt ausgibt. Ein diskret arbeitendes Neuron kann nur Werte aus einer vorgegebenen Zustandsmenge annehmen. Die zulässigen Werte sind oft +1 und −1 oder 0 und 1. Ein kontinuierlich arbeitendes Neuron kann jeden beliebigen Wert in einem bestimmten Bereich, einschließlich gebrochener Zwischenwerte, annehmen.

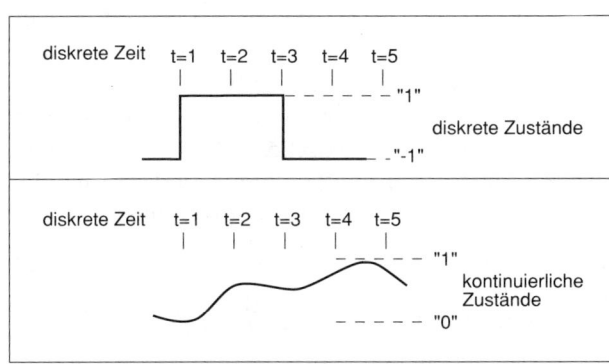

Bild 4.7: Zwei Beispiele für Neuronenzustände

Diskrete und kontinuierliche Zeit beschreiben die Art der Va-riablen t, die für die Zeit benutzt wird. Im diskreten Fall ist t eine ganze Zahl und die Zeit wird in Schritten t+1, t+2 usw. gezählt. Mit jedem Schritt wird der Wert des Neurons auf einen neuen Stand gebracht. Im kontinuierlichen Fall ist t eine reelle Zahl. Der nächste Wert für t ist einfach die Va-riable t plus einem Diffe-renzbetrag. Der Dif-ferenzbetrag ist die alte Zeit abzüglich der Zeitspanne bis zur nächsten Änderung. Diese Art kontinuierlichen Netzwerks kann zeitliches Assoziationsverhalten simulieren. Zeitliche Assoziationen sind der Mechanismus, durch den Abläufe in der Zeit gemerkt und wiederabgerufen werden. Zeitliche Muster sind Abfolgen von räumlichen Mustern. Netzwerkfunktionen können deterministisch oder stochastisch sein. Deterministische Netze verwenden Variablen, deren Funktionswerte Beschränkungen unterliegen. Stochastische Netzwerke enthalten in einigen Fällen Variablen, die Zufallswerte annehmen.

Eingangsmuster können verschiedene Beziehungen zu einem Netzwerk haben. Orthogonale Muster oder Vektoren sind mathematisch gesehen rechtwinklig zueinander. Muster können auch vom Konzept her orthogonal sein, wie in dem Beispiel, bei dem der Klang einer Glocke mit dem Anblick von Futter assoziiert wird. Räumliche Muster sind parallele Signalwerte, die sich zu einem gegebenen Zeitpunkt im Raum verteilen.

Lernmethoden

Die normale Arbeitsweise eines neuronalen Netzes besteht in der selektiven Antwort auf ein Signalmuster. In diesem Sinne könnte ein Neuron oder eine Gruppe von eng zusammenarbeitenden Neuronen als Schloß angesehen werden, zu dem ein bestimmtes Signalmuster den Schlüssel bildet. Die Ausgangsreaktionen von verschiedenen Neuronen können dann wieder den Schlüssel zu einem anderen Schloß bilden. Die selektiven Eigenschaften des Schlosses werden durch den Lernprozeß hindurch verändert. Ein neuronales Netzwerk lernt, indem es seine Antworten ändert, wenn sich die Eingänge ändern. Künstliche neuronale Netzwerke, die es heute gibt, sind grundsätzlich Assoziierer. Das heißt, sie lernen, daß bestimmte Paare von Dingen zusammengehören. Z.B. gehört „Grün" zu „Gehen" und „Rot" zu „Halten". Die Lernregel ist das eigentliche Herz eines neuronalen Netzwerkes; sie bestimmt, wie die Gewichte justiert werden, während das neuronale Netzwerk seine Erfahrungen macht. Es gibt viele verschiedene Lernregeln. Einige der bekannteren sind das Hebbsche Gesetz, die Deltaregel und die Regel der Fehlerrückführung (Back Propagation Rule).

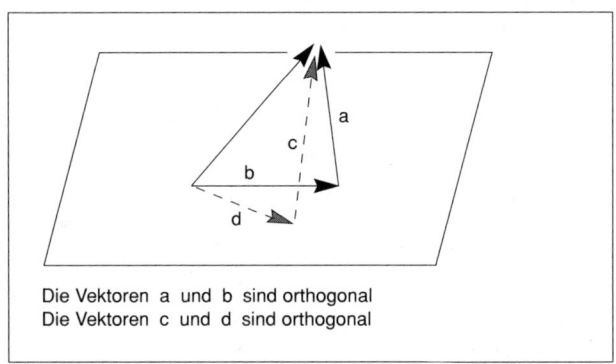

Die Vektoren a und b sind orthogonal
Die Vektoren c und d sind orthogonal

Bild 4.8: Orthogonale Projektion im dreidimensionalen Raum

Die beste Regel bei der Verwendung linearer Neuronen ist die Deltaregel. Unter der Bedingung, daß die Eingänge alle linear unabhängig sind, wird durch diese Regel das Lernen beliebiger Assoziationen möglich. Andere Lernregeln (wie die Hebbsche Regel) erfordern einen orthoganalen Eingang.

Vor mehr als 30 Jahren hat Donald O. Hebb die Theorie aufgestellt, daß biologische assoziative Gedächtnisspeicher von den synaptischen Verbindungen zwischen den Nervenzellen gebildet werden (1). Er nahm an, daß der Vorgang des Lernens und der Gedächtnisbildung mit Veränderungen der Stärke einhergeht, mit der Nervensignale über die einzelnen Synapsen übertragen werden. Das Hebbsche Gesetz besagt, daß Paare von Neuronen, die gleichzeitig aktiviert werden, durch Veränderungen der synaptischen Verbindung stärker aneinander gebunden werden. Das Ergebnis ist eine Verstärkung der betreffenden Signalwege im Gehirn. Zwei Neuronen werden als gleichzeitig aktiv betrachtet, wenn der Ausgangsimpuls des sendenden Neurons nahezu zum selben Zeitpunkt wie der Ausgangsimpuls des empfangenden Neurons stattfindet. Die Prozesse von Lernen und Speichern beinhalten Änderungen der Stärke, mit welcher Signale über einzelne Synapsen übertragen werden.

Die Hebbsche Theorie hat weitergehenden Forschungen standgehalten. Die wichtigsten Veränderungen, die im Nervengewebe aufgespürt wurden, finden an den Synapsen statt und werden durch Signalübertragung verursacht. Die Verbindungsstärken zwischen den Neuronen können durch die chemische Zusammensetzung, die Größe oder Form der Synapse geändert werden. Andere Veränderungen, die das Lernen beeinflussen, sind struktureller oder chemischer Natur. Die meisten strukturellen Änderungen erscheinen beim Menschen in einem frühen Lebensalter. Chemische Änderungen sind bei Erwachsenen vorherrschend. Es wird angenommen, daß die Veränderungen in der Anzahl aktiver chemischer Rezeptoren an der Empfängermembran die Hauptursache für die Gedächtnisbildung bei Erwachsenen sind (2). Strukturelle Veränderungen an der Membran werden als sekundäre Ursachen angegeben. Manche Veränderungen dauern nur einige Minuten an, andere einen ganzen Tag, wieder andere sind dauerhaft.

> **Das Hebbsche Gesetz:**
> $$\Delta w_{ij} = \eta \, a_i \, o_j$$

Wobei Δw_{ij} die Veränderung der Verbindungsgewichtung vom Neuron j zum Neuron i darstellt, a_i für die Aktivierung des Neurons i steht, o_j der Ausgang des Neurons j, und η die Lernrate bezeichnet.

Die Lernrate spezifiziert, wie groß die Veränderungen für das Netzwerk sind, oder wie schnell es sich anpassen wird. Wenn die Verbindungen zu schnell während des Trainings verändert werden, reagiert das Netzwerk über. Es kann dann länger brauchen, um zu lernen, oder es lernt gar nicht.

Die Deltaregel (oder *Least Mean Squared* LMS, kleinstes mittleres Quadrat), eine Spielart der Hebbschen Regel, wurde von Bernard Widrow und Ted Hoff entwickelt (1960). Das Netzwerk selbst trug den Namen ADALINE, eine Abkürzung für ADAptives LINeares Element. Die Deltaregel besagt folgendes: gibt es während des Trainings eine Abweichung zwischen dem momentanen Ausgangsmuster und dem gewünschten Ausgangsmuster, werden die Gewichte so verändert, daß sich die Differenz verringert. Das Ausmaß der Veränderung der Gewichte ist gleich dem Fehler auf der Ausgangsseite, mal den Eingangswerten, mal der Lernrate.

> Die Deltaregel:
> $$\Delta w_{ij} = \eta \; (\tau_i(t) - a_i(t)) \; o_j \, (t)$$
> wobei t die Zeit und η die Lernrate ist

Wobei Δw_{ij} die Veränderung der Verbindungsgewichtung vom Neuron j zum Neuron i darstellt, T_i ist der Trainingseingang oder die richtige Antwort, t steht für die spezifische Zeit, a_i ist der Aktivierungswert des Neurons i, o_j der Ausgangswert des Neurons j und η stellt die Lernrate dar.

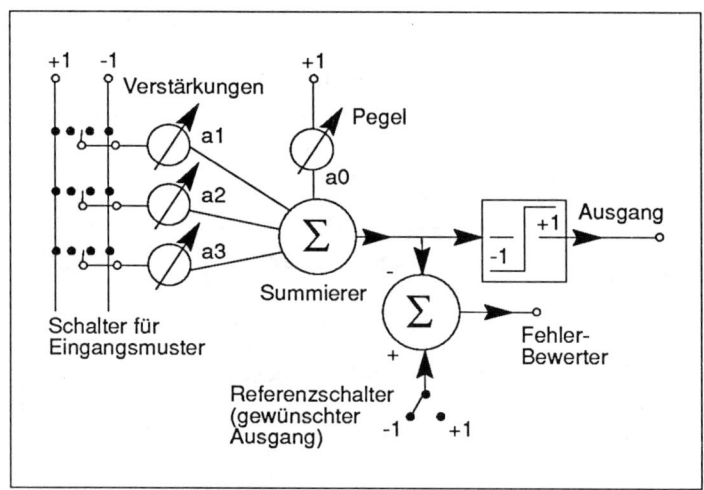

Bild 4.9: ADALINE

Viele Netzwerke verwenden für das Training Spielarten dieser Regel. Die generalisierte Deltaregel, oder Regel der Fehlerrückführung, ist eine Variation der Deltaregel für ein Netzwerk mit verborgenen Neuronen. Fehlerrückführung wird im Kapitel 7 genau erklärt.

Bibliographische Hinweise:

(1):   HEBB, D.: The Organization of Behavior. New York City, Wiley Publications, 1949.

(2):   KOHONEN, T.: Self Organization and Associative Memory (Kap.8). Berlin, New York, Springer-Verlag, 1988.

KAPITEL 5

Überblick und Klassifizierung von Modellen

Dieses Kapitel handelt von den Merkmalen neuronaler Netzwerke und schlägt ein Klassifikationsschema vor. Es sind so viele Modelle entwickelt worden (bis jetzt mehr als 40), daß es ohne Übersicht leicht verwirrend ist. Dieses Kapitel soll die Unterschiede und den Vergleich von speziellen Modellen in den folgenden zwei Kapiteln verständlicher machen.

Neuronale Netzwerke können nach dem Verhalten ihrer Neuronen, dem Verbindungsschema und den Lernmethoden klassifiziert werden. Vor der Untersuchung der verschiedenen allgemeinen Kategorien neuronaler Netzwerke ist es jedoch interessant, ein wenig über ihre Geschichte zu erfahren. Zu sehen, wie sich das Gebiet entwickelt hat, hilft, die unterschiedlichen Typen zu verstehen, welche von ihnen am effektivsten sind und warum. Die Übersicht 5.1 gibt eine Zusammenfassung dieser Geschichte.

Entwicklung neuronaler Netzwerktheorien

Die Forschung auf dem Gebiet der neuronalen Netzwerke hatte ihre ersten interessanten Ergebnisse vor ungefähr 45 Jahren, als McCulloch und Pitts zeigten, daß man mit Hilfe eines aus zweiwertigen Neuronen bestehenden Netzwerks in der Lage ist, bestimmte Aufgabenstellungen zu lösen. In seinem Buch *Organization of Behavior* (1949) schlug Donald Hebb einen biologisch plausiblen Mechanismus vor, durch welchen Lernen stattfinden könnte. Die meisten Lernregeln für Netzwerke beruhen auf diesem Mechanismus oder auf dessen Abwandlungen, die bereits als Hebbsches Gesetz im vorigen Kapitel eingeführt wurden.

Das Hebbsche Gesetz ist sehr einfach: Wann immer zwei Neuronen zur selben Zeit erregt werden, sollten ihre Verbindungen verstärkt werden. Moderne Abwandlungen des Hebbschen Gesetzes prüfen, ob die Neuronen kompatible Konzepte repräsentieren; dabei verwenden sie alle möglichen Arten von Mathematik, um genau zu entscheiden, in welchem Maße die Verbindungen zu verstärken sind – die Grundidee bleibt jedoch dieselbe.

In den 50er Jahren war die herausragende Persönlichkeit der neuronalen Netzwerkforschung Frank Rosenblatt. Er führte eine Klasse von Netzwerken ein, die er „Perceptrons" nannte. Er schrieb sehr viel und vielleicht etwas zu enthusiastisch über ihre Entwicklungsfähigkeiten. Das Perceptron war dafür entworfen, einem biologischen sensorischen Modell ähnlich zu sein, es verwendete eine Kombination verschiedener Schichten von Schwellenwertneuronen und eine Abwandlung der Hebbschen Lernregel.

In den 60er Jahren untersuchten Marvin Minsky und Seymour Papert eingehend die Möglichkeiten und Grenzen der Perceptrons. Diese Studie schlossen sie mit dem Buch *Perceptrons* (1969) ab, in welchem sie zu dem Schluß kamen, daß eine große Klasse interessanter Probleme niemals mit Hilfe eines Perceptron-Netzwerkes gelöst werden könnte. Aufgrund dieses Buches kam die neuronale Netzwerkforschung bis in die späten 70er und frühen 80er Jahre fast zum Erliegen, während Minskys und Paperts regelbasierte künstliche Intelligenzforschung gegründet wurde und aufblühte. In den späten 60er und frühen 70er Jahren dominierten die serielle Verarbeitung und der Von-Neumann-Computer sowohl die Psychologie als auch die künstliche Intelligenz. Nur wenige Forscher setzten die Arbeit an den neuronalen Netzwerken fort, die bekanntesten unter ihnen waren Stephen Grossberg, Geoffrey Hinton, Teuvo Kohonen, Kumihiko Fukushima und J.A. Anderson. Ihre Forschungen erbrachten den Durchbruch für einige grundlegende Aspekte der neuronalen Netzwerktheorie.

Anderson und Kohonen entwickelten gleichzeitig den linearen Assoziierer (1972), der Neuronen verwendete, die als Antwort auf eintreffende Signale in unterschiedlichen Frequenzen feuern konnten und nicht ein- oder ausgeschaltet wurden, wie dies beim Perceptron der Fall war. Stephen Grossberg war einer der ersten, der einige Eigenschaften des Wettbewerbslernen analysierte (1976). Seine mathematischen Analysen brachten ihn zu vielen Einsichten, die nur über umfangreiche Computersimulationen gewürdigt werden konnten. Er sah die Relevanz von neuronal inspirierten Mechanismen für viele Gebiete der Wahrnehmung und des Gedächtnisses, lange bevor der Forschungsbereich für seine Ideen bereit war (1978).

Auch trug die einflußreiche Arbeit von J.A. Anderson dazu bei, daß James Mc-Clelland und David Rummelhart die Theorie des Parallel Distributed Processing (PDP, parallel verteilte Verarbeitung) entwickeln konnten. Anderson beharrte auf einer verteilten Repräsentation, und zeigte die Wichtigkeit von neuronal inspirierten Modellen für die Theorien des Konzeptlernens (1973, 1977).

1982 veröffentlichte John Hopfield einen Aufsatz über neuronale Netzwerke. Dieser Aufsatz zeigte nicht nur, daß neuronale Netzwerke sehr interessantes Verhalten an den Tag legen, sondern untermauerte auch die Theorie mathematisch. Hopfield beschrieb in diesem und in weiteren Aufsätzen zwei Schlüsselgedanken: zum einen, dem System Nichtlinearität hinzuzufügen, wie etwa durch Rückkoppelung, zum anderen das Konzept einer globalen Energiefunktion, welche den Zustand des Systems charakterisiert. Das Konzept der globalen Energiefunktion sagt aus, daß Problemlösungen die niedrigsten Energiezustände einnehmen, die verfügbar sind. Hopfields Aufsatz leitete eine neue „Runde" in der neuronalen Netzwerkforschung ein

Zu den Arbeiten von neuronalen Netzwerkforschern kamen Fortschritte in der Biologie dazu, wie etwa die Untersuchungen über das Sehen von Marr und Poggio, die ihrerseits zur Entwicklung der neuronalen Netzwerke beitrugen.

In einem Zeitraum von neun Jahren nach Hopfields Aufsatz wurden viele wichtige neuronale Netzwerkmodelle und Lernregeln entwickelt, durch welche zum Teil überraschende Fähigkeiten gezeigt werden konnten.

Klassifizierung neuronaler Netzwerke

Wie in Bild 5.1 dargestellt, gibt es zwei Hauptgesichtspunkte bei der Netzwerkarchitektur: Netzwerke mit Rückkoppelung und solche ohne Rückkoppelung. Wenn der Ausgang des Neurons nicht von irgendwelchen vorhergehenden Werten abhängig ist, wird das Netzwerk als vorwärts gekoppelt bezeichnet. Die Signale gehen nur in eine Richtung, die Ausgänge sind nur von den Signalen abhängig, die von anderen Neuronen eintreffen, es gibt keine Schleifen im System. Ist solch ein Netzwerk einmal trainiert, produziert es stets zum selben Eingang denselben Ausgang.

Jahr	Forscher	Entwicklung	Bedeutung
1947	McCullock&Pitts	McCull-Pitt-Neuron	erstes Neuronenmodell
1949	Hebb	synaptisches Lernen	biologische Basis
1958	Rosenblatt	Perceptron	logische Schwelle
1960	Widrow&Hoff	ADALINE	Delta-Regel
1969	Minsky&Papert	„Perceptrons"	Kritik
1972	Anderson	linearer Assoziierer	Ausgang variiert
1972	Kohonen	lin. Assoz.	Ausgang variiert
1973	Von der Malsburg	Modell des visuellen Kortex	Nachweis physiologischer Theorien
1976	Grossberg	adaptive Muster	Psychologie u.Mathematik
1976	Marr&Poggio	Sehfähigkeit	Kooperation
1977	Amari	Neuronen-Pool	Wettbewerb
1980	Grossberg	adaptive Resonanz	psycholog. Modell

Jahr	Forscher	Entwicklung	Bedeutung
1981	McClelland et al.	Buchstabenerkennung	Merkmalsermittlung
1982	Bienenstock et al.	visueller Kortex	Neurophysiologie
1982	Kohonen	selbstorgan. Karten	Selbstorganisation
1982	Hopfield	Selbstassoziation	stabile Zustände
1982	Feldman et al.	Konnektionist	paralell verteilte Verarbeitung
1983	Fukushima	Neocognitron	Erkennung
1983	Grossberg et al.	ART	komplexes Rückkoppelungsmodell
1984	Hinton	Boltzman-Maschine	simuliertes Tempern
1985	Rumelhart, Parker	Back Propagation mit verborgener Schicht	Delta-Regel
1986	Rumelhart et al.	PDP	Sammelwerk
1986	Sejnowski et al.	NetTalk	Anwendung der Rückkoppelung
1987	Kosko	BAM	Paar-Assoziation
1988	IEEE	IJCNN	Neuronale-Netze-Konferenz
1990	Intel	80170	kommerzielles neuronales Netz (Chip)

Übersicht 5.1: Stationen in der Entwicklung neuronaler Netze

Neuronale Netzwerke können auch anhand ihrer neuronalen Übertragungsfunktion klassifiziert werden, wodurch sich gewöhnlich zwei Klassen ergeben: lineare und nichtlineare Modelle. Das früheste Modell verwendete eine lineare Übertragungsfunktion. Der Ausgang des linearen Neurons ist unmittelbar mit dem Aktivierungswert verbunden. Man multipliziert den Aktivierungswert mit einer Zahl (die Verstärkung), um den Ausgang zu erhalten. Der Ausgang des Systems kann unter Verwendung linearer Algebra dargestellt werden. Folglich sind die Ausgänge bei gegebenen Eingangswerten gleich dem Satz der Gewichte, multipliziert mit den Eingängen. Das ist eine einfache Vektor-Matrixmultiplikation, die in Bild 5.2 dargestellt und im Anhang B erläutert wird.

Alle Werte sind kontinuierlich und gestatten einen gleitenden Wertebereich, nicht nur ein einfaches binäres „Ein" oder „Aus", wie etwa beim Neuron mit logischem Schwellenwert. Lineare Übertragungsfunktionen sind für die meisten Anwendungen nicht sehr nützlich, da die meisten Probleme zu komplex sind, um durch einfache Multipikationen gelöst werden zu können.

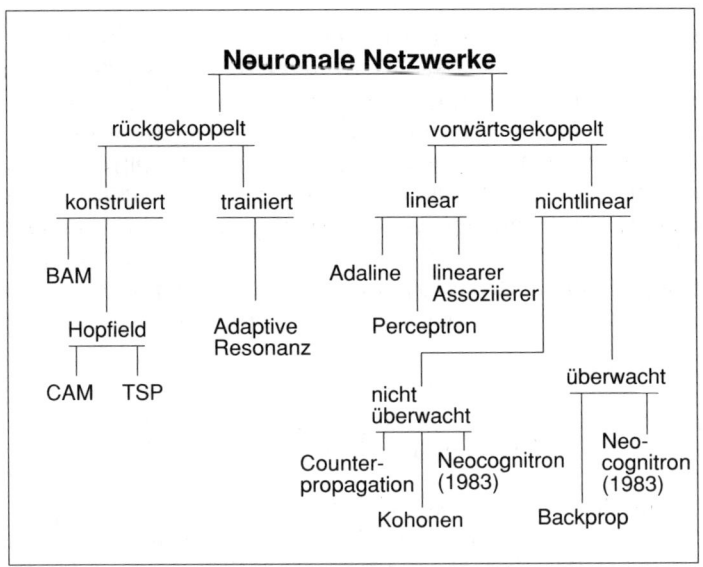

Bild 5.1: Vereinfachte Klassifikation

Im nichtlinearen Modell ist der Ausgangswert eines Neurons eine nichtlineare Funktion der Summe der Eingänge. Die Schwäche rein linearer Modelle kann durch Hinzufügen von Nichtlinearitäten überwunden werden. Der Ausgangswert eines linearen Neurons kann einen sehr komplizierten Zusammenhang zum Aktivierungswert aufweisen. Es gibt verschiedene Typen nichtlinearer Neuronen, sie werden im Anhang E erklärt. Das einfachste nichtlineare Modell besteht aus einem Netzwerk mit Schwellenwertneuronen. Ein Schwellenwertneuron ist ein binäres Neuron, dessen Aktivierungswert die Beträge 0 oder 1 annimmt. Der Aktivierungswert von Neuron u_i ist 1, wenn die gewichtete Summe seiner Eingänge größer ist als eine

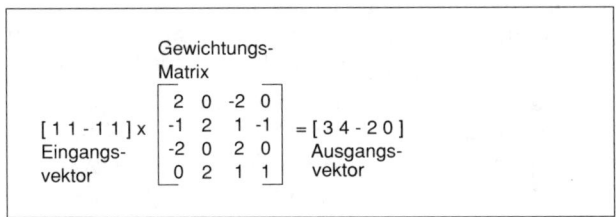

Bild 5.2: Bestimmung der Ausgangswerte eines linearen Netzwerkes

Schwelle θ_i, andernfalls ist er 0. Die Verbindungs- oder Gewichtungsmatrix für so ein Netzwerk ist eine Matrix aus positiven und negativen Zahlen. In dem einfachen nichtlinearen Modell produziert die Ausgangsfunktion einen Ausgangswert, der dem Aktivierungswert gleich ist. Siehe Anhang B für mathematische Einzelheiten bezüglich Matrizen.

Neuronale Netzwerke können außerdem durch ihren Lernalgorithmus klassifiziert werden, der entweder überwacht oder nichtüberwacht stattfindet. Ein überwachtes Netzwerk vergleicht seine Ausgangswerte während des Trainings, um die richtigen Antworten kennen zu lernen. Als Kinder lernen wir auf diese Art das Einmaleins; man sagt uns, wann die Antwort falsch ist und wir üben, bis wir es richtig machen. Ein nichtüberwachtes Netzwerk hat keinen Zugang zu solchen Informationen, es muß durch einen Mechanismus lernen, der Anregung und darauf folgende Reaktion verbindet, ähnlich wie beim Vorgang des Spracherwerbs. Dadurch, daß Menschen immer wieder Wörter in ähnlichen Situationen hören, verknüpfen sie Gedanke und Wort assoziativ, und es gibt niemanden, der sagt, ob die Assoziationen richtig sind.

Rückgekoppelte Netzwerke

Rückgekoppelte Modelle können konstruiert oder auch trainiert werden. In einem konstruierten Modell wird die Gewichtungsmatrix durch Addition des Ausgangsproduktes jeden Eingangs-Mustervektors mit sich selbst oder mit einem assoziierten Eingang erzeugt. Nach der Konstruktion kann ein unvollständiges oder fehlerhaftes Eingangsmuster dem Netzwerk dargeboten werden, worauf es (hoffentlich) nach einer gewissen Zeit auf eines der ursprünglichen Eingangsmuster konvergiert. Hopfield und BAM sind zwei in ihrer Konstruktion gut bekannte rückgekoppelte Modelle. In rückgekoppelten Netzwerken kann der Ausgang eines Neurons mit einem Eingang eines Neurons der Eingangsschicht oder einer Zwischenschicht verbunden werden. Die Ausgangswerte eines Netzwerkes sind stets in einem gewissen Grad abhängig von den früheren Aus-gangswerten des Netzwer-kes. Solche Netzwerke, also auch Hopfield-Netzwerke, Brain-State-In-A-Box-Modelle (beruhen auf dem

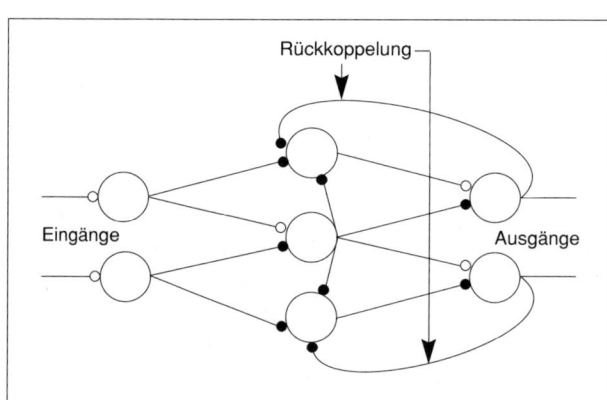

Bild 5.3: Rückgekoppeltes Netzwerk

Basismodell des linearen Assoziierers von J. Anderson) und bidirektionale assoziative Speicher (BAM, für Bi-Directional Associative Memories), lassen sich in einer Lösung nieder. Weil es immer irgendein Zufallselement gibt (wie z.B. den Anfangs-

zustand des undeterminierten Anteils der Ein- oder Ausgänge), finden rückgekoppelte Netzwerke nicht immer dieselbe und exakte Lösung auf identische
Eingänge. Trotz allem raten rückgekoppelte Netzwerke meistens recht gut.

Potentialenergie in rückgekoppelten Netzwerken

In dem früher besprochenen Beispiel eines Netzwerkes, das trainiert wurde, Zeichen
zu erkennen, war die Rede von Neuronen, die ihre Signale an die nächste Schicht
sendeten. Ein Muster wurde von den inneren Neuronen gebildet, die dann das
Ausgangsneuron zur Darstellung des Zeichens aktivierten. Diese Konvergenz des
Netzwerkes in Richtung auf eine schließlich zu liefernde Antwort wird durch eine
mathematische Funktion definiert, die man als Energiefunktion des Netzes
bezeichnet. Eingangssignale kann man sich als eine in einer Linie angeordnete
Werte, als einen Vektor, denken. Ein *Vektor* ist eine geordnete Folge von Zahlen, die
man gewöhnlich in eckigen Klammern schreibt. Zum Beispiel:

[–0.3 0.0 –2.1 3.5]

Wenn die Eingangsschicht direkt mit der Ausgangsschicht verbunden ist, ergibt sich
die Antwort des Netzes als direkte Reaktion. Die Neuronen beinflussen einander und
sich selbst. Es spielt sich ein
Vorgang der Reaktion-Reiz-
Reaktion zwischen den Neuronen ab, bis das Netz sich
in einem festen Muster
„setzt", das man einen *stabilen Zustand* nennt. Die Energiefunktion ist eine mathematische Funktion, die die
stabilen Zustände eines
Netz-werkes und die zu
ihnen führenden Pfade definiert. Die von einer Vorrichtung für das Erreichen eines
sta-bilen Zustandes oder das
Ein-rasten bei einem Ergebnis benötigte „Energie" kann
als eine dreidimensionale

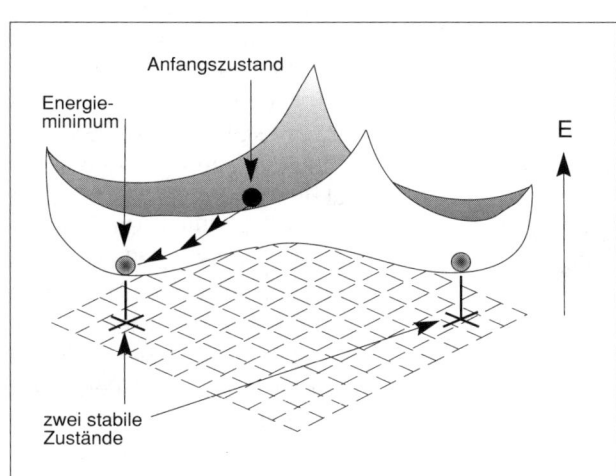

Bild 5.4: Potentialdiagramm

ge-wölbte Oberfläche gezeichnet werden. So erkennt man die Gebiete der gering-
sten Energie. Die stabilen Zustände oder *Energieminima* (Potentialminima) erscheinen als Täler.

Beispielsweise kann ein elektronischer Flipflop-Speicher einen von zwei stabilen Zuständen einnehmen: Die (komplementären) Ausgänge werden entweder 0 und 1 oder 1 und 0 sein. Um die Entscheidung zu fällen, verbraucht der Speicher die Informationsenergie E, diese setzt sich aus den Eigenschaften des Siliziumbausteins sowie aus dem Zustand der Eingänge zusammen.

Wenn die Informationsenergie für den Speicher gezeichnet wird, erscheinen die beiden stabilen Zustände auf der gewölbten Oberfläche als Täler oder Tiefpunkte, wie im Bild 5.4 zu sehen ist. Die höchsten Gipfel entsprechen einem Vorgang, in welchem beide Ausgänge versuchen, denselben Zustand einzunehmen (dasselbe Signal auszugeben). Das ist eine physikalisch instabile Situation; der Speicher kann nicht in diesem Zustand bleiben, sondern muß sich in eines der Täler begeben. Wenn der Speicher arbeitet, beschreiben die wechselnden Ausgänge Wege über die Potentialfläche, schließlich kommen sie am Boden eines der Täler zur Ruhe, technisch gesprochen bei einem Energieminimum.

Eine Veränderung der Eigenschaften des Speichers ändert die gekrümmte Oberfläche in genau bestimmter Weise. Wenn die hemmende Verbindung zwischen den Ausgängen verstärkt wird, werden die Täler tiefer, wird ein positiver Strom an einen der Verstärkereingänge angelegt, vergrößert sich das Becken der Anziehung; wenn ein genügend starker Strom angelegt wird, füllt das Becken die gesamte Potentialebene aus, so daß nur mehr stabile Zustände als Möglichkeiten für den Speicher übrigbleiben. Auch neuronale Netze können auf diese Weise graphisch darge-stellt werden, obwohl sie sehr viel komplizierter sind. Trotzdem ist es nützlich, bei der Analyse von Tälern, von Anziehungssenken (Becken) und von der Potentialfläche zu sprechen. Ein neuronales Netz, das dazu benutzt wird, „hinreichend gute" Lösungen für Optimierungsprobleme zu finden, weist zahlreiche Energieminima auf. Abhängig vom Anfangszustand des Netzes kann eines der tiefen Täler die Antwort bilden.

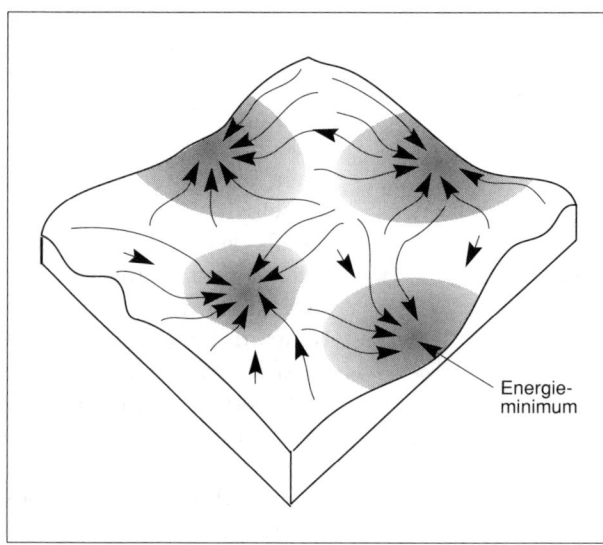

Energie-
minimum

Bild 5.5: Die Potentialfläche eines neuronalen Netzes

Die Eingabe unvollständiger Information in ein assoziatives Speichernetz veranlaßt das Netz, Pfade zu einem nahegelegenen Energietal einzuschlagen, in dem eine vollständige Information gespeichert ist.

Ein trainiertes rückgekoppeltes Modell ist sehr viel komplizierter, da die Justierung der Gewichte die Signale sowohl auf ihrem Weg „vorwärts" als auch auf ihrem Weg „rückwärts" zu vorhergehenden Neuroneneingängen beeinflußt. Das Modell der Theorie der adaptiven Resonanz (ART) ist ein komplex trainiertes Rückkoppelungsbeispiel, das von Stephen Grossberg und Gail Carpenter am Zentrum für adaptive Systeme der Universität Boston entwickelt wurde. In Kapitel 6 werden rückgekoppelte Modelle eingehender erklärt.

Vorwärts gekoppelte Netzwerke

Die zweite Hauptkategorie neuronaler Netzwerke ist der vorwärts gekoppelte Typus. Die frühesten neuronale Netzwerkmodelle waren linear vorwärts gekoppelt. 1972 wurde in zwei gleichzeitig erscheinenden Aufsätzen unabhängig voneinander das gleiche Modell für ein assoziatives Gedächtnis, den linearen Assoziierer, vorgeschlagen. James A. Anderson, ein Neurophysiologe, und Teuvo Kohonen, ein Elektroingenieur, wußten nichts von der Arbeit des anderen.

Heutzutage sind die gebräuchlichsten neuronalen Netzwerke nichtlineare vorwärts gekoppelte Modelle. Vorwärts gekoppelte Netzwerke werden aus bestimmten historischen Gründen seltener als assoziative Speicher betrachtet als die rückgekoppelten Netzwerke, obwohl sie exakt dieselbe Leistung erbringen. Es kann mathematisch nachgewiesen werden, daß jedem rückgekoppelten Netzwerk ein gleichwertiges vorwärts gekoppeltes Netzwerk entspricht, das dieselbe Aufgabe zu erfüllen imstande ist. Es gibt eine Reihe von Gründen, warum die gebräuchlichen vorwärts gekoppelten Netzwerkarchitekturen besser arbeiten als die gebräuchlichen rückgekoppelten Architekturen. Die Kapazität rückgekoppelter Netzwerke hat sich bis jetzt

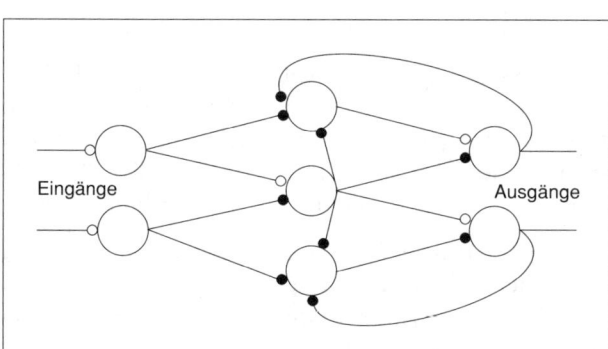

Bild 5.6: Vorwärts gekoppeltes Netzwerk

nicht als besonders beeindruckend erwiesen. Z.B. wurde die Anzahl von Speicher-inhalten, die fehlerlos in einem Hopfieldschen inhaltsadressierten Speicher (CAM) gespeichert werden können wie folgt errechnet:

$$\frac{N}{4 * \log(N)}$$

Wobei N die Anzahl der Neuronen darstellt (1). D.h.: Um 1000 Speicherinhalte zu speichern, braucht man 20 000 Neuronen mit 200 000 000 einzelnen Verbindungen. Dieses Netzwerk würde ungefähr eine Milliarde Byte Speicherplatz erfordern. dBase III ist etwas raumsparender, so daß zu vermuten ist, daß die Hopfieldschen CAMs die Datenbankprogramme in nächster Zukunft nicht ablösen werden. Zum Vergleich: Die vorwärts gekoppelte Anwendung NetTalk kann, mit ungefähr 300 Neuronen und 20 000 einzelnen Verbindungen, die richtige Aussprache von 1000 Worten lernen, ungefähr 7000 Buchstabe-Laut-Verbindungen. NetTalk kann mit nur 100 KByte Speicherplatz betrieben werden.

Beim Programmablauf sind vorwärts gekoppelte Modelle auch schneller, da sie nur einen Durchlauf durch das System benötigen, um eine Lösung zu finden. Rück-gekoppelte Netzwerke müssen wiederholt Schleifen absolvieren, bis die Ausgangswerte des Neurons sich nicht mehr verändern, was üblicherweise zwischen 3 und 1000 Zyklen benötigt.

Überwachtes Lernen

Beim überwachten Lernen wird ein Korrektursignal rückwärts durch das Netzwerk geschickt. Es ändert die Gewichte auf seinem Weg und vermeidet so, daß derselbe Fehler noch einmal auftritt. Assoziatives Lernen kann überwacht oder nichtüber-wacht sein. Musterverknüpfung ist in der Regel überwachtes Lernen. Selbst-Assozia-tion, die unvollständige Muster ergänzt, ist für gewöhnlich nichtüberwachtes Lernen.

Überwachtes Lernen stellt die elementarste Form der Anpassung dar. Es erfordert ein A-priori-Wissen über das Ergebnis. Jedem Neuron wird gesagt, wie seine ideale Antwort auf das Eingangssignal aussehen sollte. In einschichtigen Netzwerken, bei welchen die Beziehung zwischen Reiz und Reaktion genau kontrolliert werden kann, läßt sich dies leicht erreichen: man überwacht jedes einzelne Neuron. In mehrschichtigen Netzen ist überwachtes Lernen komplizierter, da es schwer ist, die verborgenen (zwischenliegenden) Schichten zu korrigieren. Nichtüberwachtes Lernen kennt keine bestimmten, von einem Beobachter ausgeführten Verände-rungen. Überwachtes und nichtüberwachtes Lernen sind einander ausschließende Methoden.

Beim überwachten Lernen gibt es einen „Lehrer" oder „Trainer", der in unterschiedlichsten Weisen implementiert werden kann. Dieser Trainer korrigiert die Antworten des Netzwerkes auf einen Satz von Eingangswerten. Paare von Ein- und Ausgangswerten werden dem Netzwerk dargeboten, das Netzwerk bildet zu jedem Eingang einen Ausgang, den es dann mit dem richtigen Ausgang vergleicht. Durch das Training konstruiert das Netzwerk eine innere Repräsentation, die die Regelhaftigkeiten der Daten auf verteilte und verallgemeinernde Weise einfängt. Diese Lernform ist am leichtesten zu verstehen und ist im Augenblick am besten für die praktische Anwendung.

Back Propagation, das bekannteste neuronale Netzwerkmodell, ist ein mehrschichtiges vorwärts gekoppeltes Netzwerk, das die generalisierte Delta-Regel anwendet. Gegenstromnetzwerke sind ebenfalls vorwärts gekoppelt und arbeiten zusätzlich mit den selbstorganisierenden Merkmalen nach Kohonen. Die spätere Version des Neocognitron ist auch ein vorwärts gekoppeltes Netzwerk.

Nichtüberwachtes Lernen

Beim nichtüberwachten Lernen gibt es keinen „Lehrer", das Netzwerk ist statt dessen einfach mit einer Anzahl Eingänge konfrontiert, es arbeitet so, daß es sich für diese Eingänge eine eigene Klassifikation schafft.

Die Forschung zu den Schemata beim nichtüberwachten Lernen konzentriert sich gegenwärtig zum großen Teil auf das spontane Hervorkommen von Merkmalsdetektoren. Viele Forscher, unter ihnen Rumelhart und Zipser, verwendeten eine kompetitive Lernform zum Bau eines Netzwerkes, das zwischen Stimuli zu unterscheiden lernt, die an räumlich unterschiedlichen Stellen eines visuellen Eingangsfeldes vorkommen. Mit anderen Worten: das Netzwerk lernte die Unterscheidung rechts-links ohne „Lehrer". Diese Netzwerke zeigten sich auch fähig, zwischen horizontalen und vertikalen Kanten zu unterscheiden, auch zwischen verschiedenen Buchstabendarstellungen.

Das selbstorganisierende Verhalten, das von einem nichtüberwachten neuronalen Netzwerk gezeigt wird, kann Wettbewerb, Kooperation oder beides beinhalten.

Kooperation und Wettbewerb

Im kompetitiven Lernschema sind die Neuronen als Cluster angeordnet. In jedem Cluster sind die Neuronen untereinander durch hemmende Verbindungen, zu den Neuronen anderer Cluster durch erregende Verbindungen verknüpft. In jedem

Cluster stehen Neuronen miteinander um das „Recht", das richtige Muster im Eingang zu erkennen, im Wettbewerb. In jedem Cluster antwortet ein einzelnes Neuron auf einen speziellen Eingang eher als sein Nachbar, d.h., dieses Neuron „gewinnt" den Wettbewerb. Auf diese Weise repräsentieren schließlich die verschiedenen Cluster verschiedene Aspekte des Eingangs.

Kooperation ist die Eigenschaft eines Netzwerkes, eine ganzheitliche Organisation durch lokale Wechselwirkung zu erzielen. Um einen kooperativen Algorithmus zu verwirklichen, sind parallele, rekursive und nichtlineare Wechselwirkungen notwendig.

1976 setzten D. Marr und T. Poggio ein kooperatives Netzwerk auf das praktische Problem an, die unterschiedlichen Bilder beider Augen zusammenzufügen, um eine Tiefendarstellung der visuellen Welt zu gewinnen (2). Obwohl Marr später fand, daß das Modell nicht richtig gewesen sei, gilt es nach wie vor als eines der besten Beispiele für Kooperation. Jedes Element erfaßt lediglich einen Teil des Gesamtproblems. Die Elemente arbeiten zusammen und einigen sich auf eine gemeinsame globale Lösung.

Je näher sich ein Objekt an den Augen befindet, desto stärker weichen die Sichtwinkel des Gegenstandes für jedes Auge voneinander ab. Diese Winkelverschiebung nennt man Disparität (Ungleichheit) oder auch Paralaxe (Verschiebung von Vorder- und Hintergrund). Reale Bilder können hochkomplex sein, und es ist nicht offensichtlich, welche Punkte in einem Bild mit welchen im anderen korrespondieren. Die korrekte generelle Lösung der Disparität ist bis heute unbekannt. Marr und Poggio haben Netzwerke mit mehreren Schichten von Neuronen eingerichtet, um die Disparität zu ermitteln. In der größten Simulation verwendeten sie sieben Schichten, von denen jede eine Verschiebung der relativen Position zwischen den Augen von +3 bis −3 Pixel (Bildpunkte) repräsentierte.

Der kooperative Algorithmus arbeitet mit zahlreichen Eingabeelementen. Er erzielt eine globale Organisation durch lokale, wechselseitig bestehende Bedingungen. In diesem speziellen Netzwerk beziehen sich die lokalen Bedingungen auf 1) Zusammenhänge der Oberfläche und 2) auf die Tatsache, daß ein Punkt auf einer Oberfläche nur eine eindeutige Position im Raum einnimmt. Marr und Poggio nahmen an, daß eine Oberfläche in den meisten Fällen kontinuierlich zusammenhängend ist. Da die Welt aus zahlreichen gleichmäßigen Oberflächen und relativ wenigen Grenzen zwischen diesen besteht, ist es wahrscheinlich, daß benachbarte Punkte ähnlich weit vom Betrachter entfernt sind.

Kontinuität von Oberflächen hat zur Konsequenz, daß die Verbindungen zwischen Neuronen derselben Disparitätsschicht erregend sind. Wenn ein Neuron in einer Schicht erregt ist, hemmt es die Neuronen in derselben Position in den anderen Schichten. Dies ist eine Form von Wettbewerb. Die Hemmung entspricht der Tatsache, daß ein Punkt einer Oberfläche nur eine einzige Position im Raum hat. Die verwendeten Neuronen waren Schwellenwertschalter mit 0 und 1 als mögliche Ausgangssignale.

Im Netzwerk liegen die verschiedenen Disparitätsschichten in parallelen Ebenen, die sich horizontal erstrecken. In jeder Ebene sind einige Neuronen Ein und andere Aus. Jeder der sieben Schichten wurde ein unterschiedlicher Grauton zugeordnet. Ein eingeschaltetes Neuron in der obersten Schicht (+3 Pixel) entspricht einem dunklen Punkt; eines, das in der untersten Schicht (–3 Pixel) eingeschaltet wird, einem hellen Punkt. Ein Muster wird dem Netz dargeboten und dieses summiert die Eingänge aller seiner Neuronen auf und sendet neue Signale aus. Der Vorgang wird so lange wiederholt, bis sich keiner der Ausgänge mehr ändert, was anzeigt, daß das Netz konvergiert (einen stabilen Zustand erreicht) hat. Kooperation in einem nichtüberwachten Lernschema beinhaltet normalerweise Cluster oder Verbände von Neuronen. Innerhalb jedes Clusters arbeiten die Neuronen zusammen, um einander anzuregen. Der Ausgangswert eines jeden Verbandes wird für gewöhnlich zu anderen Teilen des Netzes gesendet. Wenn es

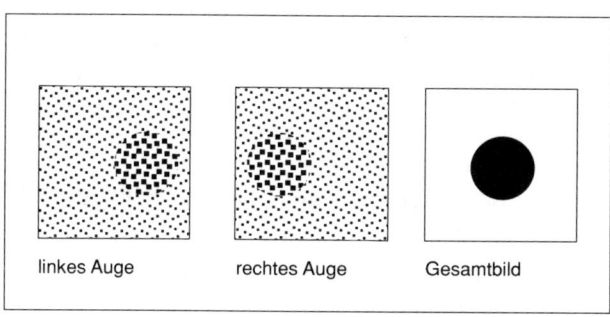

linkes Auge   rechtes Auge   Gesamtbild

Bild 5.7: Kooperative Berechnung der stereoskopischen Disparität

für einen solchen Verband nicht genügend Stimulation von außerhalb gibt, sinkt seine Aktivität möglicherweise auf 0 zurück. Wenn es genügend Außenanregung gibt, sichert die Rückkoppelung schließlich, daß der Verband insgesamt aktiv ist.

Der Teil des Netzwerkes, der die Ausgangsaktivität des Verbandes empfängt, kann wiederum seine externen Verbindungen ändern. Diese Veränderungen erhöhen die Wahrscheinlichkeit des Feuerns bei Auftreten desselben Inputs. Oft ist irgendeine Art Wettbewerb zusammen mit den kooperativen Clustern in ein und demselben Netzwerk vorhanden.

Obwohl nichtüberwachte Lernschemata faszinierend sind und ein Thema der laufenden Forschung, sind sie bis jetzt unklar. Dieses fehlende Verstehen ist zum großen Teil Schuld daran, daß nichtüberwachte Netzwerke keinen Eingang in nützliche Anwendungen finden.

Vor- und Nachteile verschiedener Modelle

Allgemein ist der wichtigste Begrenzungsfaktor für neuronale Netzwerke ihre maximale Größe. Das rückgekoppelte Netzwerk NetTalk verwendet etwa 320 Neuronen und 20 000 Verbindungen; ein brauchbares System zur visuellen Erkennung erfordert wahrscheinlich mindestens 125 000 Verbindungen. Man mag hoffen, irgendwann einmal neuronale Netzwerke zu bauen, die so gut denken können wie Menschen, aber bis dahin ist noch ein weiter Weg. Das menschliche Gehirn beinhaltet ungefähr 100 Milliarden Neuronen, jedes Neuron ist mit etwa 10 000 anderen Neuronen verbunden. Gegenwärtig erhältliche Systeme bieten alles von wenigen Neuronen und Verbindungen bis zu 1 Million Neuronen und 1,5 Millionen Verbindungen an, bei Preisen zwischen $ 200 und $ 25 000.

Das zweite Problem, das erfahrungsgemäß häufig bei neuronalen Netzwerken auftritt, ist die übermäßige Trainingsdauer. Die Zunahme von Neuronen bedeutet ein Ansteigen der Trainingsdauer in der dritten Potenz. Das Training kann, wenn enorm hohe Anzahlen von Iterationen erforderlich sind, Tage in Anspruch nehmen, auch wenn die im Handel erhältlichen Modelle eine Verarbeitungsrate zwischen 500 000 Verbindungen pro Sekunde (CPS = connection per second) auf einem PC und 2,5 Milliarden CPS auf einem neuronalen Netzwerk-Chip aufweisen.

Verschiedene Netzwerktypen haben je spezifische Probleme. Eines der Probleme der Lernregel nach Kohonen ist, daß es vorkommen kann, daß ein Neuron niemals „gewinnt" oder daß ein anderes fast immer „gewinnt". Die Gewichtungsvektoren fressen sich in isolierten Gebieten fest. Eine Möglichkeit, dies zu verhindern, besteht darin, beim Start alle Gewichtungsvektoren gleichzusetzen. Zunächst füttert man das Netz mit kleinen Teilstücken der Muster, dann werden die Eingaben langsam bis zu den vollständigen Eingabemustern aufgebaut. Diese Methode, die man *konvexe Kombination* nennt, funktioniert gut, verlangsamt aber die Anpassung. Eine andere Vorbeugungsmaßnahme ist, die Daten absichtlich mit Störungen zu überlagern, wodurch die Funktion der Wahrscheinlichkeitsdichte überall positiv wird. Die Wahrscheinlichkeitsdichte ist eine reelle Funktion, die angibt, mit welcher Wahrscheinlichkeit eine Zufallsvariable Werte in einer vorgegebenen Menge hat. Diese Methode funktioniert, aber sie ist sogar noch langsamer als die konvexe Kombination. Eine andere Möglichkeit ist, den Neuronen der dritten Schicht ein „Bewußtsein" zu geben; wenn die Neuronen bemerken, daß sie sehr oft gewinnen, treten sie für eine Weile vom Wettbewerb zurück. Eine schwerwiegende Einschränkung des Hopfieldschen Modells, ähnlich dem Kohonen-Problem, ist, daß die maximale Anzahl von Gedächtnisinhalten M (M für „memories"), die nach Speicherung fehlerlos erinnert werden können

$$M \leq \frac{N}{4 \log N}$$

ist, wobei N der Anzahl der Neuronen entspricht. Wurden mehr Gedächtnisinhalte gespeichert, so beginnen die stabilen Zustände sich signifikant von den gespeicherten Informationen zu unterscheiden und werden schließlich alle vergessen. Bei einer tolerablen Fehlerrate von 5%, ist die Kapazität ungefähr 14% von N. Die Hardware-Effizienz ist ebenfalls eher dürftig. Eine Abwandlung, das sogenannte Unary- oder Hamming-Netzwerk, wurde vorgeschlagen, das hemmende laterale Verbindungen zwischen den inneren Neuronen verwendet. Es wird behauptet, daß dieses Modell eine Kapazität von M >> N hat, wobei keine Fehler am Endzustand auftreten.

Manche Modelle generalisieren besser als andere, während manche besser assoziieren. Die heutige übereinstimmende Meinung ist, daß Fehlerrückführung das beste Modell für allgemeine Anwendungen ist, und wahrscheinlich das, welches am besten generalisiert. Während das Hopfield-Modell auf einer großen Bandbreite assoziieren kann, kann es nicht lernen; die Gewichtungen müssen im voraus gesetzt werden. Hopfield-Netze sind insbesondere gut dazu geeignet, die beste Antwort unter mehreren Möglichkeiten herauszufinden, und werden häufig als eine Form inhaltsadressierbarer Speicher verwendet. Das Neocognitron ist hochspezialisiert und erfordert eine große Anzahl von Neuronen und Verbindungen. ART wird von manchen als äußerst leistungsfähig eingestuft, jedoch ist die Anzahl der speicherbaren Muster genau auf die Anzahl der Knoten in der Speicherschicht beschränkt. Bis jetzt wurde von ART keine Produktanwendung veröffentlicht, es wird noch als Forschungswerkzeug betrachtet.

Bibliographische Hinweise

(1):   McEliece, R., Posner, E., Rodemich, E. und Venkatesh, S.: The Capacity of the Hopfield Associative Memory. IEEE Transactions on Information Theory, Band II-33, Nr.4. Piscataway, New Jersey, Juli 1987.

(2):   Marr, D. und Poggio, T.: Cooperative Computation of Stereo Disparity. In: Science 194, S.283-287, 1976.

Teil 2

Anwendungen

KAPITEL 6

Rückgekoppelte Modelle

Dieses Kapitel beschäftigt sich eingehend mit drei wichtigen Rückkoppelungsmodellen: dem Hopfield-Modell, dem bidirektionalen assoziativen Speicher (BAM für Bidirectional Associative Memory) und dem Modell der adaptiven Resonanz (ART). Das Hopfield-Modell ist ein anerkanntes rückgekoppeltes Netzwerk, das BAM ist eine generalisierte Version davon, und die Theorie der adaptiven Resonanz ist ein komplex trainiertes rückgekoppeltes Modell, das die Möglichkeit zu interessanten Anwendungen eröffnen wird, sobald es einmal aus den Forschungslaboratorien in die Hände der Öffentlichkeit gelangt ist.

Das Modell nach Hopfield

Für die Öffentlichkeit begann die moderne Ära der neuronalen Netzwerke im Jahre 1982, als der Physiker John Hopfield einen Aufsatz veröffentlichte, der nicht nur zeigte, daß neuronale Netzwerke auch unvollständige Muster speichern und abrufen können, sondern auch noch die mathematische Erläuterung dazu lieferte, wodurch die Aufmerksamkeit der scientific community erregt wurde (1).

John J. Hopfield, Professor für Chemie und Biologie am California Institute of Technology, ist als einer der führenden Köpfe auf dem Gebiet der neuronalen Netzwerke bekannt. Seine frühen Arbeiten mit D. Tank und Alan Gelperin betrafen Untersuchungen der Nacktschnecke der Gattung Limax. Experimente mit Geruch und Geschmack versetzten die Forscher in die Lage, aufgrund des aus 10 000 Zellen bestehenden Zentralnervensystems der Schnecke Haupttypen des Lernens zu definieren. Sie fanden heraus, daß die Limax verschiedene assoziative logische Operationen auf der Basis von Geschmacks- und Geruchssignalen ausführen kann. Sie entwickelten ein Simulationsmodell unter Verwendung eines neuronalen Netzwerkes. Später entwickelte Hopfield ein Netzwerk, um das Problem des Handlungsreisenden zu lösen, das weiter unten in diesem Kapitel besprochen wird.

Ein Hopfield-Modell verwendet einen selbstorganisierten, assoziativen Gedächtnisspeicher, es besteht aus einer einzigen großen Schicht von Neuronen, die sowohl als Eingang als auch als Ausgang arbeiten und die alle miteinander verbunden sind. Die Neuronen sind symmetrisch miteinander verbunden (das heißt $w_{ij} = w_{ji}$). Hopfield-Netzwerke bestehen aus nichtlinearen Neuronen, die zwei Ausgangswerte annehmen können: -1 (AUS) und $+1$ (AN). Die linearen Gewichtungen ermöglichen globale Informations-Kommunikation. Trotz ihrer augenscheinlichen Primitivität weisen Hopfield-Netzwerke eine beachtliche rechnerische Leistung auf. Hopfield-Netzwerke sind durch massive Rückkoppelungsschleifen gekennzeichnet. Zudem hängt der Ausgang jedes Neurons von seinem eigenen vorherigen Aktivierungszustand ab, so daß die einzelnen Neuronen ein zeitabhängiges Verhalten aufweisen. In Hopfields ursprünglichem Modell hatten die Neuronen stufenweise arbeitende Übertragungsfunktionen und wurden asynchron auf neue Zustände gesetzt. Die nichtlineare Ausgangsfunktion der Neuronen ist wesentlich für die Rechenvorgänge. Spätere Modelle verwendeten synchron funktionierende Neuronen mit kontinuierlichen Arbeitswerten. Beide Modelle können als inhaltsadressierbare Speicher (CAM oder Content Addressable Memory) arbeiten, die eine gespeicherte Information wieder abrufen, wenn nur Teile davon eingegeben werden. Die Gewichtsmatrix wird gebildet, indem man das äußere Produkt jedes Eigenschaftsmuster-Vektors mit sich selbst mal nimmt und alle äußeren Produkte addiert. Nach der Konstruktion wird dem Netzwerk ein Muster eingegeben, ein Vorgang von Reaktion-Reiz-Reaktion setzt zwischen den Neuronen ein, bis sich das Netzwerk in einem festen Muster, im stabilen Zustand, setzt. Die Ergebnisse des Netzwerkes erscheinen also als unmittelbare Antwort auf den Eingang.

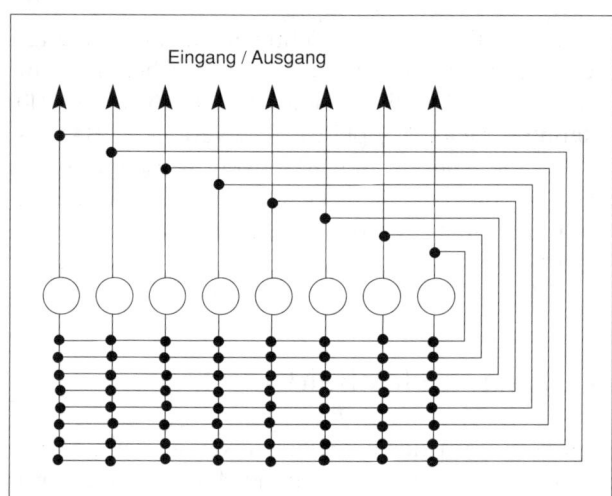

Bild 6.1: Neuronales Netz nach Hopfield

Die für das Erreichen eines stabilen Zustandes benötigte Energie kann wie oben dargestellt (Kapitel 5, Bild 5.4) als dreidimensionale Oberfläche vorgestellt werden, wobei die Energieminima wiederum als Täler erscheinen. Ein neuronales Netzwerk, das für „hinreichend gute" Lösungen bei Optimierungsproblemen herangezogen wird, wird sehr viele Energieminima aufweisen. Jedes der tiefen Täler kann zu einer Antwort werden, je nach dem Anfangszustand des Netzes. Gibt man einem Netzwerk mit assoziativem Gedächtnisspeicher unvollständige Information ein, so wird das Netzwerk den Pfad zum nächstgelegenen Energieminimum einschlagen, wo vollständige Information gespeichert ist.

Hopfield-Netzwerke sind in der Lage, Muster zu erkennen, indem sie neue Eingaben mit früher gespeicherten Anordnungen vergleichen. Wenn ein Eingangsmuster angelegt wird, wird eines der in dem Netz gespeicherten Muster als das am besten entsprechende Muster ausgegeben. Hopfield-Netze sind insbesondere gut dafür geeignet, die beste Antwort unter mehreren Möglichkeiten herauszufinden. Sie sind auch gut darin, zu unvollständigen Daten die übrige Information abzurufen, sie werden häufig als inhaltsadressierbare Speicher verwendet.

Anwendung eines inhaltsadressierbaren Speichers

Eine der ersten vorgeschlagenen Anwendungen für ein Hopfield-Netzwerk war ein inhaltsadressierbarer Speicher (CAM). Ein Hopfield-CAM kann eine beliebige Anzahl n von Neuronen enthalten, aber die rechnerische Komplexität und die Speicheranforderungen wachsen proportional zu n^2. Ungünstigerweise wächst die Speicherfähigkeit des Netzwerks selbst nur mit n.

Ein CAM speichert Information so, daß sie wieder abgerufen werden kann, indem die Ausgänge, die zugleich Eingänge sind, auf ein Schlüsselmuster gesetzt werden und dem System Zeit gelassen wird, sich auf einen stabilen Zustand einzustellen. Dieser stabile Zustand wird als das von dem Schlüssel abgerufene Speicherwort interpretiert. Jeder Abruf löst das Problem, die gespeicherten Binärworte zu finden, die dem Schlüssel am nächsten kommen. Die Eingänge funktionieren auch als Ausgänge.

Diese Art von Netzwerk wird auch selbstassoziatives neuronales Netz genannt. Es ruft einen vollständigen Informationszusammenhang ab, wenn ihm ein Teil davon eingegeben wird, indem es zum nächsten Energieminimum geht, wo vollständige Information gespeichert ist.

Das folgende Beispiel einer Personendatei veranschaulicht das selbstassoziative neuronale Netz.

Eine Besetzungsdirektorin benötigt für einen Werbefilm einen bestimmten Personentyp. Aus den Hunderten von Leuten, die sie in ihrer Kartei hat, möchte sie einen braunhaarigen, blauäugigen Jungen auswählen, alle anderen Merkmale sind gleichgültig.

Wir wollen ein neuronales Netz aus 14 Neuronen verwenden. Jedes Neuron ist mit jedem anderen verbunden. Jedem Eingangsneuron sind bestimmte Paare persönlicher Merkmale zugeordnet:

1)   männlich/weiblich
2)   braun/blau (Augen)
3)   braun/blond (Haare)

4)   schlank/kräftig
5)   junges Kind/älteres Kind
6)   junger Erwachsener/älterer Erwachsener
7) – 14)   die Karteinummer

Einem Merkmal wird ein Wert von +1 für die erste und von –1 für die zweite Alternative gegeben. Wenn keine davon zutrifft oder das Merkmal unbekannt ist, wird der Wert 0 zugeordnet. Wir wollen drei Personen in dem CAM speichern:

1) Tom hat braune Haare und braune Augen. Er ist ein schlankes, älteres Kind mit der Karteinummer 14.
2) Bob hat braune Augen und blonde Haare. Er ist ein kräftiges, jüngeres Kind mit der Karteinummer 12.
3) Sam hat blaue Augen und braune Haare. Er ist ein kräftig gebauter junger Erwachsener, der die Karteinummer 7 hat.

	1	2	3	4	5	6	7	8	9	10	11	12	13	14
Tom	1	1	1	1	–1	0	–1	–1	–1	–1	–1	–1	–1	1
Bob	1	1	–1	–1	1	0	–1	–1	–1	–1	–1	1	–1	–1
Sam	1	–1	1	–1	0	1	1	–1	–1	–1	–1	–1	–1	–1

Für jede Person bestimmen wir nach dem Hebbschen Gesetz die Verbindungsstärke zwischen den Neuronen. In Toms Fall sind zum Beispiel Neuron 1 und Neuron 4 gemeinsam aktiv (1), daher wird ihre Verbindung verstärkt. Im Fall von Bob haben die Neuronen 1 und 4 gegensätzliche Werte, daher wird ihre Verbindung abgeschwächt. Auch bei Sam sind die Neuronen 1 und 4 gegensätzlich.

Wenn wir die Effekte dieser drei Gruppen von Verbindungen addieren, erhalten wir einen Gesamteffekt, der zur Abschwächung der Verbindung zwischen den Neuronen 1 und 4 führt. Jede Verbindung wird neu eingestellt, wenn weitere Personen hinzugefügt werden. Die Potentialfläche weist dann zahlreiche Täler auf, von denen jedes eines der gespeicherten Fakten repräsentiert. Diese Täler sind ziemlich zufällig verteilt, da die gespeicherten Informationssätze keinen Zusammenhang untereinander haben.

Um Informationen zurückzulesen, werden an den Eingängen unvollständige Daten angelegt. Das Netzwerk reagiert, indem es den Weg zum nächstgelegenen Tal oder Energieminimum einschlägt. Die Ausgangsneuronen beschreiben dann die Merkmale einer bestimmten Person. Da die Informationen in den Verbindungen des Netzwerkes verstreut sind, können viele Merkvorgänge im selben Netzwerk einander überlagern. Es können sich jedoch Probleme ergeben, wenn die Personen einander zu ähnlich sind oder wenn es zu viele werden; die Täler rücken zu eng zusammen und fangen an, sich gegenseitig zu beeinflussen. Die Gewichtungsmatrix **W** für dieses Netzwerk wird gebildet, indem man das äußere Produkt jedes Faktums mit sich selbst bildet und alle anderen Produkte dazu addiert. Das äußere Produkt bildet man wie folgt: jedes Faktum wird als Spalte und Zeile zur Bildung einer Tabelle benutzt; die Tabelle wird mit Werten ausgefüllt, die durch Multiplikation jeder Spaltennummer mit jeder Zeilennummer gebildet werden. Das Beispiel für das äußere Produkt des Tatsachen-Vektors für Tom wird in Bild 6.2 gezeigt. Für jede Person (Faktum) in der Kartei wird ein äußeres Produkt gebildet. Dann werden alle Tabellen übereinander gelegt und von den korrespondierenden Werten wird die Summe gebildet, so daß eine einzige Tabelle **W** entsteht.

Wir wollen unvollständige Daten durch das CAM-Netzwerk schicken. Der Vektor, den wir verwenden wollen, ist **x** = [1 –1 1 1 0 1 0 0 0 0 0 0 0 0]. Wir wenden die Gewichtungsmatrix **W** und die Übertragungsfunktion f an, um einen neuen Vektor zu erhalten:

$$\mathbf{x'} = \mathbf{W} * f(\mathbf{x})$$

Wir wiederholen diesen Prozeß, bis das Netzwerk konvergiert, das heißt, bis sich der Vektor nicht weiter verändert. Wir hoffen, daß dieses Ergebnis eine der gespeicherten Personen ist. Die gespeicherten Erinnerungen stellen lokale Minima einer Funktion dar, die Hopfield die Energie des Systems nannte. Das ist eine Analogie zu physikalischen Systemen, die einem Zustand minimaler Energie zustreben.

Musterassoziation mit dem Hopfield-Modell

In einer Assoziationsstruktur ist es wichtig, daß die gespeicherten Erinnerungen auch Attraktoren sind (Anziehungskraft besitzen). Sie sollten um sich herum ein Gebiet der Anziehung aufrechterhalten, so daß Zustände, die einer Erinnerung ähnlich genug sind, sich auf einem Weg zu ihr hin bewegen. Wenn der Eingangszustand des Netzes „nahe" einer gespeicherten Erinnerung ist, dann rastet das Netz bei einem stabilen Zustand direkt an oder nahe der Erinnerung ein. Die Hamming-Distanz, die Anzahl von Neuronen, die bei zwei Gedächtnismustern verschie-

	1	1	1	1	-1	0	1	1	1	1	1	1	1	1
1	1	1	1	1	-1	0	-1	-1	-1	-1	-1	-1	-1	1
1	1	1	1	1	-1	0	-1	-1	-1	-1	-1	-1	-1	1
1	1	1	1	1	-1	0	-1	-1	-1	-1	-1	-1	-1	1
1	1	1	1	1	-1	0	-1	-1	-1	-1	-1	-1	-1	1
-1	-1	-1	-1	-1	1	0	1	1	1	1	1	1	1	-1
0	0	0	0	0	0	0	0	0	0	0	0	0	0	0
-1	-1	-1	-1	-1	1	0	1	1	1	1	1	1	1	-1
-1	-1	-1	-1	-1	1	0	1	1	1	1	1	1	1	-1
-1	-1	-1	-1	-1	1	0	1	1	1	1	1	1	1	-1
-1	-1	-1	-1	-1	1	0	1	1	1	1	1	1	1	-1
-1	-1	-1	-1	-1	1	0	1	1	1	1	1	1	1	-1
1	1	1	1	1	1	0	-1	-1	-1	-1	-1	-1	-1	1

Bild 6.2: Toms äußeres Produkt

dene Werte haben, wird als Maß für die natürliche Ähnlichkeit von zwei Zuständen benutzt. In vielen Situationen führt eine Eingangsinformation, die weniger als die halbe Hamming-Distanz von einer gespeicherten Erinnerung entfernt ist, zum Einrasten des Netzwerkes nahe dieser Erinnerung. Es folgt ein Beispiel für ein Hopfield-Netzwerk. Es erkennt Muster, indem es neue Eingaben mit früher gespeicherten Mustern in Übereinstimmung bringt. Wenn ein Eingangsmuster angelegt wird, wird eines der in dem Netz gespeicherten Muster als ähnlichstes Muster ausgegeben. Dieses Netzwerk ordnet Eingabemuster einem von zwei Typen zu x oder

M

2	-2	0	-2	2	0
-2	2	0	2	-2	0
0	0	2	0	0	-2
-2	2	0	2	-2	0
2	-2	0	-2	2	0
0	0	-2	0	0	2

Bild 6.3: Entscheidungsmatrix oder Tabelle M

y. Die Muster werden in diesem speziellen Beispiel durch sechs Binärzahlen ausgedrückt. Hopfield-Netze können größere oder kleinere Muster identifizieren. Wenn man Hopfield-Netze einsetzt, ist es üblich, 1 und −1 anstelle von 1 und 0 zu benutzen, da dies die Leistung des Netzes verbessert. x und y werden defi-niert als:

x = 1 −1 −1 −1 1 1
y = 1 −1 1 −1 1 −1

Wir werden das Netz durch das Speichern dieser Muster trainieren. Jedes Muster wird als Spalte und Zeile zum Erzeugen einer X- und Y-Tabelle verwendet. Die Tabellen werden mit den Werten ausgefüllt, die sich aus der Multiplikation jeder Spaltenzahl mit der Zeilenzahl ergeben. Die Tabellen werden übereinander gelegt, dann wird jedes korrespondierende Wertepaar addiert, um eine einzige Tabelle M zu erhalten, wie in Bild 6.3 dargestellt.

M wird Entscheidungsmatrix genannt. Wir haben nicht die eigentlichen Muster x und y gespeichert; statt dessen haben wir die Verbindungsstärken zwischen den Neuronen notiert, die die Wiederherstellung dieser Muster gestatten. Die Entscheidungsmatrix kann man sich als die Gewichte der Neuronen vorstellen oder wie stark die eingehenden Signale das Netzwerk beeinflussen. Jedes bipolare, aus sechs Elementen bestehende unbekannte Eingangsmuster, das an die Entscheidungsmatrix angelegt wird, wird als Ausgang entweder x oder y erzeugen, je nachdem welches ähnlicher ist. Wir werden ein Muster eingeben, das nahezu genau ein x-Muster ist. Definieren wir das Muster z als:

z = 1 1 −1 −1 1 1

Dieses Muster wird an die Entscheidungsmatrix angelegt, indem man das Skalarprodukt bildet. Wir nehmen die erste Reihe der Werte von M. Jeder Wert wird mit dem korrespondierenden Wert im Muster z multipliziert:

M Spalte 1:   2   −2   0   −2   2   0
Muster **z**:   *1   *1   *−1 *−1 *1   *1
                  2   −2   0   2   2   0

Diese Produkte werden summiert:

2 + (−2) + 0 + 2 + 2 + 0 = 4

„4" ist das erste Element des Ausgabemusters. Der Prozeß wird für alle Spalten der Entscheidungsmatrix **M** wiederholt. Das Ergebnis ist ein Muster **zm**:

zm = 4 −4 −4 −4 4 4

Jedes Element, das kleiner als 0 ist, wird in eine −1 umgewandelt. Jedes Element, das größer als 0 ist, wird in eine 1 verwandelt. Nun sieht das Ausgangsmuster so aus: 1 −1 −1 −1 1 1. Dies ist Muster **x**. Das Eingangsmuster **z** wurde als am ähnlichsten zu **x** eingeordnet.

Optimierungsanwendungen des Hopfield-Modells

Viele logische Probleme leiten sich ab aus Situationen der realen Welt, in denen die beste Antwort aus vielen Möglichkeiten gewählt werden muß, um ein Problem zu lösen. Man nennt das ein Optimierungsproblem. Hopfield-Netze können verwendet werden, um über die beste Antwort zu entscheiden. Optimierungsprobleme gibt es im Maschinenbau, in der Wirtschaft und in der Wahrnehmung. Einige Beispiele:

1) Gegeben ist eine Landkarte und das Problem, von einer Stadt zur anderen zu fahren; welche ist die kürzeste Strecke?

2) Auf einer Platine sollen Bausteine untergebracht werden; welche ist die günstigste Anordung der Bausteine für ein bestimmtes Verdrahtungsschema?

3) Wenn man ein „einäugiges" Bild hat (das nur durch ein „Auge" gesehen wird), welche ist die beste dreidimensionale Beschreibung der Anordnung der Gegenstände?

4) Es gibt sechs Bibliotheksangestellte, von denen jeder Bücher unterschiedlich schnell in Abhängigkeit von der Kategorie, in welche die Bücher gehören, einordnen kann, und eine bestimmte Anzahl von Büchern in jeder Kategorie, die einzuordnen sind; welcher Angestellte sollte welche Buchkategorie ins Regal räumen (eine Kategorie pro Angestellten), so daß die Gesamtzahl der pro Minute eingeräumten Bücher am höchsten ausfällt?

5) Ausgehend von einer Liste von Städten, von denen jede einmal von einem Handlungsreisenden besucht werden muß, welches ist die beste (kürzeste) Route, die alle Städte einschließt?

Dieses letzte Problem ist in der Mathematik wohlbekannt. Es wird das „Problem des Handlungsreisenden" (TSP-Problem, Travelling Salesman Problem) genannt. Eine Menge von 'n' Städten (A, B, C...) hat paarweise bestimmte Entfernungen voneinander. Die Distanzen werden durch 'dAB', 'dAC', 'dBC' usw. dargestellt. Das Problem besteht darin, einen geschlossenen Weg mit einer kurzen Gesamtlänge 'd' über alle Städte zu finden. Jede Stadt darf nur ein einziges Mal besucht werden. Diese Art von Problem wird auch als „np-vollständig" bezeichnet, weil die für seine Lösung mit herkömmlichen Methoden benötigte Zeit exponentiell mit der Anzahl der Städte anwächst. Wenn es fünf Städte gibt, benötigt die Lösung der Aufgabe eine bestimmte Grundzeitspanne in der fünften Potenz. Bei 9

	1	2	3	4	5
A	0	1	0	0	0
B	0	0	0	1	0
C	1	0	0	0	0
D	0	0	0	0	1
E	0	0	1	0	0

Bild 6.4: Der Handlungsreisende

Städten braucht die Lösung den Zeitbetrag t^9. Die Lösung np-vollständiger Probleme mit einem neuronalen Netz benötigt weniger Zeit. Wird eine Stadt hinzugefügt, steigt zwar die Zeit, um eine Antwort zu finden, aber die Zeitspanne wächst nicht exponentiell.

Die Eingaben bei diesem Problem sind die Abstände zwischen den Städten. Die Lösung ist eine geordnete Liste von n Städten. Jeder Stadt wird eine aus n möglichen Positionen zugeordnet. Für n Städte werden n Sätze von n Neuronen benötigt, um eine vollständige Tour darzustellen. Wenn zum Beispiel die Stadt B (eine von fünf Städten) die vierte Position in der Liste einnimmt, dann ist die Ausgabe für diese Stadt:

0 0 0 1 0

Dieses n mal n-Array kann man sich als Tabelle von Städten und Positionen vorstellen: Bild 6.5 verkörpert eine Tour, in der zuerst die Stadt C besucht wird, als zweites die Stadt A, als drittes E usw. Die Gesamtroute ist dCA + dAE + dEB + dBD + dDC.

Für eine gültige Tour kann in jeder Zeile und in jeder Spalte nur eine „1" stehen. Für jedes 'n'-Städte-Problem gibt es n! (n Fakultät) gültige Touren (5! = 5 * 4 * 3 * 2 * 1 = 120). Für jede zum Ausgangspunkt zurückführende Route kann dieselbe Strecke in umgekehrter Richtung zurückgelegt werden, und wir können in jeder der Städte starten. Folglich gibt es n!/2n verschiedene Pfade für geschlossene Routen. Bei fünf Städten ist die Zahl verschiedener Wege 12. Wären es 6 Städte, so gäbe es 60 Touren, bei 7 Städten wären es 360 unterschiedliche Touren.

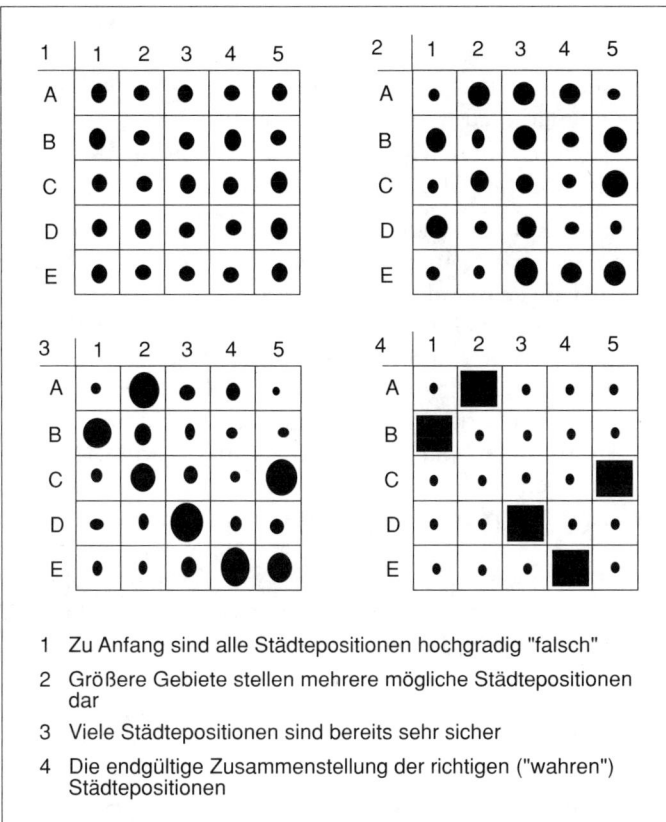

1 Zu Anfang sind alle Städtepositionen hochgradig "falsch"
2 Größere Gebiete stellen mehrere mögliche Städtepositionen dar
3 Viele Städtepositionen sind bereits sehr sicher
4 Die endgültige Zusammenstellung der richtigen ("wahren") Städtepositionen

Bild 6.5: Das Problem des Handlungsreisenden

Um das Netzwerk in die Lage zu versetzen, eine Lösung dieses Problems zu berechnen, muß eine Energiefunktion definiert werden. Diese mathematische Funktion wird den stabilsten Zustand des Netzes so definieren, daß er dem besten Pfad entspricht. Sie wird die Verbindungsmatrix und die anfängliche Eingabe festlegen. Die Verbindungsmatrizen enthalten die Werte der Gewichte in einem rechtwinkligen Feld.

Während der Konvergenz bewegt sich das Netz von Zuständen „grob definierter" Touren (in denen Städte gleichzeitig für verschiedene Positionen in Betracht gezogen werden) hin zu stärker verfeinerten Zuständen (wobei die Position mancher Städte noch unklar ist), bis eine einzige Tour übrigbleibt. Es ist, als ob man den logischen Operationen der Berechnung Übergangswerte zwischen „wahr" und „falsch" geben könnte, wobei sich gegen Ende der Berechnung Gewißheit entwickelt.

Das Netzwerk wird zu derselben Tour konvergieren, wenn ihm die gleichen Anfangswerte eingegeben werden. Wenn die Anfangswerte zufällig sind, werden unterschiedliche Touren als beste ausgegeben. Hopfield entwarf ein Netzwerk, um eine Tour durch zehn Städte zu finden. Er begann mit Zufallszuständen, bei 20 Konvergenzversuchen ergaben sich 16 erlaubte Touren. Die Hälfte der 16 Touren ergaben den kürzesten Weg aus 181440 möglichen Pfaden.

Es gibt einige Faustregeln oder nützliche Richtlinien, die man zur Verbesserung der Genauigkeit von neuronalen Netzen einsetzen kann, indem man die Verbindungsmatrix oder den Ausgangszustand ändert. Beim Problem des Handlungsreisenden verbinden die besten Wege meistens eine Stadt mit einem der vier nächsten Nachbarn. Entfernungen, die weiter sind, können durch größere Werte ersetzt werden. Wenn zwei Städte sehr weit voneinander entfernt sind, wird eine gern an das Ende der Tour plaziert und eine ungefähr in die Mitte. Mischt man Störungen in den Anfangszustand oder verändert die Verbindungsmatrix, kann dies zur Verbesserung der Genauigkeit beitragen. Wie wird die „beste" Lösung für das neuronale Netz quantifiziert? Man kann komplexe Funktionen benutzen, aber diese sind in gewisser Weise willkürlich und die Daten sind oft ungenau. Eine sehr gute Antwort ist häufig nur für einfache Probleme eindeutig. Doch eine schnelle gute Antwort ist oft wünschenswerter als eine noch bessere Lösung, die zu berechnen länger dauert. Dies trifft besonders in der Robotik und bei biologischen Problemstellungen zu.

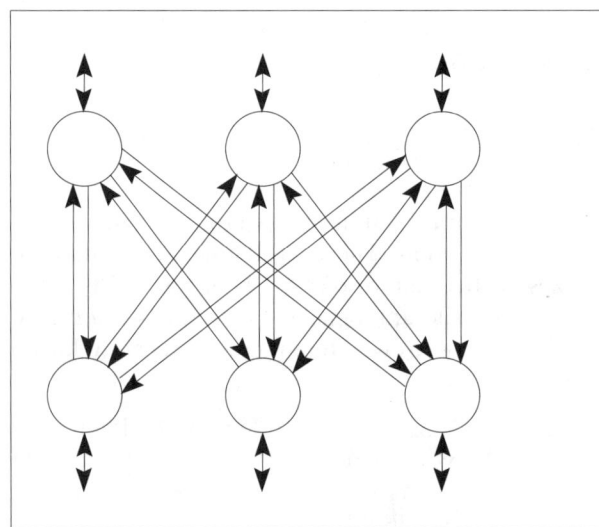

Bild 6.6: Ein BAM-Netzwerk

Bidirektionaler assoziativer Speicher (BAM)

Bart Kosko zog im Jahre 1986 mit dem bidirektionalen assoziativen Speicher (BAM) die logische Konsequenz aus dem Hopfield-Netzwerk (2). Das BAM ist eine Verallgemeinerung dieses Netzwerkes. In einem BAM gibt es zwei Schichten: eine Eingangs- und eine Ausgangsschicht. Das BAM verwendet zwei Arten von Verbindungen zwischen den Neuronen. Die erste Verbindungsart leitet Signale vom Eingang zum Ausgang, die zweite Art vom Ausgang zum Eingang, daher die Bezeichnung „bidirektional". Die Neuronen sind vom linearen

Schwellenwerttyp, das BAM verwendet die einfache Hebbsche Lernregel. Die Gewichtsmatrix wird nicht aufgrund des Punktprodukts des Musters mit sich selbst (Autoassoziation) gebildet, sondern es werden Musterpaare (Paarassoziation) verwendet. Nachdem die Gewichtsmatrix konstruiert ist, kann jedes Muster als Eingang eingegeben werden, um entsprechend das ihm zugehörige Muster als Ausgang zu erhalten. Die einzige Eigenschaft des BAM ist, daß die Neuronen Signale vor und zurück senden, also zur Ausgangs- wie zur Eingangsschicht, bis beide Muster sich stabilisieren.

Theorie der adaptiven Resonanz (ART)

Stephen Grossberg und Gail Carpenter vom Zentrum für adaptive Systeme (Center for Adaptive Systems) der Universität Boston haben ein komplexes Modell entworfen, beruhend auf psychologischen und mathematischen Theorien. Die Neuronen weisen in ihrem Modell kompliziertere Aktivierungsfunktionen und Verbindungsschemata auf als in anderen Modellen; das Modell kann Pawlowsches Lernen simulieren und zeigt interessantes Verhalten, das andere Modelle nicht aufweisen. Das ART-Modell beruht allerdings in vieler Hinsicht nicht auf physiologischen Grundlagen, so daß man nicht von einem neuronalen Netzwerk im reinsten Sinne sprechen kann.

Die Neuronen des ART sind funktionell zu sogenannten Knoten zusammengefaßt, Gruppen von Neuronen, die sich als Einheit verhalten. Das Netzwerk hat zwei Schichten, mit veränderbaren Verbindungen zwischen allen Knoten der ersten (Eingangs)-Schicht und allen Knoten der zweiten (Speicher)-Schicht. Es gibt zwei Arten von Verbindungen zwischen Schichten: von der Eingangsschicht zur Speicherschicht einerseits, von der Speicherschicht zur Eingangsschicht andererseits. Die Speicherschicht besitzt außerdem Verbindungen lateraler Hemmung (Wettbewerb). ART verwendet eine einzige Trainingsmethode mit nichtüberwachtem Lernen (Leader Clustering Algorithm). Ein Eingangsmuster wird der Speicherschicht über gewichtete Verbindungen übermittelt; das Aktivitätsmuster der Speicherschicht besteht genau aus einem Knoten, als Folge der lateralen Hemmung. Dieser Ausgang wird zur Eingangsschicht über eine andere Menge von gewichteten Verbindungen zurückgesendet. Wenn das Aktivitätsmuster dort (Referenzmuster) zum ursprünglichen Eingangsmuster paßt, hat das Netzwerk einen stabilen Zustand erreicht: beide Muster werden als resonant bezeichnet. Der einzelne Knoten der Speicherschicht, die „Großmutterzelle", hat das Eingangsmuster richtig klassifiziert.

Nach Grossberg werden die lang anhaltenden Resonanzzustände zu essentiellen Bestandteilen der Kognition (3). Das wahrgenommene Ereignis oder der Brennpunkt der Aufmerksamkeit ist in den Resonanzzustand eingebettet. Seine verstärkten und stabilisierten Aktivitäten sind dann in der Lage, die langsamen Veränderungen des

Langzeitgedächtnisses zu bewirken. Die Aktivierungen des Kurzzeitgedächtnisses können jetzt viel längere Zeit bestehen bleiben als die passiven Zerfallsraten einzelner Zellen. Grossberg vermutet, daß die sich langsam verändernden, vorwärts gekoppelten Filter und rückgekoppelten Erwartungen (die er als Erwartungen gelernter Muster bezeichnet) genügend Zeit haben, um die im Kurzzeitgedächtnis gespeicherten Muster aufzunehmen und sie in das Langzeitgedächtnis zu speichern.

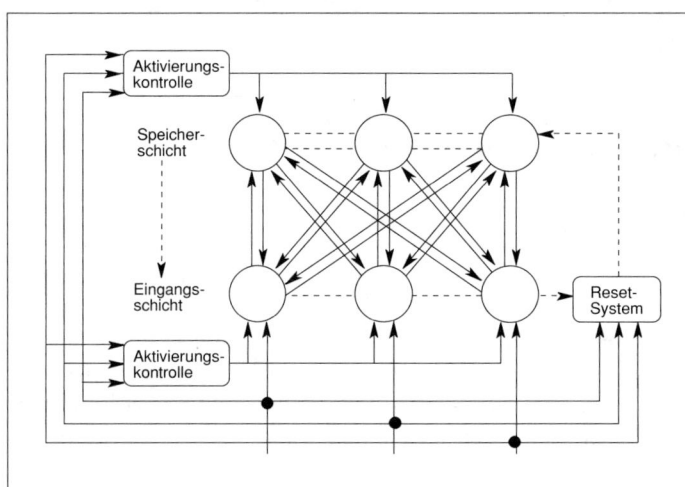

Das ART-Netzwerk kann einen neuen Cluster oder Knoten bilden, wann immer ein Eingangsmuster dargeboten wird, das sich von allen bekannten Mustern unterscheidet. Die Sensitivität des Netzes für hinreichende Ähnlichkeit zwischen Eingabe- und Referenzmuster kann durch einen „Ähnlichkeitskoeffizienten" (vigilance threshold) kontrolliert werden. Falls das vom aktiven

Bild 6.7: Netzwerk der Theorie der adaptiven Resonanz

Speicherknoten gelieferte Referenzmuster nicht hinreichend ähnlich ist, wird der Knoten über das Reset-System deaktiviert und mittels der Aktivierungskontrolle (gain control) ein weiterer Knoten ausgewählt. Sollte keiner der Speicherknoten ein hinreichend ähnliches Referenzmuster liefern, speichert das Netz das neue Muster (manchmal ersetzt es auf diese Weise früher gespeicherte Muster).

ART kann nur so viele Muster speichern, wie Knoten in der Speicherschicht vorhanden sind. Das Modell weist einen hohen Grad an Verbindungen auf, enthält mehrere Neuronenschichten für spezielle Zwecke, um seine Komplexität zu sichern. Wegen der komplexen Arbeitsvorgänge und der großen Anzahl erforderlicher Neuronen, werden beträchtlich viele mathematische Berechnungen bei jeder Musterdarbietung ausgeführt. Dieses Modell benötigt eigentlich einen CRAY-Supercomputer, um betrieben zu werden.

Bibliographische Hinweise

(1):   HOPFIELD, J.J.: Neural Networks and Physical Systems with Emergent Collective Computational Abilities. In: Proceedings of the National Academy of Sciences 79, S.2554-2558, 1982.

(2):   KOSKO, B.: Adaptive Bidirectional Associative Memories. In: Applied Optics 26, S.4947-4960.

(3):   GROSSBERG, S.: Studies of the Mind and Brain. Dodrecht, Holland, Verlag D.Reidel, 1982. Insbesondere Kap.1:   „How does a brain build a cognitive code?"

(4):   CAUDILL, M.: Neural Networks Primer. Part VIII: ART. In: AI Expert, San Francisco, Miller Freeman, 1989.

KAPITEL 7

Vorwärts gekoppelte Modelle

Perceptron

Frank Rosenblatt schrieb 1962 das Buch *Principles of Neurodynamics*. Er prophezeite den Computerwissenschaftlern einen durch die Neurologie inspirierten Zugang. 1958 hatte er das Konvergenzverfahren des Perceptrons entwickelt, das eine Verbesserung des gebräuchlichen Hebbschen Gesetzes war (1). Obwohl seine Modelle nicht all das leisteten, was er gehofft hatte, ist seine Auffassung der menschlichen Informationsverarbeitung als ein dynamisches, interaktives, selbstorganisierendes Modell der Kern heutiger Theorien.

Das Perceptron wurde als Modell biologischer Sinneswahrnehmung entworfen. Es verwendet eine Kombination verschiedener Neuronenschichten. Die erste Schicht, der Projektionsbereich A_i, besteht aus den Sensoren; die zweite Schicht, der Assoziationsbereich A_{ii}, enthält die Decoder; die dritte Schicht ist eine Reaktionsschicht (Effektor- oder Ausgabeschicht). Die Verbindungen zwischen den Schichten sind zufallsbestimmt. Die einzige Rückkoppelung in dem Netz besteht zwischen der Reaktionsschicht und der Assoziationsschicht.

Die verwendete Lernregel ist eine Abwandlung des Hebbschen Gesetzes. Die Veränderungen der Synapsengewichte sind proportional dem Produkt der Synapsenaktivität, sowohl der sendenden als auch der empfangenden Zellen.

Wenn die Summe der Impulse größer oder gleich der Schwelle von A_i ist, dann feuert A_i ein Signal an A_{ii} ab. A_{ii} reagiert in ähnlicher Weise. A_i und A_{ii} nennt man logische Schwellenwerteinheiten. Der Ausgang einer logischen Schwellenwerteinheit kann nur einen von zwei Zuständen annehmen. Logische Schwellenwerteinheiten berechnen ein logisches Ergebnis ihrer Eingangswerte.

Die Grenzen und die Möglichkeiten dessen, was ein einfaches zweischichtiges Perceptron lernen kann, führten Marvin Minsky und Seymour Papert in ihrem 1969 erschienenen Buch *Perceptrons* zu einer pessimistischen Wertung (2). Unter Annahme einer linearen Funktionsweise äußerten sie die Vermutung, daß alle Perceptrons einfachen Perceptrons äquivalent seien. Minsky und Papert zeigten, daß lineare Vorrichtungen wie das Perceptron niemals gewisse grundlegende Eigenschaften eines Bildes erkennen könnten, wie zum Beispiel den Zusammenhang einer Figur. Eine zusammenhängende Figur besteht aus einem Stück, man kann sie zeichnen, ohne den Stift abzusetzen. Sie erklärten, daß ihr eigener Programm-algorithmus solche Unterscheidungen treffen könne und daß „top-down" der beste Ansatz wäre. Dies war der Beginn der Ära der regelbasierten künstlichen Intelligenz. *Perceptrons* überzeugte die meisten Fachleute, daß eine Architektur mit einem einzelnen Prozessor den besseren Ansatz darstelle. Aufgrund des Einflusses von Minsky und Papert wurde in den späten 60er und frühen 70er Jahren nur wenig auf dem Gebiet der neuronalen Netze geforscht.

Linearer Assoziierer

1972 wurde in zwei gleichzeitig erscheinenden Aufsätzen unabhängig voneinander das gleiche Modell für ein assoziatives Gedächtnis, den linearen Assoziierer, vorgeschlagen. James A. Anderson, ein Neurophysiologe, und Teuvo Kohonen, ein Elektroingenieur, wußten nichts von der Arbeit des anderen (3,4). Der lineare Assoziierer leitet sich vom Perceptron und früheren Modellen ab. Die zahlreichen Neuronen reagierten auf Änderungen ihrer Eingangswerte durch Ändern der Aktivierungswahrscheinlichkeit (fire rate) ihrer Ausgänge. Die Schwellenwert-Logikeinheiten, die im Perceptron benutzt wurden, wurden nicht mehr angewandt. Dieses lineare Modell nach dem einfachen Hebbschen Gesetz wird als einfacher linearer Assoziierer bezeichnet. Das einfache Hebbsche Gesetz besagt, daß die Veränderung der Gewichtung der Verbindung von j nach i, Δw_{ij}, gleich $\eta a_i o_j$ ist, wobei a_i der Aktivierungswert des Empfängerneurons i, o_j der Ausgang des Sendeneurons j ist, und η die Lernrate. Das Modell wird getestet, indem

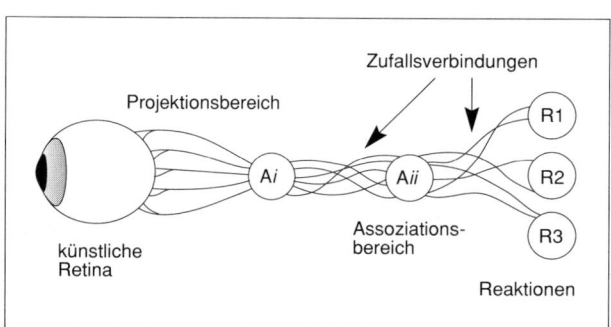

Bild 7.1: Ein Perceptron, das auf optische Reize reagiert

man ein Eingabemuster ohne Lehrmuster anbietet und prüft, wie ähnlich das Ausgangsmuster dem Lehrmuster ist. Jedes Muster, das ein Perceptron lernen kann, kann auch der lineare Assoziierer lernen, aber nicht umgekehrt.

Der einzige Fall, in dem einfache nach Hebb gelernte Assoziationen perfekt sind, ist der orthogonaler Eingangsmuster. Das beschränkt die Anzahl der Muster, die gespeichert werden können. Mit Zufallsmustern funktioniert das System gut, wenn die Anzahl der zu speichernden Muster 10–20% der Anzahl der Neuronen beträgt. Sind die Eingangsmuster nicht orthogonal, entstehen Interferenzen (wechselseitige Störeinflüsse) zwischen ihnen, so daß weniger Muster gespeichert und richtig wieder-gegeben werden können. Eine der Voraussagen über den linearen Assoziierer besagt, daß es Interferenzen zwischen nicht-orthogonalen Mustern gibt. Durch Interferenz verursachte Fehler können durch Methoden wie das Gradienten-Abstiegsverfahren nach Widrow-Hoff, das im Anhang C, Abschnitt 3, erklärt wird, korrigiert werden. Der Hauptteil von Kohonens Buch *Self-organization and Associative Memory* (1988) beschäftigt sich mit der Fehlerkorrektur.

Man kann die Lernregel so verändern, daß eine viel größere Anzahl von Assoziatio-nen möglich wird. Die Delta-Regel, eine Variante des einfachen Hebbschen Ge-setzes, kann zur Fehlerkorrektur angewandt werden. Die Delta-Regel besagt, daß $\Delta w_{ij} = \eta \, (t_i - a_i) \, o_j$, wobei t_i der Lerninput ist.

Nach vielen wiederholten Darbietungen desselben Satzes von Eingabemustern ist das Modell schließlich in der Lage, die gewünschte Ausgabe zu erzeugen, sofern die Muster voneinander linear unabhängig sind.

Umfangreiche Aktivitätsmuster haben viele gleichzeitig aktive Eingangs- und Aus-gangssignale. Die Assoziation zwischen umfangreichen Erregungsmustern erlaubt vielfache Korrelationen zwischen verschiedenen Elementen auf der synaptischen Ebene, da jede einzelne Synapse in mehr als einem Muster aktiv sein kann. Dies verbessert die Fähigkeit des Netzwerkes zur Generalisierung, zur Ausmittelung von Störungen und zur Bildung von Prototypen (Grundtypen).

Wenn ein unvollständiges Eingabemuster eine vollständige, gespeicherte Version des Musters aus dem Netz abrufen kann, nennt Kohonen das System *selbstassoziativ*. Diese Art von Netzwerken dient als Grundlage für verschiedene Rückkoppelungs-modelle. Einige dieser Modelle, wie zum Beispiel Hopfield-Netze, enthalten eine starke Nichtlinearität in ihrer Signalverarbeitung. Im „Selbstassoziierer" sind alle Neu-ronen zugleich Eingangs- und Ausgangsneuronen. Jedes Neuron ist mit sich selbst sowie mit allen seinen Nachbarn rückgekoppelt. Potentiell gibt es eine veränderliche Verbindung von jedem Neuron zu jedem anderen. Wenn ein vollständiges Muster erforderlich ist, um irgendein anderes gespeichertes Muster abzurufen, nennt Koho-nen das System *fremdassoziativ*.

Musterassoziierer

In einem Musterassoziierer gibt es zwei Gruppen von Neuronen. Die erste Gruppe wird immer für Eingaben benutzt. Die zweite wird für Eingaben während des Trai-nings und für die Ausgabe während der normalen Arbeit verwendet. Die einzig ver-änderbaren Gewichtungen sind die Verbindungen zwischen den Eingangs- und Aus-gangswerten.

Musterassoziierer sind Modelle, in denen ein Erregungsmuster in einer Neuronengruppe ein Erregungsmuster in einer anderen Neuronengruppe hervorrufen kann,
ohne daß irgendeine vermittelnde Einheit, die für ein Gesamtmuster steht, dabei
eine Rolle spielt. Musterassoziierer haben die Eigenschaft, daß einander ähnliche
Muster aufeinander einwirken, nicht aber unkorrelierte. Wenn ein beliebiges Musterpaar wiederholt eingegeben wird, wobei jedesmal jedem der beiden Muster ein paar
Störungen beigemischt werden, wird das Modell automatisch lernen, die mittlere
Erscheinungsweise der beiden Muster zu assoziieren und die Störungen zu ignorieren.

Ein Musterassoziierer erkennt schneller bekannte als unbekannte Objekte. Wenn
die Information lückenhaft ist, wird der Assoziierer diese ganz ähnlich ergänzen, wie
Menschen dies tun. Ein gutes Beispiel ist die Ergänzung von Phonemen nach einem
durch R. M. Warren 1970 ausgeführten Versuch (5). Warren bot Klänge an, die ein
Wort darstellten, dem ein Stück fehlte, das durch irgend etwas anderes ersetzt
worden war. Er ließ Menschen das Wort „legi#lature" (Legislative) hören. Das „#"
steht für einen Knacklaut (ein Verschlußlaut, der im Kehlkopf gebildet wird). Nicht
genug damit, daß die Versuchspersonen das Wort richtig erkannten, sie hörten sogar
das fehlende „s" und es fiel ihnen schwer, den Knacklaut zu lokalisieren.

Neuheitendetektor

Es gibt einen besonderen Netzwerktypus, genannt Neuheitendetektor, der einige
interessante Eigenschaften aufweist. Wenn das Eingangsmuster sich eine Zeitlang
nicht ändert, nähert sich der Ausgang dem Wert Null. Die synaptischen Gewichte
verändern sich positiv und negativ, so daß sie die Eingangssignale ausbalancieren
und kein Ausgangssignal entsteht. Andererseits wird der Ausgang von Null verschieden, wenn das Eingangsmuster unbekannt ist. Dieser Ausgleich kann gleichzeitig für
viele verschiedene Eingangsmuster erzielt werden, solange die Anzahl der zu
speichernden Muster geringer ist als die Anzahl der Eingänge. Dieses Verhalten
ähnelt dem psychologischen Phänomen der Gewöhnung, womit man die Fähigkeit
von Lebewesen bezeichnet, wiederholt auftretende Reize zu tolerieren, also zu lernen, diese als „normal" anzusehen und zu erwarten.

Anfangs werden die Gewichte in einem bestimmten Verhältnis zum mittleren
quadratischen Fehler eingestellt. Die mathematischen Einzelheiten finden Sie in
Anhang C, Abschnitt 1. Die ersten Korrektursprünge sind meistens relativ groß und
werden dann kleiner und kleiner, wenn die Reaktion sich immer mehr dem
gewünschten Verhalten annähert. Der genaue mittlere quadratische Fehler ist nicht
bekannt, ehe nicht alle Daten erfaßt worden sind, aber der Vorgang muß ja auf

irgendeine Weise in Gang kommen. Von einem eingehenden Wert wird der Fehler bestimmt und zur Berechnung der Gewichte benutzt. Diese *least-mean-square* (kleinster mittlerer quadratischer Fehler)-Berechnung (LMS) wird geschrieben als:

(neues Gewicht) = (momentanes Gewicht) – η * Fehler * Eingang

wobei η der Koeffizient ist, der die Verstärkung in der Rückkoppelungsschleife bestimmt, beziehungsweise die Sprungweite. Wenn das Netzwerk sich zu schnell anzupassen versucht, kann es zu Schwierigkeiten kommen. Durch eine sehr langsame Anpassung filtert der Anpassungsvorgang Störungen aus. Wenn ein Netztwerk zu heftig auf die Eingänge reagiert, werden die Störungen eine Leistungsverschlechterung bewirken. Üblicherweise hält man η unter 0,1. Zu beachten ist, daß die LMS-Operation das gleiche ist wie die Delta-Regel.

McClelland und Rumelharts Modell der Worterkennung

McClelland und Rumelhart schlugen (1981) ein Modell der Worterkennung vor, das die Bekanntheit von Wörtern durch die erregende und hemmende Wechselwirkung zwischen Neuronen erklärt (6). In dem Modell werden Buchstaben in einer Schicht des Netzwerkes dargestellt, Wörter in einer anderen. Jedes Neuron in der zeichendarstellenden Schicht repräsentiert die Position eines Buchstabens. Wenn ein Buchstabe in einem Wort vorkommt, findet Kooperation statt. Wenn sich ein Buchstabe auf der zweiten Positon in einem Wort befindet, gibt es einen Wettbewerb mit allen anderen Buchstaben für diese Position. Zwei Arten von Beziehungen werden für die Aktivierung der Neuronen herangezogen. Erstens, in dem Maße, in dem zwei Zustände zueinander gehören, sollten sich ihre Wechselwirkungen gegenseitig unterstützen. So neigen der Buchstabe „T" und die erste Position von „TAKE" (NEHMEN) dazu, sich gegenseitig zu erregen.

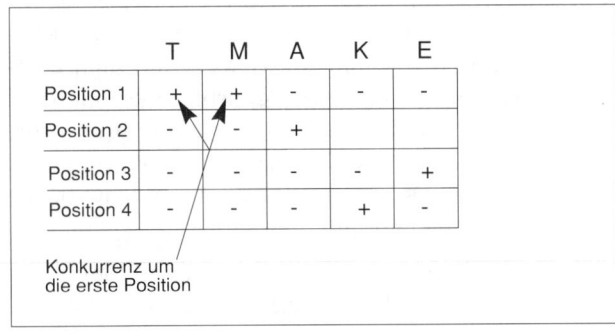

Bild 7.2: Heißt es MAKE oder TAKE?

„T" und „erste Position" haben eine stärkere Verbindung als „T" und irgendeine andere Position. Zweitens, soweit zwei Zustände einander ausschließen, wird ihre gegenseitige Wechselwirkung abgeschwächt. Dies könnte zwischen verschiedenen

Ebenen stattfinden („T" ist *nicht* an erster Stelle in „MAKE" (MACHEN)) oder innerhalb derselben Ebene (wenn „M" der erste Buchstabe ist, ist „T" *nicht* auch der erste Buchstabe). Diese Art der Wechselwirkung wird konkurrierende Hemmung genannt.

Kohonens selbstorganisierendes Netzwerk

Wir sind in der Lage, in unserem Denken abstrakte Repräsentationen umfassender Konzepte (wie „die Deutschen") zu benutzen, ohne Einsichten über spezifische Einzelheiten einzubüßen (beispielsweise über einen bestimmten, untypischen Deutschen). Wir vermögen dies, ohne bewußt darüber nachzudenken; es ist ein grundlegender Prozeß in unserem Gehirn. In den Informationswissenschaften ist die effiziente Darstellung solcher Abstraktionen ein schwieriges Problem. Um Information intelligent zu verarbeiten, müssen die eintreffenden Bilder vereinfacht und in Beziehung zu bestehenden Informationsarten durch Generalisation oder Klassifikation gesetzt werden.

Ein Netzwerk nach Kohonen ist ein bekanntes nichtüberwachtes vorwärts gekoppeltes Modell, das einfache adaptive Neuronen verwendet, die Signale aus einem *Ereignisraum* empfangen, der aus Eigenschaften von Daten wie Häufigkeit oder Ort besteht. Das Grundsystem ist ein ein- oder zweidimensionales Array (Feld) aus Schwellenwert-Logikeinheiten mit einer seitlichen Rückkoppelung über kurze Entfernung zwischen benachbarten Einheiten. Der essentielle Mechanismus von Kohonens Schema liegt darin, das System zu veranlassen, sich selbst in der Weise zu verändern, daß nahe benachbarte Einheiten ähnlich reagieren. Die Neuronen konkurrieren in einer modifizierten „Der-Gewinner-bekommt-alles"-Weise (winner-take-all). Das Neuron, dessen Gewichtungsvektor das größte Skalarprodukt mit dem Eingangsvektor erzeugt, ist der „Gewinner" und darf dementsprechend seine Ausgangsaktivität weiterleiten. Aber in diesem Modell werden nicht nur die Gewichte des Gewinners, sondern auch die seiner nächsten Nachbarn (entsprechend der Netztopologie) justiert.

Um Informationen intelligent zu verarbeiten, muß man einen Weg finden, aufgenommene Bilder zu vereinfachen und sie durch Generalisierung oder Klassifizierung zu einer bestimmten Art von Information in Beziehung zu setzen. Beim Vorgang der Selbst-Organisation wird der primäre Ereignisraum dem Netzwerk in Form von Signalmustern übermittelt. Er muß dann auf solche Weise in eine interne Darstellungsweise übergeführt werden, daß die Reaktionen dieselbe topologische Ordnung (räumliche Anordnung von Gruppen) annehmen, wie die des ursprünglichen Ereignisraumes. Der ursprüngliche Ereignisraum kann aus jedem beliebigen Datentyp bestehen, so lange er dem Netzwerk durch irgendeine Art von Maßeinheit oder Position mitgeteilt werden kann, selbst wenn dies nur abstrakt geschieht.

Der essentielle Mechanismus von Kohonens Schema liegt darin, das System zu veranlassen, sich selbst in der Weise zu verändern, daß nahe benachbarte Einheiten ähnlich reagieren. Die Einheiten beginnen damit, daß sie zufällig auf den ursprünglichen Ereignisraum reagieren. Dem Netzwerk wird ein Eingangssignal mit irgendeinem Parameterwert angeboten. Eine Einheit wird am besten auf diesen Input reagieren und dann mit ihren Nachbarn ihre Synapsengewichte ändern, so daß nun alle eher wie die beste Einheit reagieren.Die räumlichen Eigenschaften oder die Topologie des Netzwerks werden durch die Definitionsweise der Nachbarschaft von Neuronen definiert. Wenn ein Neuron durch i bezeichnet wird, können seine Nachbarn als i+1 und i−1 definiert werden. Alle benachbarten Neuronen bilden zusammen eine Nachbarschaftsgruppe. Zu Anfang sind Nachbarschaftsgruppen verstreut und nicht klar definiert. Die beste Selbstorganisation erscheint, wenn die Nachbarschaft zu Anfang weit verstreut ist und sich im Laufe der Zeit zusammenzieht.

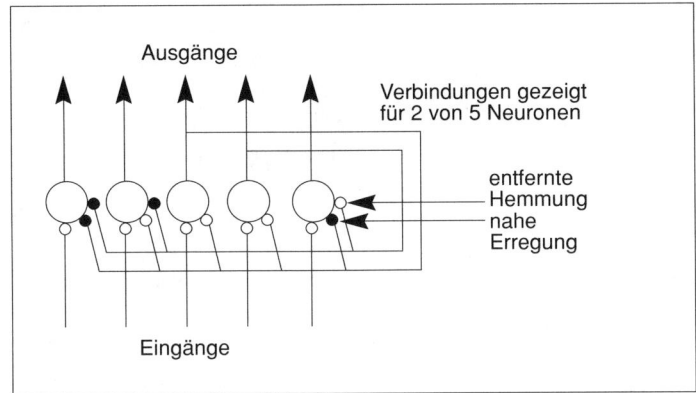

Bild 7.3: Ein einfaches Netzwerk nach Kohonen

Teuvo Kohonen von der Technischen Universität Helsinki, forscht auf dem Gebiet der Spracherkennung. Er hat die Erkennung von gesprochenem Japanisch und Finnisch (einschließlich der Umsetzung in gedruckten Text) in Echtzeit demonstriert. Für diese agglutinierenden Sprachen (Sprachen, bei welchen es nicht verschiedene Wortformen gibt, die eine syntaktisch-semantische Funktion ausüben, wie dies bei den flektierenden Sprachen, wie z.B. dem Deutschen, der Fall ist, sondern die einfach nur Wortteile aneinanderreihen, die keine Veränderungen aufweisen) muß das System den Text aufgrund von phonetischen Einheiten konstruieren (7). Dieses komplexe System verwendet Signal-Vorverarbeitung durch einen TMS 32010-Chip, Kohonens selbstorganisierendes assoziatives Paradigma, und einen Kontext-sensitiven, stochastischen Grammatik-Korrektor.

Gegenstromnetzwerke

Ein Gegenstrom- oder Counterpropagation-Netzwerk ist ein vorwärst gekoppeltes Netzwerk. Durch die Kombination der Lernverfahren von Kohonen und Grossberg erhält man einen neuen Typ von Netzwerk. Seine Architektur ist eine Kombination eines Teils der selbstorganisierenden Anordnung nach Kohonen und der Stern-Struktur (outstar structure) von Grossberg. Das fünf-schichtige Netzwerk wird mit Eingangssignalen (**x**) an Schicht 1 und Eingangssig-nalen (**y**) an Schicht 5 be-schickt. Die Eingangssignale (**x**) und (**y**) wandern durch das Netzwerk zu jedem Neuron der Schicht 3, der „Kohonen-Schicht", wobei sie sich in entgegengesetzter Richtung oder gegenströmig bewegen. Jedes Neuron der Schicht 3 sendet Signale an jedes Neuron der Schicht 2 und 4, den „Grossberg-Mo-dulen". Ein ursprüngliches Eingangsignal, das in der Schicht 1 startet, wandert zu allen Neuronen der dritten Schicht sowie zu den korre-spondierenden Neuronen in Schicht 4. Entsprechend

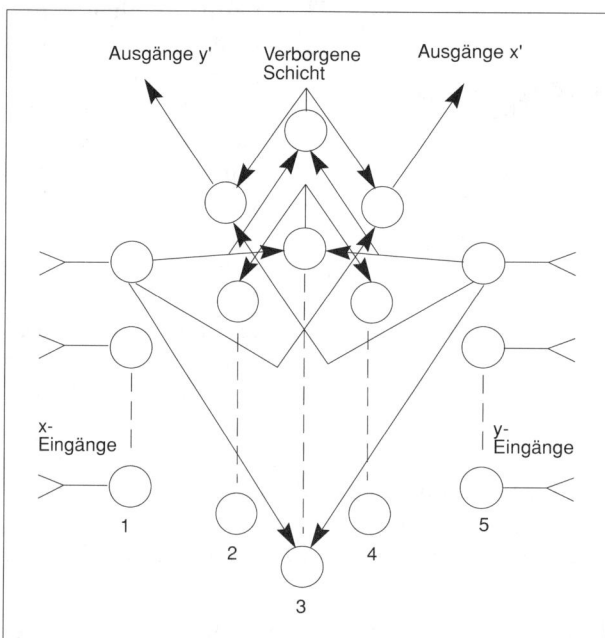

Bild 7.4: Gegenstromnetzwerk (Counterpropagation)

wandert ein Eingangssignal, das in Schicht 5 eingespeist wird, zu allen Neuronen der Schicht 3 sowie zu den korrespondierenden Neuronen der zweiten Schicht. In Schicht 3 findet Wettbewerb zwischen den Neuronen statt. Das Neuron, dessen Gewichte die höchste Übereinstimmung (Korrelation) mit **x** und **y** aufweist, setzt seinen Ausgang auf 1. Alle anderen Ausgänge werden auf 0 gesetzt. Nur das am besten passende Neuron in Schicht 3 kann seine Gewichte als Reaktion auf die Trai-ningseingaben justieren. Die Gewichte der Neuronen in der dritten Schicht orga-nisieren sich als eine recht gut optimierte Gruppe von Beispielen der Beziehungen zwischen den **x** und **y**-Eingangsmustern.

Das Lerngesetz von Kohonen, die Gewichtungseinstellung der dritten Schicht, rotiert das am besten passende Gewichtungsmuster in Richtung auf das letzte Eingabe-muster, so daß der Gewichtungsvektor in einem vorgegebenen Bereich verharrt. Die

Schichten 2 und 4 lernen den Durchschnitt der **x**- und **y**-Werte, die auftreten, wenn jedes Neuron in der Schicht 3 den Wettbewerb um die beste Entsprechung gewinnt.

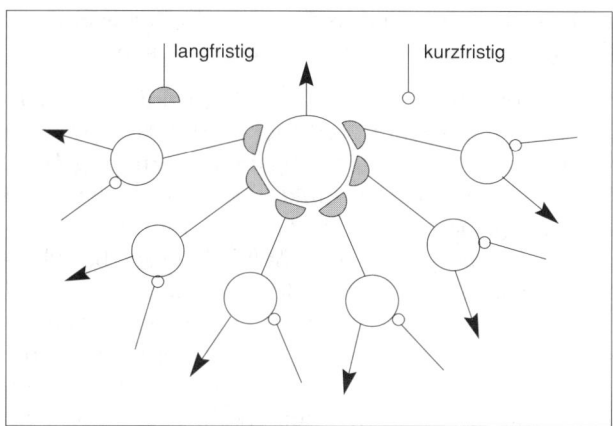

Bild 7.5: Ausgangsstern (outstar)

Diese Struktur, der Ausgangsstern (outstar), wurde von Grossberg erfunden. Nachdem die Schichten ihr Gleichgewicht erreicht haben, veranlaßt ein Paar von Eingabemustern bei **x** und **y** das Netz zur Ausgabe des Musterpaares, das die beste Entsprechung des Gewichtungsmusterpaares in der dritten Schicht ist. Wenn eines der Musterpaare den Wert 0 hat, wird der Ausgang ein Paar sein, das dem bekannten Input am besten entspricht. Wenn Teile des Eingabemusters fehlen, wird das Netzwerk die fehlenden Teile ergänzen, indem es das am besten passende Musterpaar ausgibt. In diesem Sinne funktioniert das Gegenstromnetzwerk auf die gleiche Art wie eine Suchtabelle. In einer Abwandlung des oben beschriebenen Gegenstromnetzwerkes wird die Schicht 4 entfernt. Das nennt man ein rein vorwärts gekoppeltes Gegenstromnetzwerk. Es eignet sich gut zur Überführung eines Musters in ein anderes, aber nicht zur Ergänzung lückenhafter Eingangsmuster. Eines der Probleme der Lernregel nach Kohonen ist, daß es vorkommen kann, daß ein Neuron niemals „gewinnt", oder daß ein anderes fast immer „gewinnt". Die Gewichtungsvektoren fressen sich in isolierten Gebieten fest. Laut dem Programmhandbuch von Hecht-Nielson ist das Gegenstromnetzwerk in seinen Fähigkeiten sehr

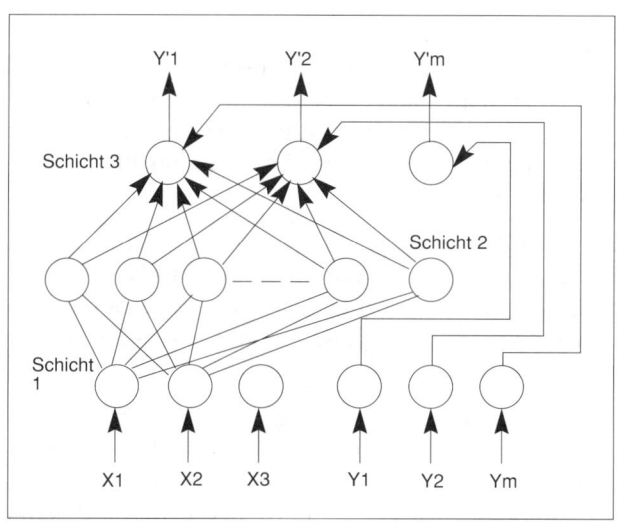

Bild 7.6: Rein vorwärts gekoppeltes Gegenstromnetzwerk

beschränkt. Eine Zufallsinitialisierung kann Probleme verursachen, insbesondere in höher dimensionalen Räumen (n > 4 oder 5), weil die Gewichtungsvektoren sich in Unterräumen „festsetzen", in welchen die Wahrscheinlichkeit eines Eingangs-datenvektors nahe bei Null liegt. Das bedeutet praktisch, daß das Netzwerk nur zwischen vier oder fünf verschiedenen Eingangsmustern unterscheiden kann.

Ein Weg, um das zu verhindern, ist, beim Start alle Gewichtungsvektoren gleich-zusetzen. Zunächst füttert man das Netz mit kleinen Teilstücken der Muster, dann werden die Eingaben langsam bis zu den vollständigen Eingabemustern aufgebaut. Diese Methode, die man konvexe Kombination nennt, funktioniert gut, verlangsamt aber das Lernen. Eine andere Vorbeugungsmaßnahme ist, die Daten absichtlich mit Störungen zu überlagern, wodurch die Funktion der Wahrscheinlichkeitsdichte über-all positiv wird. Die Wahrscheinlichkeitsdichte ist eine reelle Funktion, die angibt, mit welcher Wahrscheinlichkeit eine Zufallsvariable Werte in einer vorgegebenen Menge hat. Diese Methode funktioniert, aber sie ist sogar noch langsamer als die konvexe Kombination. Eine andere Möglichkeit ist, den Neuronen der dritten Schicht ein „Bewußtsein" zu geben; wenn die Neuronen bemerken, daß sie sehr oft gewinnen, treten sie für eine Weile vom Wettbewerb zurück.

Neocognitron

Das Neocognitron, das von Kunihiko Fukushima am NHK-Laboratorium für wissen-schaftliche und technische Forschung in Tokyo entworfen wurde, ist ein Spezialfall eines vorwärts gekoppelten Modells. Das ursprüngliche Modell war nichtüberwacht, ein neueres Modell (1983) jedoch, verwendet einen „Lehrer". Das mehrschichtige System (sieben oder neun Schichten) nimmt an, daß der Netzwerkentwerfer unge-fähr weiß, welche Ergebnisart gewünscht ist.

Alle Neuronen sind von analoger Art; die Ein- und Ausgänge nehmen nicht-negative Werte an, die proportional zu den unmittelbaren Feuerfrequenzen wirklicher biolo-gischer Neuronen sind. Im Ursprungsmodell wurden nur die Eingangsverbindungen der Neuronen mit maximalen Ausgangswerten verstärkt. Das Neocognitron ver-wendet eine Abwandlung der Hebbschen Regel.

Das Neocognitron erkennt handgeschriebene Zahlzeichen unterschiedlicher Hand-schriften, auch wenn sie in ihrer Gestalt erheblich verzerrt sind (8). Dieses hoch-spezialisierte, als Modell des menschlichen visuellen Systems gebaute Netzwerk implementiert keine gewöhnliche Topologie. Nach Abschluß der Lernphase kann das Neocognitron-System handgeschriebene Zahlen an beliebiger Stelle des visuellen Feldes erkennen, auch wenn sie verzerrt sind.

Fehlerrückführung

Fehlerrückführung (Back Propagation) ist ein überwachtes Lernschema, durch das ein mehrschichtiges vorwärts gekoppeltes Netzwerk mit Neuronen, die kontinuierliche Werte annehmen, auf Mustererkennung trainiert wird. Das Netzwerk lernt dadurch, daß lokale Fehlersignale während des Trainings rückwärts durch das Netz geschickt werden; daher der Name, wörtlich „Rückwärts-Fortpflanzung".

Das Netzwerk wird trainiert, indem man Paare, bestehend aus einander entsprechenden Ein-und Ausgabemustern, anbietet. Die Gewichte werden so verändert, daß das Netz schließlich das richtige Ausgangsmuster produziert, wenn das zugehörige Eingangsmuster des Paares angeboten wird. Das Trainieren des Netzes auf diese Assoziation kann man sich als ein Minimierungsproblem vorstellen, bei dem der Gesamtfehler E (für englisch „error") zu minimieren ist. Die verwendeten unabhängigen Variablen sind die Gewichtungsfaktoren.

Der Fehler eines Ausgangsneurons für ein bestimmtes Muster wird definiert als die Differenz zwischen dem Zielausgang und dem aktuellen Ausgang. Der Gesamtfehler für ein Muster ist die Summe der Fehler aller Ausgangsneuronen für dieses Musters. Der Gesamtfehler für alle Muster ist die Summe der Fehler aller einzelnen Muster.

Die einfachste Methode, das Minimum für E zu finden, ist als Gradienten-Abstiegsverfahren bekannt. Es besteht darin, entsprechend den lokalen Gradienten sich in Richtung des steilsten Abstiegs zu bewegen. Siehe Anhang C, Abschnitt 3 für mathematische Einzelheiten.

Fehlerrückführung hat den Vorteil, daß eine mathematische Erklärung für die Dynamik des Lernvorganges geliefert wird. Zudem verhält sich dieses Schema in praktischen Anwendungen stabil und zuverlässig.

Bekannte Fehlerrückführungsmodelle

In den Jahren 1985-86 wurde die Fehlerrückführung gleichzeitig von drei Forschergruppen entdeckt: 1) D. E. Rumelhard, G. E. Hinton, R. J. Williams, 2) Y. Le Cun und 3) D. Parker (9). Fehlerrückführung steht für die klassische Form eines vorwärts gekoppelten Netzwerkes. Die meisten neuen Ideen sind aus ähnlichen älteren Gedanken entstanden, folglich ist es schwierig, die wichtigen Fortschritte bei der Erforschung neuronaler Netze einzelnen Forschern zuzuordnen. Fehlerrückführung ist eine Lernmethode, bei der ein Fehlersignal rückwärts durch das Netz geführt wird, wobei es auf seinem Weg Gewichte ändert, um zu verhindern, daß derselbe Fehler wieder gemacht wird. Dieses Kapitel beschreibt verschiedene Beispiele von Fehlerrückführungs-Netzwerken.

Die einfache Exklusiv-Oder-Funktion

Ein bekanntes Problem im Zusammenhang mit der Darstellbarkeit bestimmter Funktionen durch einfache Netzwerkmodelle ist die Exklusiv-Oder-Funktion mit zwei Eingängen (XOR für phonetisch EX-OR), deren Ausgang logisch wahr ist oder den Wert „1" annimmt, wenn die beiden Eingänge unterschiedlich sind. Dies wird in der Wahrheitstabelle in Bild 7.7 deutlich. Wir werden zeigen, wie man ein Netzwerk durch Fehlerrückführung darauf trainieren kann, die XOR-Funktion auszuführen.

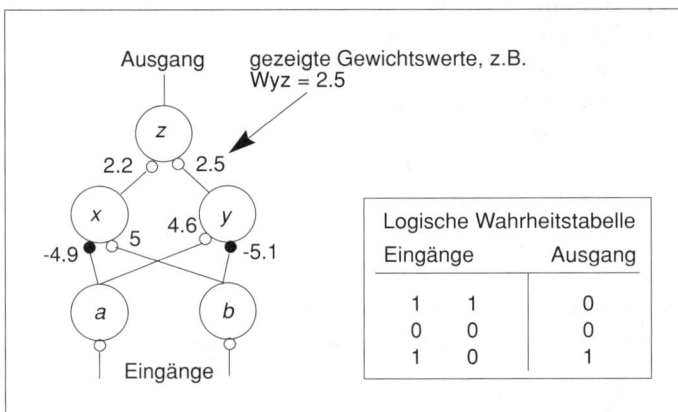

Dies wird den Back-Propagation-Lernalgorithmus demonstrieren. Wir verwenden Neuronen, deren Ausgangswerte binär sind (d.h. 0 oder 1 annehmen können) und über eine Schwellenwertfunktion aus der Netzaktivität gebildet werden. Das Netz besteht aus einer Eingangsschicht mit zwei Neuronen, einer verborgenen Schicht mit zwei Neuronen und einem Neuron an der Ausgangsschicht, wie in Bild 7.7 gezeigt. Die zwischen den Neuronen angeschriebenen Zahlen stehen für die Verbindungsstärken oder Gewichte zwischen ihnen. Wenn das Netzwerk trainiert wird, werden die Gewichtungsfaktoren verändert. Wir fangen mit einer Zufallsverteilung der Gewichte an, da dies der beste Weg ist, um ein Netzwerk zu trainieren.

Bild 7.7: XOR-Funktion unter Verwendung linearer Schwellenwertneuronen

Wir wollen annehmen, daß die Schaltschwelle für die Neuronen den Wert 0,01 hat. Das heißt, wenn die Summe der Eingangssignale kleiner als 0,01 ist, gibt das Neuron eine 0 aus. Übersteigt die Netzaktivität an einem Neuron den Wert 0,01, dann gibt es eine 1 aus. Nachdem ein Trainingsmuster mit einer 1 an jedem der beiden Eingänge angelegt wurde, werden die Ausgänge der Neuronen so berechnet, wie es im Bild 7.8 zu sehen ist. Der Ausgang jedes Neurons wird zusammen mit der Netzaktivität des Neurons dargestellt.

Die Neuronen a und b senden beide eine 1 an die nächste Schicht. Das Neuron x empfängt zwei Signale, eines von Neuron a und eines von Neuron b. Die Verbindungsstärke von Neuron a zu Neuron x wird als w_{xa} geschrieben (für englisch „weight"). Ihr Wert ist −4,9. Wir multiplizieren das Signal mit seinem Gewicht und erhalten $-4,9$. Das Signal, das von Neuron b zu Neuron x geht, hat ein Gewicht w_{xb} = 5. Das Signal von b ist 1. Dies ergibt am Neuron x 5. Wir addieren $-4,9 + 5$ und erhalten 0,1 als die Netzaktivität in Neuron x. Dies ist höher als die Schaltschwelle von 0,01, so daß das Neuron x eine 1 ausgibt. Auf ähnliche Weise kann das Ausgangssignal der Neuronen y und z bestimmt werden.

Zu dem Trainingsmuster, das wir dem Netzwerk angeboten haben, sollte der Ausgangswert 0 sein, aber er war 1. Wir werden das Netzwerk korrigieren, indem wir einen Fehlerfaktor bestimmen und die Gewichte Schicht für Schicht, von der letzten rückwärts bis zur ersten, korrigieren. Der Fehler bei Neuron z, E_z, ist einfach der gewünschte Ausgangswert abzüglich des tatsächlichen Ausgangs. $E_z = 0 - 1 = -1$. Die Gewichtungskorrektur wird berechnet, indem man den Fehler am Neuron mit dem Ausgangswert des Neurons und mit dem zugeordneten Gewichtungsfaktor multipliziert. Zum Beispiel ist die Veränderung von $w_{zx} = -1 * 1 = -1$. Dies wird zu dem momentanen Wert von w_{zx} addiert. Das neue $w_{zx} = -1 + 2,2 = 1,2$. Der neue

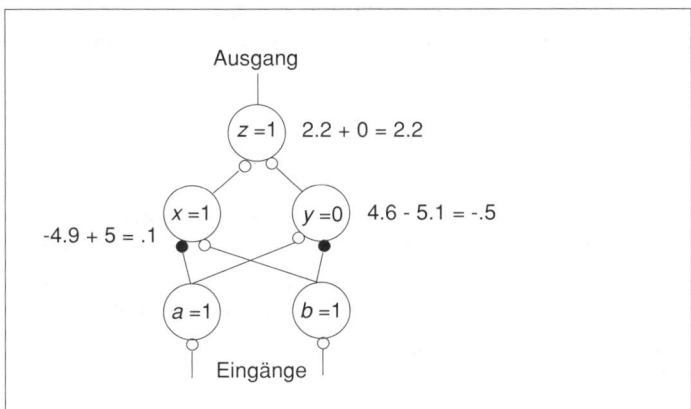

Bild 7.8: Berechnung der Netzaktivitäten

Gewichtungswert für w_{zy} ist der Fehler bei z mal dem Signal von y, addiert zu dem momentanen Wert von w_{zy}. Das neue $w_{zy} = (-1 * 0) + 2,5 = 2,5$. w_{zy} ändert sich nicht.

Nun berechnet man den Fehler bei den Neuronen in der nächstvorhergehenden Schicht. Für das Neuron x ist er gleich dem Fehler bei z mal dem Gewicht der Verbindung von x zu z: $E_x = -1 * 2,2 = -2,2$. Um den neuen Wert von w_{xy} zu berechnen, multiplizieren wir den Fehler bei x mit dem Signal von a, addieren dann den momentanen Wert w_{xa}: Neues $w_{xa} = (-2,2 * 1) - 4,9 = -7,1$. Nachdem alle Gewichte justiert sind, wird ein neues Eingangsmuster angelegt. Wenn dabei ein Fehler auftritt, wird die Prozedur der Fehlerrückführung wiederholt. Erzeugen alle vier Paare von Eingangsmustern die richtigen Ausgangswerte, ist der Vorgang beendet.

NetTalk

NetTalk („Netz-Sprecher") wurde von John Hopkins, dem Biophysiker Terry Sejnowski und Charles Rosenberg von der Universität Princeton gebaut (10). Es ist nicht regelbasiert, wie es frühere Programme waren, die zur Erzeugung von Sprache verwendet wurden. Es hat kein Wörterbuch, um die Aussprache von Wörtern nachzuschlagen. Es geht von geschriebenem Text aus und gibt über einen Lautsprecher eine Folge von Phonemen aus.

Rechtschreibung ist sowohl für Kinder als auch für Erwachsene eine schwierige Aufgabe. Es gibt eine Menge Regeln, aber auch eine große Anzahl Ausnahmen. Neuronale Netzwerke sind für die Aufgabe der Rechtschreibung gut geeignet. Sie können die Regeln durch graduellen Aufbau von allgemeinen Mustern aufnehmen und auch Inkonsistenzen (Regelabweichungen) speichern.

Die Fähigkeit, eine Sprache richtig auszusprechen, ist wieder eine andere schwierige Aufgabe. Betrachten Sie den Satz „Dies ist ein Stuhl". Der Klang des zweiten s ist anders als der des letzten, das als „sch" ausgesprochen wird. Und doch stehen beide vor einem t. (Anm. d. Üs.: NetTalk arbeitete natürlich mit englischer Sprache; um die Feinheiten der Sprachanalyse – insbesondere auf Phonemebene – verständlicher zu machen, wurden alle Beispiele für die deutsche Sprache übertragen. Weiterhin wurde der Abschnitt „Phoneme und neuronale Netze" zur Verdeutlichung der Problematik künstlicher Spracherzeugung neu aufgenommen.)

NetTalk liest eine Zeichenfolge (einen sogenannten String) und wandelt sie in Phoneme (Sprachlaute unterhalb der Silbenebene) um. Die Phoneme werden an einen Baustein übertragen, der sie in akustische Signale umwandelt, die über einen Lautsprecher hörbar werden.

Sejnowski und Rosenberg haben in einem ersten Schritt 500 Textwörter benutzt, die in Phonemschreibweise umgewandelt wurden. Sie trainierten das Netz auf einzelne Wörter und auf die fortlaufende Rede. Fehler wurden mit der Methode der Fehlerrückführung korrigiert, wobei das Netz auf die Ausgabe der richtigen Phoneme trainiert wurde. Jeder Ausgang stellte einen Phonemklang dar.

Nach 12 CPU-Stunden des Trainings auf einer DEC VAX (Anm. d. Üs.: das heißt der vollen Verfügbarkeit eines großen Computers, CPU oder central processing unit ist der Zentralprozessor, also die „einzige" logikverarbeitende Einheit des Computers, die alle Neuronen des Netzes nacheinander simulieren mußte) erzeugte NetTalk zu 95% korrekte Phoneme. Wenn neue Beispiele eingegeben wurden, sank die Genauigkeit auf etwa 80%. Anfangs stammelte das Netz nur, mit zunehmendem Lernerfolg wurde es besser und besser, bis die Wörter schließlich verständlich wurden. Die Ausgabe des Netzes für jedes Wort kann als „beste Schätzung" oder „perfekte Entsprechung" klassifiziert werden. Eine beste Schätzung tritt gewöhnlich dann auf, wenn der Fehler in dem Wort ein gewöhnlicher Irrtum ist, wie etwa die Klangdifferenz in der Aussprache des „ch" in „ich" und „ach". Wenn das Netzwerk über einen Klang zu sehr im Ungewissen ist, kann es seine Ratlosigkeit anzeigen, indem es einen niederen Pegel auf mehrere Ausgänge legt. Wenn einer dieser niederpegeligen Ausgänge als der zu verwendende Klang ausgewählt wird, wird er als beste Schätzung bezeichnet.

Netzwerkentwurf

Bei NetTalk benutzten Sejnowski und Rosenberg ein vorwärts gekoppeltes drei-schichtiges Netzwerk mit einer Eingangsschicht, einer verborgenen (inneren) Schicht und einer Ausgangsschicht von Neuronen. Die Neuronen sind nichtlinear, wobei die Verbindungsstärke von einem Neuron zum anderen entweder eine positive oder negative reelle (gebrochene) Zahl ist. Positive Gewichtungswerte stellen erregende Verbindungen dar, negative Werte bedeuten hemmende Verbindungen. Jedes Neuron hat außerdem eine Schaltschwelle, die von der Summe der Eingänge abgezogen wird. Die Ausgangsgleichung sieht folgendermaßen aus:

Summe der gewichteten Eingänge: $Net_i = \Sigma_j W_{ij} O_{ij}$

Ausgangs- oder Transferfunktion: $O_j = O(net_i) = \dfrac{1}{1 + e^{-net_i}}$

Justierung der Gewichte: $W_{ij} = \alpha W_{ij} + (1 - \alpha) \varepsilon \delta (n + 1) p_j$

(wobei O für Output = Ausgang, W für Weight = Gewicht zu lesen ist)

Sejnowski und Rosenberg variierten die Anzahl der verborgenen Neuronen von Simulation zu Simulation; für zusammenhängende Rede wurden 80 verborgene Neuronen benutzt. In der Ausgangsschicht befanden sich 26 Neuronen: 23 für die einzelnen Klänge und 3 für die Betonung. Phoneme wurden durch mehrere gleichzeitig aktive Ausgänge dargestellt.

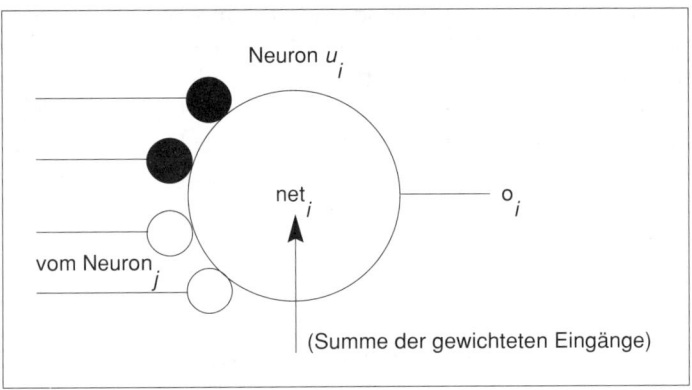

Bild 7.9: Diagramm eines Neurons

Phoneme

NetTalk lernte sprechen, indem es mit Phonemen trainiert wurde. Phoneme sind die kleinsten bedeutungsunterscheidenden Teile der gesprochenen Sprache, ihre Umschrift ähnelt den Auspracheregeln, die man nach jedem Wort in einem Wörterbuch findet. Es gibt verschiedene Phonemsätze. Die Eingangsschicht von NetTalk nimmt sieben Zeichen gleichzeitig in Augenschein, um die Umgebung des in der Mitte befindlichen Buchstabens zu erkennen. Es gibt ein aktives Neuron für jeden Buchstaben, das Leerzeichen und die Satzzeichen, so daß es insgesamt 29 Eingangsneuronen gibt. Es werden zu einem Zeitpunkt sieben Zeichenpositionen eingegeben. Folglich beträgt die Gesamtzahl der Eingänge 203. Der gewünschte Ausgang des Netzes ist das korrekte Phonem für den mittleren oder vierten Buchstaben des siebenbuchstabigen Wortes „Fenster". Die anderen sechs Buchstaben stellen einen teilweisen Kontext für die Phonementscheidung dar. Wenn NetTalk den Text liest, schreitet es durch die Wörter, indem es sein Siebenbuchstaben-Fenster jeweils um einen Buchstaben weiterschiebt. Bei jedem Schritt wählt es die passenden Phoneme, um diesen Buchstaben darzustellen.

Lernalgorithmus

Für das Training des Netzes wurden zwei Quellen verwendet, wovon eine aus der phonetischen Umschrift des ursprünglichen Textes bestand. Diese Wörter wurden dem Netzwerk zusammenhängend mit dem Worttrennsymbol „/" zwischen den Wör-tern angeboten. Die zweite Quelle bildeten 20 000 Wörter aus einem Wörterbuch, wobei 1000 die geläufigsten Wörter des Englischen waren. Die Begriffe aus dem Wörterbuch wurden einzeln und in zufälliger Reihenfolge dargeboten.

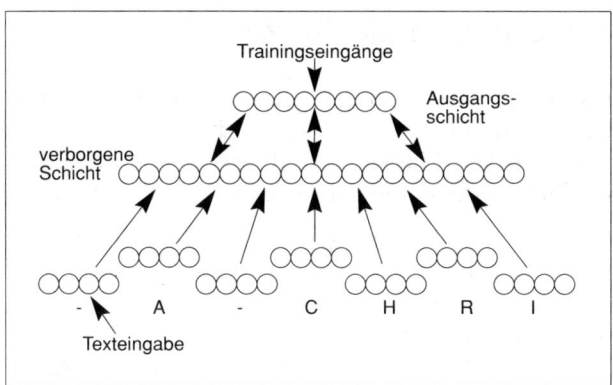

Bild 7.10: Architektur von NetTalk

Nachdem jedes Phonem erzeugt worden war, wurde es mit dem gewünschten Phonem verglichen. Immer wenn dabei ein Fehler auftrat, wurde er auf die gleiche Weise korrigiert wie in dem XOR-Beispiel eines Fehlerrückführungs-Netzwerkes. Die Gewichte wurden so umgestellt, daß das Netz ein besser passendes, nicht aber notwendigerweise korrektes Phonem produzierte. Die Trainingsmuster müssen das Netz mehrmals durch-laufen, ehe es die richtigen Phoneme erzeugt. Die Gleichung für die Gewichtungskorrektur finden Sie oben im Kasten. Siehe Anhang C für eine mathematische Erklärung. Die Lernkurve von NetTalk für 1024 Wörter wird in Bild 7.11 gezeigt.

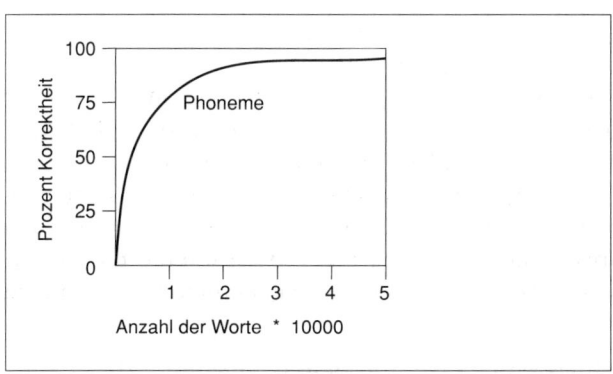

Bild 7.11: Die Lernkurve von NetTalk

Die Kurve des Prozentsatzes korrekter bester Schätzungen stieg zunächst rasch an, um dann abzuflachen und nach 50 000 Darbietungen 95% zu erreichen. Die Unterscheidung zwischen Vokalen und Konsonanten trat schon früh auf. Eine zweite Stufe wurde erreicht, sobald Wortgrenzen erkannt wurden. Zu diesem Zeit-punkt klang der Output wie Pseudowörter. Nach dem zehnten Durchgang durch die 1024 Wörter waren viele der Wörter verständlich.

Phoneme und neuronale Netze

Ein Laut ist ein akustisches Ereignis, das im Gehirn als Teil einer sprachlichen Äuße-rung identifiziert wird. Das Gehirn kann Sprachschall von anderem Lärm unter-scheiden. Es erkennt dabei nicht nur einzelne Klassen von akustischen Sprachereig-nissen, es klassifiziert sie auch nach ihrer bedeutungsunterscheidenden Funktion.

In den Wörtern „Bar" und „Paar" kommen im Anlaut zwei verschiedene Laute vor; denn [b] hat gegenüber [p] die Eigenschaft, daß es den Unterschied von „Bar" gegenüber „Paar" markieren kann. Demgegenüber kommen im Deutschen zwei unterschiedliche Aussprachen von „r" vor. Manche Sprecher „rrrollen" das „R" mit der Zunge vorne am Zahndamm, während andere es lieber mit dem Zäpfchen kratzen oder rollen. Selbstverständlich liegen in den beiden r-Lauten sehr unter-schiedliche akustische Ereignisse vor – dennoch verhalten sich diese beiden r-Laute nicht wie [b] und [p]. Es macht keinen Bedeutungsunterschied ob man beim Aus-sprechen des Wortes „Regen" das „R" mit der Zunge oder dem Zäpfchen rollt. Das Ohr kann den Unterschied zwischen den r-Lauten genauso gut hören wie den zwischen [b] und [p], aber das Gehirn klassifiziert die r-Laute anders, nämlich als bedeutungsgleich.

Ein Laut ist ein akustisches Ereignis mit der Eigenschaft „zum Sprachsystem gehörig". Ein Phonem ist eine Menge von Lauten, die alle dieselben bedeutungsdifferen-zierenden Eigenschaften haben, zum Beispiel alle r-Laute (Zungen- und Zäpfchen-„R"). Die Anzahl der Elemente eines Phonems ist im allgemeinen unbekannt. Beschreibt man nämlich die akustischen Ereignisse hinreichend genau, dann zeigt sich, daß selbst die Zungen- „r" eines einzigen Sprechers ganz verschieden ausfallen, je nach dem, in welcher Umgebung mit anderen Lauten sie auftreten, und je nach Laune und Stimmungslage des Sprechers. Zumindest theoretisch könnte die Menge der zu einem Phonem gehörigen möglichen akustischen Schallereignisse unendlich groß sein.

In dieser Weise versteht ein Sprachwissenschaftler den Begriff „Phonem"; dabei ist es unerheblich, wie die einzelnen akustischen Ereignisse erzeugt werden. Nicht so der Techniker, der sich mit der Generierung von Sprache beschäftigt. Er stellt sich unter einem Phonem ein Programm zur Erzeugung von Lauten vor. Ein Programm, das r-Laute erzeugt, bringt aber keineswegs dieselbe Menge von Lauten hervor, die ein

Sprachwissenschaftler als /r/-Phonem beschreibt. Das wäre ein Glücksfall, der bisher noch nie eingetreten ist. Man kann sich aber schon glücklich schätzen, wenn das r-Programm wenigstens eine Teilmenge des /r/-Phonems erzeugt. Die Sprachwissenschaftler schreiben Phoneme zwischen Schrägstrichen, z. B. /r/, und Laute in eckigen Klammern, z. B. [R] oder [r]. In beiden Fällen liegen Bezeichnungen für Mengen vor, so daß

[R] U [r] = /r/.

Zur weiteren Unterscheidung wollen wir ein technisches Phonem mit geschweiften Klammern schreiben: {r} ist die Menge der akustischen Ereignisse, die mit einem r-Programm erzeugt werden. Nomalerweise ist {r}! = /r/, aber {r} durchschnitten /r/ ist nicht leer. Je größer der Duchschnitt von /r/ und {r} wird, desto besser ist das Erzeugungsprogramm für {r}.

Das Erzeugungsprogramm für Sprachlaute wollen wir als Funktionsaufruf darstellen, so daß r(x) ein Programm bezeichnet, das {r} erzeugt. Nehmen wir als Beispiel den s-Laut. Die einzelnen [s] Laute unterscheiden sich nach Dauer, Intensität und Beteiligung der Stimme. Ein gutes s-Programm wäre deshalb darstellbar als s(t, i, st) und ein Funktionsaufruf s(30, 8, 1) würde ein Schallereignis erzeugen, das 30 ms dauert, eine Intensität von 8 (beispielsweise aus einer möglichen Menge von 20 Intensitätsstufen) besitzt, und das stimmhaft ist. Man könnte aber auch zwei verschiedene Phoneme s(t, i) und z (t, i) haben, so daß das s-Programm einen stimmlosen und das z-Programm einen stimmhaften s-Laut erzeugt. Die Anzahl der mit einem technischen Phonem erzeugbaren Schallereignisse hängt von dem Umfang der Parameterskalen ab.

Vokale (wie z.B. „a" oder „e") werden unterschieden nach Dauer, Intensität (Lautstärke), Tonhöhe und Intensität der verschiedenen Formanten (ganzzahlige Vielfache der Grundfrequenz). Ein Beispiel könnte a(30, 8, 300, 0) sein: 30 ms Dauer, Lautstärke 8, Tonhöhe 300 Hz, keine Formantenverstärkung.

Soll nun ein neuronales Netz auf die richtige Aussprache von Buchstabenketten trainiert werden, so sind zwei verschiedene Aufgaben zu lösen:

– die Zuordnung von Buchstabe zu Phonem und
– die richtige Einstellung der Parameter des Phonems.

Nehmen wir als Beispiel das Wort „Straße". Dem Netz sollen u.a. die folgenden technischen Phoneme zur Verfügung stehen:

Phoneme	Programm	Beispiel für das Vorkommen des Lautes
{s}	s(t,i)	Wasser,
{z}	z(t,i)	Vase, Rasen, Sahne
{d}	d(t,i)	baden
{t}	t(t,i)	Wetter
{r}	r(t,i)	(Zungen-r) Rolle, knarren
{R}	R(t,i)	(Zäpfchen-R) Rolle, knarren
{sh}	sh(t,i)	(stimmlose sche-Laute) Schnee, schön
{zh}	zh(t,i)	(stimmhafte sche-Laute)Journal
{a}	a(t,i,g,f)	Hase, Waage, Watte, hatte
{e}	e(t,i,g,f)	See, Bett, Hütte

Um die Buchstabenfolge „Straße" richtig zu sprechen, muß das Netz zuerst die Wahl der richtigen Phoneme lernen, also z.B.

Buchstabe	Phonem	könnte aber auch sein
s	sh(t,i) s(t,i)	wie in „Wasser"; z(t,i) wie in „Sommer";
t	t(t,i)	immer t(t,i);
r	R(t,i)	nichts, wie in „hart", das viele schon als „haat" sprechen, oder ein Vokal wie in „Wert", das normalerweise „Weat" gesprochen wird;
a	a(t,i,g,f)	e(t,i,g,f),wenn jemand „laenger" statt „länger" schreibt;
R	s(t,i)	immer s(t,i);
e	e(t,i,g,f)	o(t,i,g,f) wie in „Soest";

Die Wahl der richtigen Phoneme ist schon schwer genug. Es kommt aber noch die Wahl der richtigen Parameter hinzu. Hier geht man am einfachsten von einer Kürze als Default aus. Unter bestimmten Bedingungen muß dann die Dauer eines Phonemoutputs verlängert werden. Hier tritt im Deutschen vor allem bei den Vokalen ein Problem auf. Jeder Gärtner weiß, daß man ein „Beet" nicht mit einem „Bett" verwechseln soll.

Also ist Vokallänge im Deutschen bedeutungsunterscheidend. Die Sprachwissenschaftler sprechen deshalb von zwei verschiedenen Phonemenen /e/ und /e:/, wobei der Doppelpunkt die Länge bezeichnet. Für den Techniker genügt dagegen ein {e}-Phonem, so daß e (t, i, g, f) mit t < 50 ein kurzes [e] erzeugt und t > 50 ein langes [e:]. Dazu kommt, das noch der f-Parameter verändert werden muß, weil ein [e] eher nach „ä" klingt (offener ausgesprochen wird), ein [e:] eher nach [i], weshalb die Amerikaner „der Sei" sprechen statt „der See".

Das Netz muß also nicht nur den Unterschied zwischen kurzen und langen Vokalen lernen, es muß auch noch den Wörtern ansehen lernen, wann ein kurzer und wann ein langer zu sprechen ist. Eine erste Annäherung kann die Regel sein:

– wenn zwei gleiche Vokale, dann lang,
– sonst wenn Vokal vor Doppelkonsonanten, dann kurz, sonst lang.

Nach dieser Regel lassen sich „Beet" und „Bett" sprechen, aber nicht „Gebet", das ja nicht [ge:be:t] werden soll, sondern [gebe:t].

Das Training kann über ein Hilfsalphabet erfolgen, nämlich die phonetische Umschrift, in der die Sprachwissenschaftler die Aussprache von Wörtern und Texten notieren. Die Umschrift ist so aufgebaut, daß sie (wenigstens im Prinzip) für alle Sprachen eingesetzt werden kann, da in jeder Sprache nur eine begrenzte Anzahl von Lauten (Klassen von unterscheidbaren akustischen Sprachereignissen) vorkommt. Die einzelnen Lautzeichen der Umschrift werden in einem ersten Schritt mit einer Eins-zu-eins-Zuordnung zu technischen Phonemen versehen. Also zum Beispiel:

[s] = s(30,8)
[t] = t(30,8)
[e] = e(30,8,400,800)
[e:] = e(60,8,400,1200)

Diese Zuordnung wird durch Regeln oder Training erweitert, so daß Akzente erkannt werden können. Aus Wörtern wie „gesehen, gegessen....." und den phonetischen Umschriften [ge'se:hen, ge'gesen] wird die Regel abgeleitet:

wenn ['], dann suche den nächsten Vokal x (t, i, g, f)und mache aus x (t, i, g ,f) = x (t, 2* i, g, f), (d.h. erhöhe die Lautstärke).

Das Trainingsset kann jetzt so aufgebaut werden, daß Schritt für Schritt die nötigen Unterscheidungen gelernt werden können:

Trainingswörter	Lernziel
Wasser, See	Unterscheidung stimmloses/stimmhaftes<s>;
Nischen, Radieschen	Unterscheidung <sch> = sche/<sch> = <s> + <ch>
Chemie, rauchen	Unterscheidung vorderes/hinteres <ch>
Fuchs, fluchen	Unterscheidung <ch> = [k], <ch> = [x]
sinnen, spinnen	Unterscheidung <s> = [s]/<s> = [sche]
sehen, stehen	
Rasse, Straße	(mögliche Unterscheidung im Gebrauch von Zungen-r in „Rasse" und Zäpfchen-r in „Straße")
Vase, Wasser	Unterscheidung kurzes/langes [a/a:]
Bett, Vase	Unterscheidung betontes kurzes ['e] und unbetontes kurzes auslautendes [e].

Komplexität und Leistung

In einer Studie über die Leistungsfähigkeit von Netzwerken wurden 1000 der häufigsten Wörter der englischen Sprache verwendet, um Netzwerke mit verschiedenen Architekturen zu trainieren. Da die häufigsten Wörter auch die unregelmäßigsten sind (zumindest im Englischen!), war dies ein Test dafür, wie gut verschiedenartige Netzwerke Ausnahmen lernen. Mit einem zweischichtigen Netz (ohne verborgene Neuronen) stieg die Leistung rasch an, erreichte aber nur 82% korrekte Antworten.

Weitere Tests wurden mit einer unterschiedlichen Anzahl verborgener Neuronen ausgeführt. Die beste Leistung erhielt man mit 120 verborgenen Neuronen. Dieses Netz lieferte 98% richtige Antworten. Dasselbe Netzwerk wurde dann mit einem zufällig durchmischten Wörterbuch aus 20012 Wörtern erprobt. Nur mit dem Training, das es bereits erhalten hatte, war das Netz in der Lage, 77% beste Schätzungen und 28% korrekte Antworten zu liefern. Nach fünf Testläufen durch das Verzeichnis der 20012 Wörter ergaben sich 89% beste Schätzungen und 49% perfekte Antworten. Die Zahlen addieren sich nicht zu 100%, da einige beste Schätzungen auch korrekte Ergebnisse sind.

Robustheitstest für NetTalk

Das Netz wurde durch Aufaddieren einer gleichmäßig in dem Intervall [–d, d] verteilten Zufallskomponente zu jedem Gewicht beschädigt, wobei d der Betrag der Beschädigung ist, der auf der Abszisse aufgetragen wird. Netzwerke werden darauf getestet, eine Standardabweichung von 6% einzuhalten. Der durchschnittliche Absolutbetrag der Gewichte betrug 0,77 und die Standardabweichung 1,2. Die besten Schätzungen waren widerstandsfähiger gegen Beschädigung als die perfekten Übereinstimmungen. Das beschädigte Netzwerk wurde dann neu trainiert. Das Nachtraining fiel hinsichtlich Geschwindigkeit und Gesamtkorrektheit viel besser als das ursprüngliche aus.

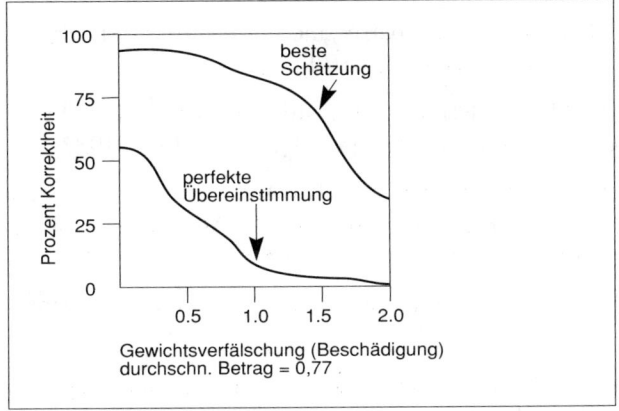

Bild 7.12: Betrag der Beschädigung

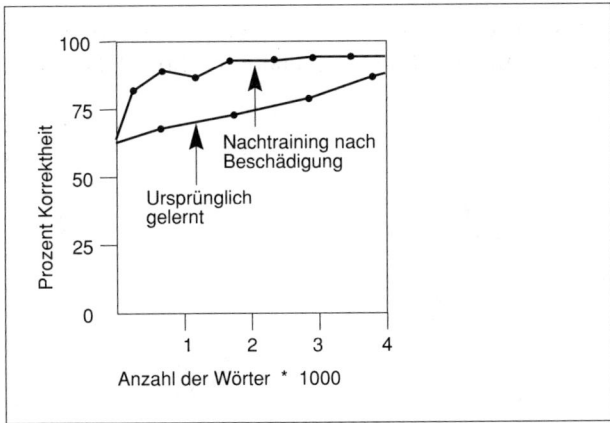

Bild 7.13: Verlauf des Nachtrainings nach der Beschädigung

Bibliographische Hinweise

(1):   ROSENBLATT, F.: The perceptron: a probabilistic model for information storage and organization in the brain. In: Psychological Review 65, S.386-408, 1958.

(2):   MINSKY, M. und PAPERT, S.: Perceptrons. Cambridge, MIT Press, 1969.

(3)   ANDERSON, J.: A simple neural network generating an interactive memory. In: Mathematical Biosciences 14, S.197-220, 1972.

(4):   KOHONEN, T.: Correlation matrix memories. In: IEEE Transactions on Computers 21, S.353-359. Piscataway, IEEE, 1972.

(5):   MCCLELLAND, J.L., RUMELHART, D.E. und HINTON, G.E.: The Appeal of Parallel Distributed Processing. Cambridge, MIT Press, 1986, 1987.

(6)   MCCLELLAND, J.L. und RUMELHART, D.: An interactive activation model of context effects in letter perception: Part 1. An account of basic findings. In: Psychological Review 88, S. 375-407, 1981.

(7):   KOHONEN, T.: The „neural" phonetic typewriter. In: Computer 21, S.11-22, 1988.

(8):   FUKUSHIMA, K.: A neural network for visual pattern recognition. IEEE Computer, März 1988, S. 65-75.

(9):   ANDERSON, J., ROSENFELD, E. (Hrsg.): Neurocomputing: Foundations of Research. Cambridge, MIT Press, 1988.

(10): SEJNOWSKI, T. und ROSENBERG, CH.: NetTalk: a parallel network that learns to read aloud. In: John Hopkins University Technical Report, JHU/EECS-86/01, 1986.

Teil 3

Grundlagen des Entwurfs, Trainierens und Testens

KAPITEL 8

Entwerfen neuronaler Netze mit Fehlerrückführung

Entgegen der allgemeinen Annahme braucht man nicht zu wissen, wie ein neuronales Netzwerk „innen" funktioniert, um es für eigene Zwecke zu betreiben. Mit im Handel erhältlicher Software kann man ein neuronales Netzwerk entwerfen, trainieren und betreiben, ohne die Architekten, das Neuronen-Verhalten oder den Lernalgorithmus des Netzwerkes besonders – wenn überhaupt – spezifizieren zu müssen. Man muß lediglich die im folgenden diskutierten Grundkonzepte verstehen.

Dieses Kapitel beantwortet zunächst einige Grundfragen zum Entwurf. Wie bekommt man ein neuronales Netzwerk dazu, einem das zu sagen, was man wissen möchte? Welche Informationen muß man dem Netzwerk vermitteln? Wie wird ein neuronales Netzwerk erstellt? Wie wird es trainiert? Was tut man mit dem trainierten Netzwerk? Die Diskussion konzentriert sich auf Netzwerke mit Fehlerrückführung, da dies die am verbreitesten Netzwerke sind und sie schneller und besser trainiert werden können als andere Arten. Dieses Kapitel erklärt, wie eine Problemstellung so formuliert werden kann, daß sie der Verstehensstufe des neuronalen Netzes entspricht. Schließlich wird angesprochen werden, was man von einem neuronalen Netzwerk innerhalb der Grenzen der heutigen Technologie erwarten kann.

Der Vorgang des Entwerfens

Um ein neuronales Netzwerk zu entwerfen, muß man genau entscheiden, was das neuronale Netzwerk vorhersagen, generalisieren oder erkennen soll. Man kann nicht einfach einen Haufen irgendwelcher Daten hineinwerfen und erwarten, daß das Netzwerk sich das heraussucht, was es lernen soll. So weit ist die Technologie noch nicht. Bis dahin muß man also eine klare Vorstellung von seinen eigenen Erwartungen an das Netzwerk haben. Was immer das Netzwerk antworten soll – seien es Grundstückspreis-Einschätzungen, Aktienkurse, Ergebnisse von Football-Spielen – das wird jedenfalls der Netzwerk-Ausgang.

Zunächst muß man die Information auswählen, auf deren Grundlage das Netzwerk die Vorhersagen treffen, Generalisations- oder Erkennungsaufgaben leisten wird. Dieser Eingang sollte aus allen möglichen zur Verfügung stehenden Informationen bestehen, die für die Bestimmung des gewünschten Ausgangs relevant sind. Ein neuronales Netzwerk kann durch Assoziationsbildung zwischen Ein- und Ausgabe lernen; ein Neuronennetz kann zum Beispiel lernen, das Wort „Apfel" mit den Wörtern „rot, mittelgroß, rund, Frucht" zu verbinden. Andererseits könnte ein neuronales Netz lernen, einen Anstieg der Aktienkurse von General Motors mit dem Nachlassen der Stahlpreise zu assoziieren.

Versuchen Sie nicht, über Prozeduren, Regeln oder Formeln nachzudenken, sondern konzentrieren Sie sich auf die Art der Eingabedaten, die das neuronale Netzwerk gebrauchen kann, um Assoziationen mit der gewünschten Ausgabe zu bilden. Eine Vielfalt von Datenarten vergrößert die Chance, daß verschiedene signifikante Korrelationen zwischen den Daten gefunden werden können. Ein Netzwerk kann sehr wahrscheinlich Aktienkurse nur auf der Grundlage einer täglichen Sammlung von Aktienpreisen kaum vorhersagen – es braucht zusätzliche Datenarten. Es ist auf jeden Fall besser, zu viele als zu wenige Datenarten heranzuziehen. Das Netzwerk wird lernen, die wichtigen zu berücksichtigen und die unwichtigen zu vernachlässigen.

Beim Entwerfen ist ein anderer wichtiger Aspekt das Sammeln von Beispielen, die richtige Antworten enthalten, um später das Netzwerk damit zu trainieren. Um z.B. vorhersagen zu können, wie viele Marmorplatten Ihre Firma nächsten Monat auf Lager haben sollte, braucht das Netzwerk ein Verzeichnis vergangener Verkäufe von Marmorplatten. Ebenso muß ein Netzwerk zur Erkennung eines Gesichtes bereits ein Bild dieses Gesichtes gesehen haben.

Die Beispiele sollten als Fakten organisiert sein. Ein Faktum ist eine Liste von Eingaben, die mit der richtigen Ausgabe, oder mit mehreren richtigen Ausgaben, gepaart ist. Man kann sich ein Faktum als eine Karte vorstellen, deren eine Seite die Eingabeinformation, die andere Seite die bekannte Antwort enthält, die das Netzwerk während des Trainings auszugeben lernt. Ein Spiel solcher Karten stellt einen Trainingssatz dar.

Je mehr Fakten gesammelt worden sind, desto besser kann das Netzwerk trainiert werden. Die Fakten müssen eine genügend große Bandbreite von Verschiedenheiten aufweisen, damit das Netzwerk generalisieren kann. Wenn Sie nicht genügend Beispiele finden, können Sie einen Trainingssatz durch die Aufstellung realistischer Eingaben erstellen. Gehören die Eingaben zum Beispiel einem linear geordneten Wertebereich an, können Sie entsprechend einer Schrittweite n jede n-te Eingabe auswählen. Sie brauchen mindestens einen Experten, der Ihr spezielles Problem versteht, um die Eingaben zu prüfen und sie zu klassifizieren; er entscheidet dabei, in welcher Weise jede Eingabe die Ausgabe beeinflußt, so wie Sie das von Ihrem Netzwerk wünschen.

Sie könnten ein Netzwerk mit der Summe aller Meinungen trainieren, oder mehrere Netzwerke mit je einer Meinung, und beobachten, welches Netzwerk nach dem Training die besten Ergebnisse liefert. Wenn Sie die Klassifikationen verschiedener Experten mischen, so dürfen diese Klassifikationen ruhig einander widersprechen; das Netzwerk sollte trotzdem aufgrund genügend vieler Beispiele in der Lage sein, zu generalisieren.

Es ist möglich – wenn auch selten – zu viele Daten zu haben. Eine gute Faustregel ist, daß die Anzahl der Fakten nicht größer als zehnmal die Anzahl der Verbindungen sein sollte. In der Zukunft werden neuronale Netzwerke sagen können, wann ein Trainingssatz zu spärlich oder zu reichlich ist, oder zu wenig unterschiedliche Fakten enthält. Bis dahin entscheiden nur Sie über die Angemessenheit des Trainingssatzes.

Wenn Sie Beispiele selbst zusammenstellen müssen, sollten Sie versuchen, den Grenzbereich der Fakten herauszufinden, d.h. den Bereich, wo die Ausgabe anfängt, von anderen Ausgaben, die Sie bereits gesehen haben, abzuweichen. In einem neuronalen Netzwerk, das bestimmt, ob die Mehrheit der Eingaben richtig ist, ist z.B. das Faktum, welches zur Hälfte richtige und zur Hälfte falsche Eingaben enthält, ein solches Grenzfaktum. Es ist richtig bis dahin, wo die Ausgabe von richtig zu falsch wechselt; mit einer zusätzlichen richtigen Eingabe wird die Ausgabe richtig. Untersuchungen haben gezeigt, daß die Fehlerrate von neuronalen Netzwerken mit der Anzahl von Grenz-Trainingsfakten schnell abnimmt (1). Ein Trainingssatz, der zusätzlich noch zufallsbestimmte Trainingsfakten enthält, ist sogar noch besser als einer, welcher nur Grenzfakten enthält.

Für ein Netzwerk, das Bewertungen ausführen soll, also urteilen soll, ob etwas „gut" oder „schlecht", „fertig" oder „nicht fertig" ist, muß man zum Beispielsatz Fälle hinzunehmen, bei welchen der Wert einer einzelnen Eingabe das Ergebnis beeinflußt (entsprechend für eine Eingabekombination). Z.B. sollte ein Netzwerk, das über die Startbereitschaft eines Flugzeuges entscheiden soll, wissen, daß es definitiv schlecht ist, wenn die Kraftstoffanzeige auf leer zeigt (das Flugzeug kann nicht starten). Manuell zusammengestellte Beispiele können äußerst nützlich sein, um dem Netzwerk wichtige Konzepte beizubringen.

Es ist nicht sehr günstig, die Werte der Trainingseingaben zufällig auszuwählen, da irgendein Satz von Werten Falsches als Wesentliches herausstellen könnte. Wie oben erklärt, ist es bei bestimmten Eingaben wichtig, (wie z.B. die Eingabe der leeren Kraftstoffanzeige), daß sie enthalten sind, damit das Netzwerk die Schlüsselkonzepte lernt. Die am leichtesten zu identifizierenden Muster müssen enthalten sein, damit das Netz die Schlüsselkonzepte lernt. Bei einem Trainingssatz mit zufällig ausgewählten Beispielen gibt es keine Garantie dafür, daß wesentliche Eingaben in einem angemessenen Maße enthalten sind.

Eine Faktenstichprobe sollte aus dem Trainingssatz herausgenommen und zum Testen des Netzwerkes verwendet werden. Es ist darum hilfreich, einen reichlichen Trainingssatz zu haben, so daß für das Testen genügend Fakten übrig bleiben. Es ist weniger wichtig für das neuronale Netzwerk, einen Trainingssatz perfekt zu lernen, als in der Lage zu sein, richtige Antworten auf unbekannte Eingaben zu geben.

Wenn Sie zu Beginn sehr wenig Fakten haben, können Sie sie während des Testens durch die Leave-k-out-Prozedur maximieren (2). Dabei werden mehrere Netzwerke mit je verschiedenen Faktensätzen trainiert. Z.B. könnten Sie zehn Netzwerke auf 90% der Fakten trainieren (für jedes Netzwerk einen anderen Satz) und mit den verbleibenden 10% testen. Auf diese Weise können Sie schließlich Ihre Netzwerke auf 100% der Fakten testen. Die Rohdaten können Symbole, Bilder oder Zahlen sein, das neuronale Netzwerk wird jedoch nur Zahlen verstehen und dann wiederum nur solche, die in den Bereich der Übertragungsfunktion des Neurons fallen. Alle Daten außerhalb dieses Bereichs werden ausgespart. Deshalb müssen die Daten zu numerischen Werten konvertiert und auf den Bereich der Übertragungsfunktion normalisiert werden, normalerweise 0 zu 1 oder −1 zu +1. Normalisation wird in Kapitel 9 eingehender erklärt. Nehmen Sie an, daß Ihre Daten aus Symbolen bestehen, wie „rot", „rund" und „mittelgroß", die die Teile der Beschreibung eines Apfels darstellen. Jedes dieser Symbole ist ein eigenes Eingabedatum.

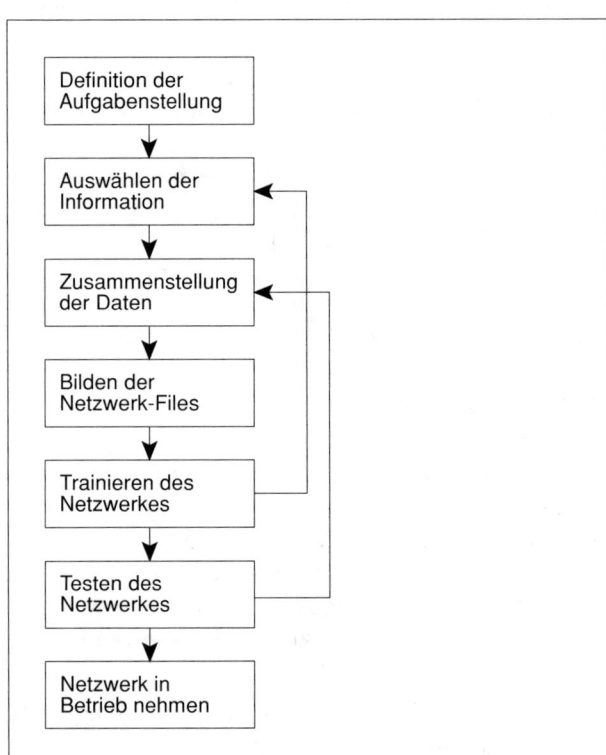

Bild 8.1: Entwerfen eines neuronalen Netzes

Diese Eingaben werden wahrscheinlich dem Wert „1" zugeordnet, während andere, wie etwa „groß" und „orange" dem Wert „0" zugeordnet werden. Die Übersetzung von Bildern ist komplizierter, enthält aber allgemeine numerische Werte, die einem hell/dunkel-Wert für jedes Pixel im Bild entsprechen. Manche der im Handel erhältichen Software-Programme können die Daten selbständig übersetzen und normalisieren.

Bei der Erstellung eines neuronalen Netzwerkes müssen Sie die Anzahl der Eingabe- und der Ausgabeneuronen spezifizieren. Die jeweilige Anzahl muß der Anzahl der elementaren Ein- und Ausgabedaten entsprechen. Ebenso müssen Sie die Anzahl der verborgenen Schichten und Neuronen bestimmen. Die Millionen-Dollar-Frage der heutigen Neuronale-Netzwerke-Industrie ist, wie viele verborgene Neuronen verwendet werden sollen. Es gibt keine Zauberformel, weil es zum großen Teil von der Komplexität der Aufgabenstellung abhängig ist. Eine Faustregel besagt, daß der Durchschnitt der Anzahl der Eingabeneuronen und der Anzahl der Ausgabeneuronen hergenommen werden sollte. Eine andere Regel ist, die kleinere Anzahl von beiden zu verwenden. Noch eine andere Technik besteht darin, mit einer willkürlich festgelegten, kleinen Anzahl verborgener Neuronen zu trainieren, z.B. 10, und sobald der Trainingsvorgang sich nicht mehr entwickelt, ein verborgenes Neuron hinzuzunehmen. Die Gefahr bei zu vielen verborgenen Neuronen ist, daß das Netzwerk alle Fakten erinnert, anstatt von ihnen aus zu generalisieren. Wenn das passiert, ist das Netzwerk zwar sehr gut trainiert, aber besteht Tests schlecht.

Die Erstellung des Netzwerkes mag auch die Spezifikation des Typs von Übertragungsfunktionen und ihren Bereich beinhalten, ebenso wie die Lernrate und den Glättungsfaktor (zur Übertragungsfunktion siehe Kapitel 4 und Anhang E). Die Lernrate bestimmt den Umfang der Verbesserungen bei falschen Ausgaben während des Trainings. Der Glättungsfaktor determiniert, bis zu welchem Ausmaß frühere Verbesserungen beachtet werden, wenn neue Verbesserungen durchgeführt werden. Die meisten Software-Pakete erlauben dem Benutzer, diese Variablen zu definieren und manche liefern Default-Werte für einige oder alle Variablen. Die Mathematik hierzu wird im Anhang C erklärt.

Trainieren, Testen und Betreiben

Ein neuronales Netzwerk trainieren bedeutet, eine Liste von Fakten dem Netzwerk wiederholt darzubieten. Jedesmal, wenn ein Faktum eingelesen wird, bildet das Netz zu dieser Eingabe eine Ausgabe, die dann mit dem Trainingsmuster, also der richtigen bzw. gewünschten Ausgabe, verglichen wird. Wenn sich eine Abweichung ergibt, werden die Verbindungsstärken des Netzes korrigiert, um den Betrag des Fehlers zu verkleinern. Dieser Vorgang wird für jedes Faktum wiederholt, bis das Netzwerk die Fakten gut genug beherrscht, um nützlich zu sein. Kommerzielle Software kann das Training beaufsichtigen, aber sie können auch selbst während des Trainingsprozesses mit dem Netzwerk interagieren und die Ergebnisse beeinflussen.

Um die Ausgabe auf jede der Trainingsfakten einschätzen zu können, brauchen Sie Kriterien zur Beurteilung der Ausgabegüte. Die meisten Software-Pakete erlauben Ihnen zu spezifizieren, wie nah die Ausgabe am Vorbild sein muß, um als richtig zu gelten. Sie brauchen nicht das Netzwerk zu trainieren bis jede einzelne Ausgabe perfekt ist, sondern bis die Ergebnisse innerhalb eines für Ihre Bedürfnisse angemessenen Bereiches (z.B. 90%) liegen: Da ein Netzwerk normalerweise besser im Training als beim Testen ist, werden Sie wahrscheinlich beim Training eine größere Genauigkeit anstreben, als Sie für das tatsächliche Betreiben brauchen.

Das Netzwerk mag ein Faktum richtig, das nächste aber falsch machen. Wenn es während des Trainings Fehler macht, können Veränderungen am Netzwerk zur Kompensation dieser Fehler mit der Fähigkeit, die richtige Antwort auf das frühere Faktum auszugeben, interferrieren – auch wenn das Netzwerk dieses Faktum zuerst richtig hatte. Dies bedeutet: Wenn Sie zu einem Faktum zurückgehen, das das Netzwerk bereits richtig gelernt hat, kann es passieren, daß das Netzwerk aufgrund der Justierungen anderer Fakten während des Trainings, dieses bereits gelernte Faktum jetzt wieder falsch macht. Darum muß das Training ein interaktiver Vorgang sein, bei welchem die Fakten immer wieder dem Netzwerk dargeboten werden, und zwar nacheinander, bis das Netzwerk alle bzw. einen annehmbaren Prozentsatz richtig macht.

Vielleicht fragen Sie sich, was passieren würde, wenn Sie das Netzwerk darauf trainierten, auf jedes einzelne Faktum mit 100%iger Genauigkeit zu antworten – statt den gesamten Faktensatz immer wieder zu trainieren. Wahrscheinlich würde der Lernalgorithmus versagen. Der Eingabesatz würde dem Netzwerk als Durcheinander unzusammenhängender Beispiel erscheinen, es würde nie die Gelegenheit bekommen, eine interne symbolische Repräsentation für das gesamte Problem zu formulieren. Vollständiges Training eines jeden Faktums hätte im Gegenteil die Wirkung, daß alle vorher gelernten Fakten vom Netzwerk nicht mehr beherrscht werden, daß sogar das Netzwerk völlig unfähig wird, mehr als ein Faktum zu lernen.

Jedesmal, wenn Sie dem Netzwerk Faktensätze darbieten, nimmt es eine Veränderung vor. Eventuell erreicht das Netzwerk während des Trainings den Punkt, an welchem es am besten generalisieren kann (d.h. es schneidet gut bei unbekannten Daten ab), jedoch noch nicht alle Trainingsfakten richtig macht. Weiter zu trainieren (d.h. weiterhin dem Netzwerk dieselben Trainingsfakten iterativ anzubieten), kann an diesem Punkt kontraproduktiv sein; am Ende mag das Netz zwar konvergieren, aber beim Betreiben zeigt es sich als nicht sehr gut. Aus diesem Grunde ist es günstig, regelmäßig während des Trainings das Netzwerk zu testen, um so die im Test am besten abschneidende Trainingsstufe herauszufinden.

Vorteilhaft ist es auch, die Fakten, bei welchen das Netzwerk Schwierigkeiten mit dem Lernen hat, zu überprüfen. Solche Fakten könnten zu Fakten desselben Trainingssatzes im Widerspruch stehen, sie könnten auch außerhalb des üblichen

Rahmens der Aufgabenstellung liegen. Nehmen Sie z.B. an, daß die dem Netzwerk vorgelegte Fakten eine Eingabe für den Intelligenzquotienten (I.Q.) enthalten, und daß jeder dieser Werte innerhalb des Bereiches zwischen 80 und 120 liegt, bis auf einen Wert, der bei 175 liegt. Sie würden wahrscheinlich dieses eine Faktum herausnehmen, da es einen Eingabewert außerhalb des typischen Bereiches enthält, wodurch das Netzwerk durcheinandergebracht werden könnte.

Wenn das Netzwerk Schwierigkeiten mit den letzten paar Fakten hat, neigen manche Leute dazu, verborgene Neuronen oder Schichten hinzuzufügen. Wenn diese schwierigen Fakten nichts zum Verstehen des Gesamtproblems beitragen, kann ein solches Vorgehen zu weiteren Schwierigkeiten führen; dasselbe passiert, wenn dann so viele verborgene Neuronen vorhanden sind, daß die Erinnerungsleistung des Netzes auf Kosten seiner Generalisierungsfähigkeit geht.

Das Netzwerk zu testen ist im wesentlichen dasselbe wie es zu trainieren, nur daß beim Testen das Netzwerk mit ihm völlig unbekannten Fakten konfrontiert wird, und daß dann bei Fehlern keine Verbesserungen vorgenommen werden. Bei guten Testergebnissen können Sie Ihr Netzwerk in Betrieb nehmen. Wenn die Ergebnisse nicht sehr gut sind, müssen Sie mehr oder bessere Daten heranziehen oder das Netzwerk neu entwerfen. Häufig sind die Kriterien zur Beurteilung der Richtigkeit der Ausgabe für den Test weniger streng als für das Training. Dies ist insbesondere bei klassifizierenden Netzwerken der Fall (d.h. der Ausgabewert ist „JA/NEIN" oder „AN/AUS"). Z.B. könnte jede Ausgabe, die in weniger als 40% der Fälle „JA" liefert als akzeptable „NEIN"-Antwort gelten.

Ein Netzwerk betreiben heißt, neue Eingabedaten darzubieten und die brauchbaren Ergebnisse zusammenzustellen. Im Gegensatz zum Testvorgang gibt es jetzt keine bekannten Ausgaben, nur bekannte Eingaben. Ein trainiertes Netzwerk laufen zu lassen, geht viel schneller, da ja die Ausgabewerte nicht eingeschätzt, beurteilt werden müssen, und auch keine Korrekturen vorgenommen werden müssen. Die meisten Software-Spezifikationen für die Geschwindigkeit werden in Verbindungen pro Sekunde (CPS) im Betriebsmodus angegeben. Da es gegenwärtig keine industriell festgelegten Normen zum Vergleich von Trainingsgeschwindigkeiten gibt, ist es schwer vorherzusagen, wie schnell ein bestimmter Netzwerkentwurf mit einer bestimmten Software trainiert ist – man muß es ausprobieren.

Wenn Sie das Netzwerk trainiert haben, rufen Sie es vielleicht aus einem anderen Programm – etwa einem Expertensystem – auf. Sie könnten auch das trainierte Netzwerk auf einen Chip laden, um es mit hoher Geschwindigkeit zu betreiben. Aufgrund der hohen Komplexität der Lernalgorithmen sind diese meist nicht auf den Netzwerke-Chips implementiert. Ein trainiertes neuronales Netzwerk (die Matrix der Verbindungsstärken) wird als geistiges Eigentum betrachtet und kann mit einem Copyright geschützt werden.

Es ist interessant zu beobachten, wie ein neuronales Netzwerk seine Antworten hervorbringt, vor allem wenn man bestimmte Vorurteile darüber hat, was die richtige Antwort zu sein hat, oder wenn man darauf angewiesen ist, eine Entscheidung zu erklären, die auf Antworten eines neuronalen Netzwerkes zurückgeht. Manche kommerziellen Software-Programme enthalten die Möglichkeit, das Netzwerk zu fragen, welche Faktoren für seine Entscheidung ausschlaggebend waren und aus welchem Grunde. Man kann auch die Wirkung einer geänderten Eingabe auf die Ausgaben beobachten.

Denken wie ein neuronales Netzwerk

Diese Überschrift mag Sie dazu veranlassen, sich zu wundern: „Ich dachte, neuronale Netzwerke imitieren mein Denken, nicht andersherum?!" Ein neuronales Netzwerk lernt anhand von Beispielen, so wie Sie es tun, es hat jedoch ein völlig anderes Zeitverständnis. Ebenso kann ein Netzwerk komplexe Zusammenhänge zwischen vielen Daten herausarbeiten, aber es versteht nichts von Mathematik. Sie könnten sogar behaupten, daß ein neuronales Netzwerk einen eigenen Kopf hat, denn es hat sehr bestimmte Meinungen und folgt keinen Regeln.

Zunächst etwas über die Art, wie ein neuronales Netzwerk Daten auffaßt. Es versteht Fakten, jedoch jeweils nur ein Faktum auf einmal. Ein Netzwerk kann nur zwischen unterschiedlichen Datenelementen innerhalb eines einzelnen Faktums Assoziationen bilden und nicht zwischen zwei verschiedenen Fakten. Wenn Sie dem Netzwerk Erfahrungsdaten darbieten, so sollte jedes Trainingsfaktum Eingabedaten enthalten, die verschiedene Zeitpunkte repräsentieren, sowie Ausgabedaten für die entsprechenden folgenden Zeitpunkte. Kapitel 9 zeigt ein Entwurfsbeispiel, das dieses Konzept deutlich macht.

In welcher Form kann eine Ausgabe, die undeutliche („fuzzy") Information enthält, für ein Netzwerk in eine Repräsentation gebracht werden (z.B. das Konzept für „Purpurrot")? Man könnte Eingabewerte für Rot, Gelb und Blau verwenden, und ihre Werte als 0,7 (Rot), 0 (Gelb) und 0,3 (Blau) spezifizieren. Rot und Blau ergeben Purpur, so daß man für Purpurrot sehr viel Rot benötigt. (70% oder 0,7), etwas Blau (30% oder 0,3) und kein Gelb. Wenn so vorgegangen wird, muß die Neuronenübertragungsfunktion kontinuierlich sein, so daß 0,3 nicht als „AUS" und 0,7 als „AN" angesehen wird.

Ein altes neuronales Netzwerk kann neue Tricks lernen, solange sie den alten ähnlich sind. Wenn mehr Daten zur Verfügung stehen, können Sie sie dem alten Trainingssatz hinzufügen und das Training fortsetzen. Wenn jedoch die neuen Fakten Werte enthalten, die über den ursprünglichen Bereich der Trainingswerte hinausgehen, müssen Sie das Netzwerk neu trainieren, sonst werden seine Vorhersagen falsch. Analog kann ein trainiertes Netzwerk keinen Wert ausgeben, der jenseits seiner Trainingserfahrung liegt.

Aus diesen Gründen ist es wichtig, im voraus über die Aufgabenstellung, nachzudenken. Wenn Sie glauben, daß sich die Werte mit der Zeit wesentlich ändern, dann sollten Sie lieber mit Differenzen oder Veränderungen statt mit Summen oder Absolutwerten arbeiten. Z.B. kann die Zahl, die den Durchschnittswert des Industrieindexes repräsentiert, in ferner Zukunft beträchtlich größer werden, aber wenn Sie die Veränderungen vorhersagen (z.B. eine Zunahme von drei Punkten an einem Tag), dann wird diese Vorhersage eher innerhalb des Bereiches des Trainingssatzes bleiben.

Es ist auch wichtig darüber nachzudenken, wie die Daten zusammenzustellen sind. Keine Zusammenstellung ist stets die perfekte; eine bestimmte Zusammenstellung kann sogar das Netzwerk irreführen. Wenn Sie Ihre Daten innerhalb aller Fakten auf irgendeine sinnvolle Weise anordnen, so bringen Sie dem Netzwerk bei, daß diese Anordnung wichtig ist. Wenn Sie z.B. die Information über die Gewinnermannschaft stets an den ersten Eingabepositionen plazieren, so bringen Sie dem Netzwerk fälschlicherweise bei, daß die Mannschaft der ersten Eingabe immer die Gewinnermannschaft ist. Wann immer Sie das Netzwerk laufen lassen, es wird Ihnen stets sagen, daß die erste Mannschaft gewinnen wird – gleichgültig bei welcher Eingabe.

Wenn Sie Daten haben, die jeden Wert innerhalb eines Bereiches (wie etwa zwischen 1 und 10) annehmen können, so wird jeder Wert vom Netzwerk als „mehr" oder „weniger", „besser" oder „schlechter" als andere Werte in diesem Bereich verstanden werden. Es gibt viele Situationen, in welchen dies nützlich ist. Der Wert 10 an einer Eingabe, die die Kreditwürdigkeit einer Person repräsentiert, wird z.B. vom Netzwerk als sehr viel „besser" angesehen werden als der Wert 1. In diesem Fall sind Werte zwischen 1 und 10 günstig. Solche Werte zur Repräsentation individueller Information heranzuziehen, verwirrt jedoch das Netzwerk. Die Werte zwischen 1 und 12 zur Darstellung der Monate zu verwenden, ist z.B. sinnlos, denn August (8) ist nicht „mehr" oder „besser" als Juli (7). In diesem Fall sollten Sie 12 unterschiedliche Eingaben, je eine für einen Monat, vornehmen, und keinen Wertebereich von 1 bis 12.

Was neuronale Netzwerke können und was nicht

Neuronale Netzwerke sind für ihre Fähigkeiten bei der Mustererkennung sehr bekannt. Wenn Sie etwas erkennen oder klassifizieren möchten, wird ein neuronales Netzwerk Ihnen das besser und schneller erledigen als eine Person. Ein neuronales Netzwerk kann auch dann schon etwas erkennen, wenn die Daten nur zum Teil vollständig sind. Neuronale Netzwerke werden verwendet, um Krebszellen nach Bildanalyse zu erkennen, Flugzeuge aufgrund von Radarwellen, Risse im Beton aufgrund von Schallwellen, die Art und das Geschlecht von Insekten nach der Flügelschlagfrequenz und vieles mehr.

Jedoch sind neuronale Netzwerke nicht eben für ihre Genauigkeit bekannt. Auf die Frage, wieviel 2,01 und 2,02 ergibt, wird das Netzwerk mit „ungefähr 4" antworten. Wenn Sie einen Wert sehr genau ausrechnen müssen, wie z.B. die exakten x-y-Koordinaten, die ein Plotter benötigt, um eine technische Zeichnung auszugeben, so ist ein neuronales Netzwerk nicht die beste Wahl.

Wenn Präzision nicht so wichtig ist wie Geschwindigkeit, kann ein neuronales Netzwerk das richtige Instrument sein. Es kann z.B. für einen Roboterarm wichtiger sein, schnell in eine ungefähre Position gefahren zu werden als langsam in die exakte Position. Ein neuronales Netzwerk kann sehr viel schneller laufen, wenn es in der Hardware statt in der Software implementiert ist. Der Chip 80170 ETANN von Intel bietet eine Schnittstelle sowohl für digitale als auch analoge Signale. Mit diesem Chip kann ein vollständiges Netzwerk innerhalb von drei Mikrosekunden einmal ausgewertet werden.

Wenn Sie bei einem gegebenen Prozeß wissen, welche Bestandteile enthalten sind, nicht aber die genauen Formeln kennen, so kann ein neuronales Netzwerk die Beziehungen der Anteile für Sie herausarbeiten. Z.B. haben Sie Daten des Herstellungsprozesses, sensorische Daten und eine Liste von Problemen, die während des Produkttestes aufgetaucht sind. Wenn Sie sich die Kontrollparameter merken und eine Stichprobe von Testdaten, kann Ihnen das Netzwerk helfen, ein besseres Produkt herzustellen. Sie erfahren, was mit der schlechten Probe passierte, die gerade fertig vom Fließband kommt. Im Gegensatz zu einem regelbasierten Programm kann ein neuronales Netzwerk sogar bis zu einem bestimmten Grad extrapolieren. Wenn Sie es mit den Beispielen zweier Kontrollstellen, die kaputtgegangen sind (jede aus einem anderen Grund), trainieren, und ein Produkt kommt vom Fließband, das durch drei kaputtgegangene Kontrollstellen verursacht wurde, so wird ein neuronales Netzwerk meistens alle drei identifizieren. Ein regelbasiertes System könnte das nie.

Ein weiterer Vorteil neuronaler Netzwerke gegenüber den regelbasierten Programmen ist, daß Sie bei Änderung des von Ihnen beobachteten Prozesses lediglich neue Beispiele sammeln und nochmals trainieren müssen. Dies kann wesentlich einfacher sein, als neue Formeln zu bestimmen und Regeln oder Programme neu zu schreiben.

Leute wundern sich oft, wie schlau neuronale Netzwerke werden können. Im Bild 8.2 sehen Sie die Komplexität und Verarbeitungsgeschwindigkeit gegenwärtig erhältlicher Technologie im Vergleich zu verschiedenen Lebewesen. Auf der senkrechten Achse ist die Anzahl der Neuronen und auf der waagerechten Achse die

Berechnungsgeschwindigkeit in Verbindungen pro Sekunde jeweils logarithmisch aufgetragen. In der untersten linken Ecke ist ein Wurm eingezeichnet, in der obersten rechten Ecke ein Mensch. Neuronale Netzwerkprogramme, die Gleitpunkt-Arithmetik und keine spezielle Hardware verwenden, haben ungefähr die Leistung eines Wurms. Das Programm BrainMaker von California Scientific Software (das Ganzzahl-Arithmetik verwendet) ist halb so gut wie eine Küchenschabe die jüngste Entwicklung in der Chip-Technologie (Intels 80170) hat ungefähr die Berechnungsgeschwindigkeit einer Küchenschabe, aber ein einzelner Chip weist lediglich die Kapazität eines Wurms auf.

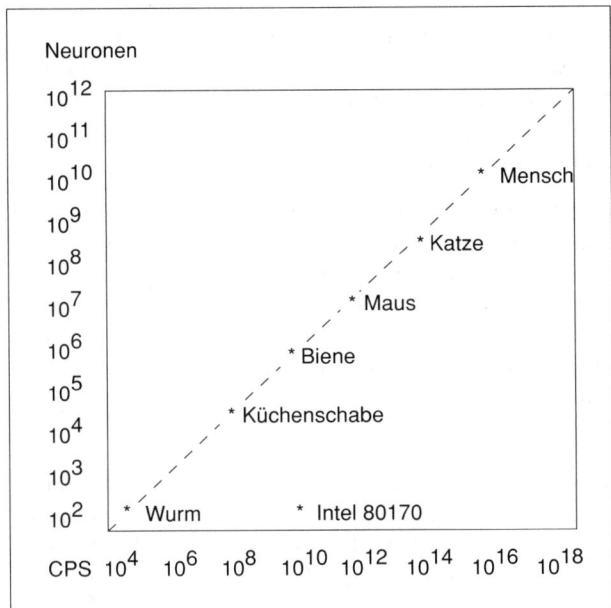

Bild 8.2: Anzahl der Neuronen versus Verbindungen pro Sekunde

Unter der Annahme, daß die Leistung neuronaler Netzwerke sich jedes dritte Jahr verdoppelt, wie das für die Leistungen von Speichern und Mikroprozessoren der Fall ist, sind wir ungefähr 120 Jahre von den elektronischen Geräten entfernt, die über dieselbe Kapazität und Verarbeitungsleistung verfügen wie eine Person.

Bibliographische Hinweise

(1):   AHMAD, S. und TESAURO, G.: Scaling and Generalization in Neural Networks: A Case Study. In: D. Touretzky (Hrsg.): Advances in Neural Information Processing Systems, Vol.1, San Mateo, California, Morgan Kaufman Publishers, 1989.

(2):   SKLANSKY, J. und WASSEL, G.N.: Pattern Classifiers and Trainable Machines. Berlin, New York, Springer-Verlag, 1981.

KAPITEL 9

Erstellen des Netzwerkes

Einführung

Unabhängig davon, welche Architektur, Übertragungsfunktion und welchen Lernalgorithmus Sie wählen, der grundsätzliche Ansatz, ein Problem mit einem neuronalen Netzwerk zu lösen, bleibt derselbe: Der Schlüssel liegt im Verständnis des Problems selbst, die Gestaltung des neuronalen Netzes ergibt sich dann auf natürliche Weise. Ein Netzwerk wird in der Terminologie der Sachverhalte beschrieben, die es verarbeiten soll.

So schwer es Ihnen auch fallen mag, versuchen Sie nicht, darüber nachzudenken, wie Sie selbst das Problem lösen würden. Neuronale Netze lernen nicht nach einer Abfolge von Anweisungen oder Regeln, wie sie in einem Kochbuch stehen. Es gibt keine Prozeduren (algorithmischen Formulierungen), nur Information pur. Wenn Sie Erfahrung im Umgang mit Computern haben, fällt es Ihnen vielleicht schwer, so zu denken, also fassen Sie es erst gar nicht als Programmierung auf.

Wie im vorigen Kapitel diskutiert, bilden neuronale Netzwerke Assoziationen aufgrund vieler Faktensätze oder Beispiele von Ein- und Ausgabepaaren. Der verzwickteste Teil des Entwurfs ist, herauszufinden, in welcher Form man die Daten präsentieren muß; es gibt fast immer verschiedene Möglichkeiten. Z.B. wenn Sie ein Netzwerk zur Voraussage des Gewinners eines Pferderennens entwerfen wollen, sollten Sie die Daten aller Pferde eines Rennens darbieten. Eine andere Möglichkeit ist, die Daten aller Rennen für zwei Pferde einzugeben. Diese zweite Konfiguration hat sich in der Tat als der ersten überlegen erwiesen. Allgemein ist die beste Konfiguration diejenige, die durch Versuch bestimmt wird, d.h. indem man Netzwerke mit verschiedenen Konfigurationen entwirft und entscheidet, welche die besten Ergebnisse liefern.

Drei Entwürfe neuronaler Netzwerke werden in diesem Kapitel vorgestellt: ein Entwurf zur Instrumentenüberwachung eines Flugzeuges, einen zur Gewinnvorhersage bei Footballspielen und einen für eine Finanzprognose. Jeder Entwurf verwendet eine etwas andere Methode der Informationsdarbietung. Diese Beispiele wurden ausgewählt, damit Sie verstehen, wie neuronale Netzwerke Aufgaben allgemein lösen und wie Sie Ihre Daten dem Netzwerk darbieten könnten.

Auf die Daten kommt es an

Am besten ist es, wenn Sie sich so viele verschiedene Darstellungsmöglichkeiten für die zu bearbeitenden Informationen wie möglich ausdenken. Manche Darstellungsweisen lernt ein Netz leichter als andere.

Es ist hilfreich, die Daten auf unterschiedlichste Arten zu betrachten. Obwohl es Ihnen persönlich nicht „natürlich" erscheinen mag, sich Ihre Informationen auf eine bestimmte Weise vorzustellen, könnte dies für das Neuronennetz die natürlichste Art und Weise sein, mit dieser Information umzugehen. Verschiedene Sichtweisen bringen die unterschiedlichen Repräsentationsformen Ihrer Daten zum Ausdruck.

Die Beschreibung einer Aufgabenstellung ist leicht, wenn die betreffenden Informationen sich eindeutig in Kategorien unterteilen lassen. Eine solche Zusammenstellung ist die Kategorie der Tiere, der Pflanzen, der Mineralien. Dieser Datentyp wird nicht-verteilt genannt und wird weiter unten detaillierter behandelt. Bei der Arbeit mit solchen Mengen wird einer Qualität nur ein Neuron zugeordnet, die Daten sind dann entweder „wahr" oder „falsch" (1 oder 0) für jedes Neuron.

Oft ist die Entscheidung nicht so einfach. Anwendungen können mit einem Bereich von Qualitäten oder mit Kombinationen verschiedenartiger Daten zu tun haben. Ein Bereich könnte zum Beispiel die Temperatur von Nahrungsmitteln sein, wobei der Wert als irgend etwas zwischen −1 (gefroren) und +1 (kochend heiß) dargestellt wird.

Eine andere Möglichkeit besteht darin, ein Informationsdetail durch die Kombination verschiedener Qualitäten darzustellen. Eine derartige Darstellung verringert die Anzahl der benötigten Eingabe- (oder Ausgabe-)Neuronen. Diese Darstellungsweise wird bei verteilten Daten verwendet, die weiter unten definiert werden.

Verteilte und nicht-verteilte Daten

Sowohl die Eingangs- wie die Ausgangsdaten können als lokale oder globale Information angelegt werden. Nicht-verteilte oder lokale Daten werden auch als orthogonal oder rechtwinklig bezeichnet, hier repräsentiert jedes Neuron 100% eines einzelnen Faktums. Z.B. wird in einem Netzwerk zur Haustier-Repräsentation jede Tiergruppe (Hunde, Katzen, Fische, Vögel usw. für alle möglichen Haustier-Kategorien) durch ihr eigenes Neuron repräsentiert. Die Klassen dürfen einander nicht überlappen und müssen zusammen den gesamten Eingabebereich abdecken, so daß jede Haustierart durch genau ein Neuron identifiziert werden kann. Bei der Verwendung nicht-verteilter Information ist ein wichtiger Gesichtspunkt, daß das Netzwerk nur eine begrenzte Anzahl einzelner Muster speichern kann.

Information wird global oder verteilt genannt, wenn die Speicherung der Qualitäten, die ein eindeutiges Muster definieren, über viele Neuronen verstreut sind. In unserem Haustier-Netzwerk könnten wir Neuronen für kleine, mittlere, große, wilde, pelzlose, vierbeinige, geflügelte etc. Tiere haben. Jedes besondere Haustier würde als Kombination dieser Eigenschaften beschrieben werden. Eine größere Anzahl Haustiere kann mit weniger Eingabewerten beschrieben werden. Auf ähnliche Weise kann ein purpurfarbenes Objekt als halb rot und halb blau aufgefaßt werden. Die beiden Neuronen, die der blauen und roten Farbkomponente zugeordnet sind, können gemeinsam den Begriff Purpur festlegen, so daß man kein drittes Neuron für Purpur benötigt.

Häufig kann eine Netzwerkanwendung sowohl mit verteilter als auch lokaler Information umgesetzt werden, beispielsweise wurden Netzwerke, die geschriebenen Text in Sprache umsetzen, auf beide Weisen realisiert. Das Konzept der verteilten Information wurde von Sejnowski und Rosenberg in ihrem ursprünglichen NetTalk verwendet. Das Netzwerk schaltet mehrere Ausgangsneuronen auf „Ein", um ein einzelnes Phonem zu beschreiben. Phoneme werden durch die Positionen klassifiziert, die von der Zunge, den Lippen und dem Kehlkopf im menschlichen Sprechapparat beim Aussprechen eingenommen werden. Zum Beispiel wird das Phonem /o/ wie in „Rose" als tief/hinten (Zungenlage), gerundet (Lippenstellung) und gespannt (Stimmlippen) beschrieben. Um diesen Klang darzustellen, werden drei Ausgangsneuronen eingeschaltet, wobei die Ausgangsschicht des Netzes aus Neuronen besteht, von denen jedes genau eines dieser Merkmale repräsentiert.

Bei der Herangehensweise an dasselbe Problem mit lokalen Ausgabewerten enthält die Ausgabe des Netzes 50 Phoneme. 50 Ausgangsneuronen werden eingesetzt, je eines für jedes Phonem. Da man nur einen Laut auf einmal produzieren kann, wird das Netzwerk darauf trainiert, jeweils nur eines der 50 Ausgangsphoneme aktiv zu halten.

Ein Problem gegenüber dem ursprünglich veröffentlichten Ansatz besteht darin, daß die Netzausgabe zweimal übersetzt werden muß: Zunächst von den Neuronenaktivierungen in verteilt repräsentierte Qualitäten, wie z. B. labial und glottal, und dann noch einmal in die eigentlichen nicht-verteilt definierten Phoneme.

Netze mit verteilt dargestellter Information haben auch ein paar Vorteile, da sie sowohl in der Ausgabeschicht wie auch in den Zwischenschichten weniger Neuronen und Verbindungen enthalten, und daher weniger Rechenvorgänge benötigen und schneller arbeiten. Je weniger Ausgänge man außerdem hat, desto einfacher ist es, das Netzwerk darauf zu trainieren, alle Ausgaben richtig zu machen. Es ist einfacher, drei Ausgaben als fünfzig richtig zu machen, auch wenn sie sonst gleich sind.

Zusammenstellen eines Trainingssatzes

Angesichts der Vielzahl von möglichen Informationen, die dem Netz eingegeben werden könnten, stellt sich die Frage, was wesentlich und was unwesentlich ist. Lassen Sie nicht leichtfertig Informationen weg, die Ihnen unwesentlich erscheinen. Oft entdecken neuronale Netze Zusammenhänge, deren Existenz Sie niemals vermuten würden. Um herauszufinden, was wichtig ist, könnten Sie den Versuch machen, Ihr Netzwerk mit allen verfügbaren Informationen zu trainieren und ein zweites Netz mit dem nach Ihrer Auffassung absoluten Minimum an Tatsachen, um zu sehen, welches der beiden Netze besser funktioniert.

Es kann vergnüglich sein, herauszufinden, welche Sachverhalte wirklich eine Rolle spielen. Manche Information kann sich für das Netz als redundant erweisen. Nehmen wir das Beispiel eines Netzes, das zu entscheiden hilft, ob jemand einen Privatkredit erhalten soll. Dabei könnten Sie feststellen, daß sowohl die Anzahl der Jahre, die jemand als Angestellter gearbeitet hat, wie auch die Zeit, in der er sich als kreditwürdig erwiesen hat, vergleichbaren Einfluß auf die Entscheidung des Netzes haben. Es ist wichtig, dem Netzwerk viele Beispiele mit unterschiedlichen Ausgaben darzubieten. Soll das Netzwerk eine Bewertung durchführen, müssen ihm sowohl „gute" als auch „schlechte" Eingangsmuster dargeboten werden. Wenn ein Netzwerk z.B. den Ausgang eines chirurgischen Eingriffs bestimmen soll, muß es eine genügende Anzahl von Fällen mit Komplikationen und Fehlern, ebenso wie erfolgreiche Operationen kennenlernen. Sonst lernt das Netzwerk aufgrund seiner Trainingsbeispiele, daß alle Operationen stets gut ausgehen.

Prüfung der Fehlerlosigkeit

Die beste Weise zur Bestimmung der Wirksamkeit Ihres neuronalen Netzwerkes besteht im Testen mit bekannten Ein- und Ausgaben. Wie aber wird die Fehlerlosigkeit der Netzwerkausgabe bestimmt, wenn das Netzwerk wirklich läuft, ohne das Sicherheitsnetz ausgewählter Daten?

Neuronale Netze geben immer eine Antwort, wie wenig sie auch wissen mögen. Ein Netzwerk, das nur mit dem Spiel Raiders gegen Rams trainiert wurde, wird voller Stolz Voraussagen über ein Spiel Packers gegen Bears machen, obwohl es absolut nichts über diese Teams weiß. Neuronale Netzwerke können manchmal angeben, wieviel sie von einem Problem verstehen, wenn Sie diese Fähigkeit dem Entwurf beigeben.

Eine Möglichkeit, die Sicherheit des Netzes zu prüfen, besteht darin, verschiedene Ausgaben zu haben, die dasselbe in leicht abgewandelter Weise repräsentieren. Z.B. könnte eine Ausgabe darstellen, ob eine Mannschaft gewinnen wird und eine andere

Ausgabe, ob die gegnerische Mannschaft gewinnen wird. Wenn das Netzwerk un-sicher ist, wer gewinnen wird, wird es widersprüchliche Informationen ausgeben. Ähnlich ist es bei einem Netzwerk, das Gesichter identifizieren soll: Ein Ausgang könnte darstellen, ob eine bestimmte Person auf einem Bild anwesend ist, während andere Ausgänge den Standort dieser Person auf dem Bild identifizieren. Gibt der erste Ausgang an, daß die Person nicht auf dem Bild zu finden ist, während ein anderer Ausgang die Person in der rechten oberen Ecke lokalisiert, haben Sie allen Grund anzunehmen, daß das Netzwerk durcheinander ist.

Eine ähnliche Weise der Bestimmung der Sicherheit des Netzes besteht in der Ver-wendung polar-gegensätzlicher Ausgaben. Nach dem Training sollte das Netzwerk für diese beiden Ausgaben gegensätzliche Ziffern ausgeben. Wenn dies nicht geschieht, so weiß das Netzwerk die Antwort nicht. Sie können auch mehrere, leicht voneinander verschiedene Netzwerke trainieren und prüfen, ob alle dieselben Ergebnisse liefern.

Interpretation der Daten

Wenn das Neuron sagt: die Antwort lautet „0,372", was meint es damit? Wenn die Ausgabe des Netzwerkes in Gestalt eines Hauspreises in Millionen dargestellt wird, ist natürlich keine Interpretation notwendig. Wenn die Ausgabe eine Wahrschein-lichkeit darstellt, wie z.B. die von Komplikationen für eine vorgeschlagene Ope-ration, dann ist diese Wahrscheinlichkeit umso größer je größer die Ausgabeziffer ist. Für einige Ausgaben ist jedoch eine eigene Interpretation notwendig. Nehmen Sie z.B. an, daß ein Netzwerk einem bestimmten Pferd die Chance von 0,7 gibt, ein Rennen zu gewinnen. Eine Person oder ein Programm müßte entscheiden, ob diese Ausgabe gut genug ist, um auf das Pferd zu wetten. Ist die Ausgabe ein verteiltes Muster, muß es, bevor es verwendet werden kann, interpretiert werden.

Damit die Ausgaben eines Netzwerkes Bedeutung gewinnen, ist es wichtig, den Wertebereich realistisch zu definieren. Um z.B. den Verkaufswert eines Hauses dar-zustellen, braucht man den Wert 0 nicht. Sie sollten das Minimum, das Maximum und typische Werte für das jeweilige Problem bestimmen und genau prüfen, was sie bedeuten.

Sind die einzig erlaubten Ausgabewerte 0 und 1, dann muß die Bedeutung jedes Wertes für diejenigen, die die Daten eingeben oder die Ergebnisse lesen, entschlüs-selt werden. Wenn das Netzwerk z.B. ein „gutes" oder „schlechtes" Ergebnis ausgibt, muß festgelegt werden, daß 1 „gut" und 0 „schlecht" bedeutet – oder umgekehrt. Ähnlich verhält es sich für einen Bereich von Werten: Sie müssen festlegen, ob die hohen Ziffern „besser" oder „schlechter" sind als die niedrigen, Sie müssen also ent-scheiden, was das obere und was das untere Ende des Bereichs darstellen soll.

Während Sie manchmal die numerische Ausgabe des Netzwerkes in einen anderen Datentypus übersetzen müssen, z.B. in Bilder oder Symbole, ist oft eine natürliche Antwort, die Sie wünschen, eine Zahl. Wenn Sie etwa ein bewertendes Netzwerk verwenden, kann die Bewertung als „gut" oder „schlecht" (ausgedrückt durch 0 oder 1) in der Ausgabe erscheinen, oder sie kann die Voraussage der Wahrscheinlichkeit sein, mit der ein bestimmtes Ereignis eintreten wird, in letzterem Fall besteht sie aus einem gewissen kontinuierlichen Wertebereich. Ein Netz, das darauf trainiert wurde, die Exklusiv-ODER-Funktion zweier logischer Eingangswerte auszuführen (entweder/oder), wird einen numerischen Wert von 1 ausgeben, wenn die beiden binären Eingänge verschieden sind, und einen Ausgangswert von 0, wenn die Eingänge gleich sind – vorausgesetzt, daß die Ausgänge so definiert wurden.

Anwendungsbeispiele für neuronale Netzwerke

In diesem Teil des Kapitels werden wir für verschiedene Anwendungsbeispiele Schritt für Schritt neuronale Netze entwerfen. Neuronale Netzwerke können mit den folgenden fünf Schritten vorbereitet werden:

1. Definition der Aufgabenstellung; auswählen der Netzwerkeingaben und festlegen, worin die erzeugten Ausgaben bestehen sollen.
2. Entscheiden, wie die Information dargestellt werden soll und zusammenstellen dieser Information.
3. Das Netzwerk definieren. Sind die ersten beiden Schritte vollzogen, ergibt sich dieser dritte Schritt fast von selbst.
4. Trainieren des Netzwerkes.
5. Testen des trainierten Netzwerkes, indem neue Eingaben dargeboten werden und die Ausgaben mit der Wirklichkeit verglichen werden.

Beispiel 1: Instrumentenüberwachung eines Privatflugzeugs

Schritt 1 – Definition der Aufgabenstellung

Wir wollen ein Netzwerk entwerfen, das die Anzeigen bestimmter Instrumente überwacht und dem Piloten mitteilt, ob ein kleines zweimotoriges Privatflugzeug sich in flugbereitem Zustand befindet. Das Netz wird dem Piloten keine Einzelheiten mitteilen, es warnt ihn lediglich, wenn irgendwelche Umstände den Flug gefährden könnten. Der Pilot muß daher nicht ständig jedes einzelne Instrument beobachten, um festzustellen, ob alles in Ordnung ist.

Da das Ziel lediglich darin besteht, die Aufmerksamkeit des Piloten auf mögliche Probleme zu lenken, soll ein Bereich von Ausgabewerten in ein einfaches Warnsystem übersetzt werden, das dem Piloten mitteilt, ob das Flugzeug startbereit ist oder nicht. Das Ziel ist nicht, dem Piloten zu sagen, daß das Netzwerk der Meinung ist, daß das Flugzeug mit einer 89%igen Chance fliegen wird. Der leiseste Zweifel sollte zu einer Warnung an den Piloten führen.

Schritt 2 – Darstellung der Information

Zur Übung wollen wir festlegen, daß unsere Ausgabe in einem einfachen „gut/schlecht"-Ergebnis bestehen wird. Wir spezifizieren „schlecht" als Wert 0 (die Flugtüchtigkeit ist in Frage gestellt) und „gut" als Wert 1 (das Flugzeug ist flugtüchtig). Wir werden das Netzwerk mit Beispielen trainieren, bei welchen die Ausgaben sowohl „gut" (1) als auch „schlecht" (0) sind. Nachdem das Netzwerk trainiert ist, wird es eine Zahl zwischen 0 und 1 angeben, entsprechend der ausgewählten Übertragungsfunktion. Unter der Annahme, daß dieses Netzwerk einen Bereich von Zahlen ausgibt, muß die Ausgabe sorgfältig von einer Person, einem Instrument oder einem anderen Programm geprüft und in ein einfaches Warnsystem übersetzt werden. Für unsere Zwecke nehmen wir an, daß alles über 0,95 ein gutes Zeichen dafür ist, daß die Maschine flugtüchtig ist. Wenn nötig, können wir die Zahl später ändern. Ein Ausgangspunkt unter 0,5 kann ein rotes Licht aufleuchten lassen, um darauf hinzuweisen, daß es Probleme gibt. Jeder Wert zwischen 0,5 und 0,95 könnte ein gelbes Licht aufleuchten lassen. Die Darstellung der von den Instrumenten gelieferten Daten ergibt sich ebenfalls sehr einfach. Nehmen wir an, das Netz erhält alle Instrumentenanzeigen in Zahlenform. Wir müssen ermitteln, welches die zulässigen Werte für jedes Instrument sind, und welche typischen Werte während verschiedener Phasen eines Fluges der Dauer von mindestens einer Stunde auftreten. Hier sind einige hypothetische Zahlenangaben:

	Wert	Bereich	Start	Flug	Landung
1	Fahrwerk	ein/aus	aus	ein	aus
2	Kraftst. (gal)	0-80	>13 gal	>12 gal	>4 gal
3	Triebwerk 1 (U/min)	0-5000	500-1000	500-1500	1000-2600
4	Triebwerk 2 (U/min)	0-5000	500-1000	500-1500	1000-2600
5	Triebw 1 Temp (F)	-35-200	50-150	100-200	1-200
6	Triebw 2 Temp (F)	-35-200	50-150	100-200	1-200
7	Steig/Sinkg (f/min)	0-2500	750-1500	0-800	500-1000
8	Landeklappe 1	ein/aus	ein	ein	aus
9	Landeklappe 2	ein/aus	ein	ein	aus
10	Unterdruck (psi)	0-10	4-6	4-6	4-6

Nun müssen wir die Daten normalisieren oder die von den Instrumenten gelieferten Werte in Zahlen umsetzen, die das Netz verarbeiten kann. Jedes Netzwerk hat seinen eigenen natürlichen Bereich; für unser Netzwerk wollen wir einen Bereich zwischen 0 und 1 annehmen. Beim Fahrwerk können wir bestimmen, daß 1 eingefahren und 0 ausgefahren bedeutet. Die Kraftstoffanzeige wird von 0-80 Gallonen durch Division mit 80 in den Bereich 0-1 umgesetzt. Die Triebwerkstemperatur, die im unteren Bereich negativ ist, muß verschoben werden, bevor sie dividiert werden kann; wir wollen eine tatsächliche Temperatur von -35 Grad Fahrenheit als 0 abbilden und 200 Grad als 1. Wir addieren 35 zu dem tatsächlichen Wert, so daß niedrigstmögliche normalisierte Wert 0 ist, und dividieren dann durch 235; der höchstmögliche Wert ist also 1.

Um die Genauigkeit des Netzwerkes zu erhöhen, sollte jeder Bereich so schmal wie möglich gemacht werden, aber trotzdem noch realistische Werte darstellen. Obwohl die Steig- bzw. Sinkgeschwindigkeit deutlich über 2500 Fuß pro Minute betragen kann (und das Instrument dies auch anzuzeigen vermag), würde eine solche Geschwindigkeit sehr wahrscheinlich bedeuten, daß das Flugzeug außer Kontrolle geraten ist. Deshalb wurde die Vertikalgeschwindigkeit auf einen sinnvollen Bereich eingeschränkt, so daß geringe Veränderungen, die um die Normalgeschwindigkeit herum stattfinden, nicht bedeutungslos klein im Vergleich zu großen, meist unrealistischen Zahlen wirken. Wenn wir den Bereich zwischen 0 und 5000 wählen, stellt eine Veränderung von 800 auf 900 f/min nur 2% des Bereichs dar – keine bedeutungsvolle Veränderung für Neuronen. Wenn wir jedoch den Bereich zwischen 0 und 2500 verwenden, erscheint die Differenz zwischen 800 und 900 größer: sie stellt 4% des Bereichs dar. Dieser Vorgang der Bereichseinschränkung ist auch für die Darstellung der Ausgabewerte wichtig, denn man kann durch die Wahl eines zu weiten Bereichs auch Genauigkeit einbüßen.

Es gibt normalerweise mehrere Weisen der Datenrepräsentation. Auf dieser Stufe ist es die Mühe wert, sorgfältig zu überlegen, ob das Problem auf die bestmögliche Art strukturiert wurde. In diesem Beispiel könnten wir die Anzahl der Ausgaben variieren, Instrumentenanzeigen hinzufügen, die Eingaben in einem anderen Format darbieten usw. Jede Veränderung der Definition nach dem Training würde bedeuten, das Netz von vorne trainieren zu müssen. Ideal wäre natürlich, mehrere unterschiedliche Netzwerke zu entwerfen und sie gegeneinander auszutesten.

Schritt 3 – Definition des Netzwerkes

Das Netzwerk zu definieren bedeutet, die Anzahl der Ein- und der Ausgabeneuronen, der verborgenen Neuronen und der verborgenen Schichten festzulegen. Diese Definition ergibt sich aus der Wahl der Ein- und Ausgaben. Im vorliegenden

Fall brauchen wir zehn Eingabeneuronen, je eins für jede Eingabeinformation, und ein Neuron für den „gut/schlecht" Ausgangswert. Wir beginnen mit fünf verborgenen Neuronenschichten, ungefähr der Hälfte der Summe der Ein- und Ausgabeneuronen.

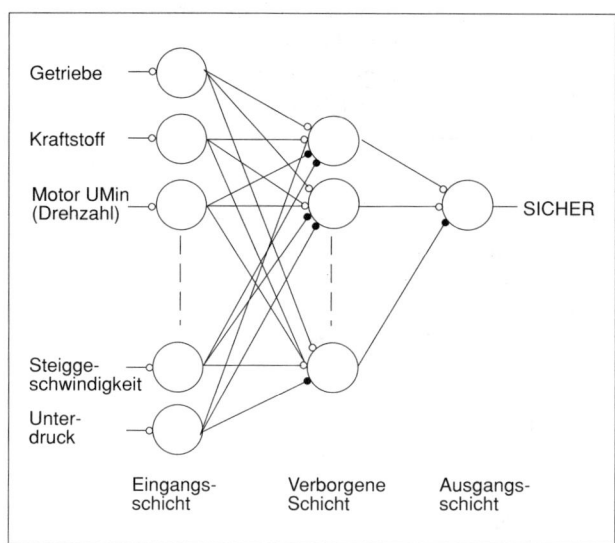

Bild 9.1: Netzwerk zur Flugzeugüberwachung

Schritt 4 – Trainieren des Netzwerkes

Nun sind wir so weit, einige Trainingsdaten zusammenzustellen und sie dem Netzwerk anzubieten. Wir wollen jedem der Instrumente Anzeigewerte zuordnen, die von einem Eingangsneuron gelesen werden und die verschiedenen Muster bilden, die unser Pilot beurteilen soll. Für unsere Zwecke sollen die Muster rein hypothetisch sein. In einer wirklichen Trainingssituation müßte man soviel realistische Daten wie möglich zusammenstellen, so daß Eingaben wie die Drehzahl des Motors und die Triebwerkstemperaturen im richtigen Verhältnis zueinander und zum korrekten Ausgabewert stehen. Schließlich benötigen wir Muster, die einige typische Werte in den oben festgelegten Grenzen darstellen sowie einige offenkundig gefährliche Situationen. Zur Illustration verwenden wir den Wertebereich, der in der oben in Schritt 2 angeführten Tabelle dargestellt ist; die spezifischen Bereiche für den Start und andere Phasen des Fluges können auf ähnliche Weise dargestellt werden.

Eingabe:

Information		Darstellung
Neuron 1	Fahrwerk	ein-/ausgefahren
Neuron 2	Kraftstoff	Gallonen 0 bis 80
Neuron 3	Triebwerk 1	U/min 0 bis 5000
Neuron 4	Triebwerk 1	Temp. -35 bis 200 F
Neuron 5	Triebwerk 2	U/min 0 bis 5000

Information		Darstellung
Neuron 6	Triebwerk 2	Temp. -35 bis 200 F
Neuron 7	Steig-/Sinkgeschw.	0 bis 2500 Fuß/min
Neuron 8	Landeklappen 1	ein-/ausgefahren
Neuron 9	Landeklappen 2	ein-/ausgefahren
Neuron 10	Unterdruck	0 bis 10 psi

Muster 1

Neuron	tatsächlich	renormalisiert
1	ausgefahren	0,000
2	25	0,313
3	1000	0,200
4	150	0,788
5	1300	0,260
6	156	0,813
7	800	0,320
8	eingefahren	1,000
9	eingefahren	1,000
10	3	0,300

Muster 2

Neuron	tatsächlich	renormalisiert
1	eingefahren	1,000
2	12	0,150
3	1700	0,340
4	150	0,788
5	1750	0,350
6	103	0,587
7	20	0,008
8	eingefahren	1,000
9	eingefahren	1,000
10	4	0,400

Muster 3

Neuron	tatsächlich	renormalisiert
1	eingefahren	1,000
2	2	0,025
3	1500	0,300
4	150	0,788
5	1430	0,286
6	156	0,813
7	20	0,008
8	eingefahren	1,000
9	eingefahren	1,000
10	5	0,500

Die Muster 1 und 2 sind nach Einschätzung unseres Piloten in Ordnung, das dritte Muster ist jedoch schlecht (das Flugzeug hat sehr wenig Treibstoff). Wir teilen dem Netz also mit, daß die Ausgaben für die ersten beiden Muster 1 und für das dritte 0 sein sollten. Wir werden natürlich wesentlich mehr als drei Trainingsmuster benötigen, um dieses Netzwerk zu trainieren, es sollten zahlreiche Beispiele mit typischen Werten vorhanden sein. Die Beispiele gefährlicher Situationen müssen mindestens Muster für jeden der Fälle, in denen nur ein Instrument bedenkliche Werte liefert, enthalten. Beispiele, in welchen die Instrumente als Kombinationen ein unerwünschtes Ergebnis liefern, obwohl jedes einzelne Instrument durchaus akzeptable Werte aufweist, sollten ebenso dargeboten werden. Man könnte Daten von einer Vielzahl erfolgreich verlaufener Flüge aufzeichnen und diese für das Training verwenden. Verschiedene Phasen des Startens, Fliegens, Landens sollten auch dargestellt werden. Werte, die in einer Flugphase in Ordnung sind, können in einer anderen Phase unannehmbar sein.

Schritt 5 – Testen des Netzwerkes

Es gibt verschiedene Testmöglichkeiten. So könnten wir dem Netzwerk zufallsgenerierte Instrumentenanzeigen einspeisen und seine Antwort beobachten, wir könnten die Daten einiger realer Flüge eingeben und sehen, wie es sich dabei in seinem Urteil bewährt, oder wir könnten einige der Trainingsmuster aufsparen und das Netz damit testen. Das heißt, daß wir beim Erstellen des Trainingssatzes einen bestimmten Prozentsatz der Daten zurücklegen, z.B. 5% oder 10%.

Nachdem wir das Netz mit den verbleibenden 90-95% der Daten trainiert haben, können wir es mit den zurückgelegten Fakten testen, um seine Leistung einzuschätzen. Wenn das Netz bei diesem Test versagt, müssen wir mehr Daten für das

Training sammeln. Wenn es ihn aber besteht, sollten härtere Tests folgen. Das Ausmaß der Tests hängt davon ab, wie das Netz schließlich eingesetzt werden soll. Ein neuronales Netz, das den Zustand eines Flugzeugs bewertet, ist teilweise für das Leben der Passagiere verantwortlich; entsprechend lang und sorgfältig muß es getestet werden.

Beispiel 2: Gewinnvoraussagen bei Football-Spielen

Schritt 1 – Definition der Aufgabenstellung

Wir wollen ein Netzwerk entwerfen, das den Gewinner eines Football-Spiels aufgrund des Abschneidens der Mannschaften im bisherigen Verlauf der Saison vorhersagt.

Beim Training des Nertzwerkes bestehen die Eingabemuster aus den Statistiken vergangener Spiele sowohl der Heim- als auch der Gastmannschaft, die Ausgabemuster aus der Punkteverteilung und den Gewinn-/Verlustvorhersagen jeweils beider Mannschaften. Nach dem Training geben wir dem Netzwerk die Statistiken zweier Mannschaften ein, die demnächst gegeneinander antreten. Das Netz sollte dann in der Lage sein, die Gewinnermannschaft mit ihrer erzielten Punktezahl anzugeben.

Wir könnten das Problem auch auf andere Weise darstellen. Wir könnten das Netz beispielsweise nach dem genauen Spielergebnis fragen, wobei es die von jeder Mannschaft erzielte Punkteanzahl zu repräsentieren hätte. In Anbetracht des Bereichs möglicher Punkte, die jede Mannschaft erreichen kann (zwischen 0 und 50), kann es für das Netz sehr schwierig sein, diese beiden Ausgaben konsistent in einem Bereich von 5 Punkten   vorherzusagen. Die Punkteverteilung bewegt sich jedoch oft zwischen 0 und 10 Punkten, sichere Vorhersagen sind also einfacher, wenn der aktive Bereich der Ausgabe kleiner ist. Darüber hinaus kann eine Ausgabe allgemein genauer vorhergesagt werden als zwei Ausgaben.

Man könnte auch nur eine Ausgabe verwenden, die angibt, wer gewonnen hat, mit zwei Ausgaben läßt sich jedoch leichter bestimmen, wie sicher das Netz mit seiner Vorhersage ist. Auf das Prüfen dieser Sicherheit wird unten nochmals eingegangen.

Unser Netzwerk wird eine Bewertung vornehmen, die ein wenig komplexer ist, als die im Beispiel der Instrumentenüberwachung. Die Ausgänge haben einen größeren Bereich möglicher Werte. Eine Ausgabe, die Punkteverteilung, ist einfach zu interpretieren. Die anderen beiden Ausgaben, Gewinn/Verlust, werden 1 und 0 bei Gewinn der Heimmannschaft, oder 0 und 1 bei Gewinn der Gastmannschaft sein.

Ein Gleichstand wird in den Trainingsdaten als 0,5 bei beiden Ausgaben repräsentiert werden.

Dieses Beispiel liefert Ausgaben, die man kreuzweise überprüfen kann, man nennt dies Sicherheitskontrolle (certainty checking). Sind beispielsweise die Gewinn-/Verlust-Ausgaben beide 1 oder beide 0, so ist das Netz mit Sicherheit verwirrt. Bei einer sehr schmalen Punkteverteilung während des Netzbetriebs sollten sich die Gewinn-/Verlust-Ausgaben allmählich 0,5 annähern. Betragen hingegen die Gewinn-/Verlust-Ausgaben bei einer sehr breiten Punkteverteilung 0,5, so wird deutlich, daß das Netz keine Antwort weiß.

Schritt 2 – Darstellung der Information

Bei der Informationsdarstellung aufgrund von Statistiken muß man sich zunächst entscheiden, ob man die veränderlichen Durchschnittswerte der letzten Spiele oder die statistischen Werte beider Mannschaften über die gesamte Spielsaison verwendet. Es ist eine Frage des Geschmacks, ob die letzten Spiele oder alle Spiele der Saison das Verhalten der Mannschaften besser widerspiegeln.

Bei beiden Methoden müssen wir den Wertebereich jeder Statistik auf realistische Zahlen beschränken. Spielergebnisse, die einmal in zwanzig Jahren vorkommen , sollten also eher keine Verwendung finden. Durch das Einschränken des Bereiches auf typische Werte wird die Varianz für das Netz bedeutungsvoller.

Der Wert für die Ausgabe der Punkteverteilung wird in einem Zahlenbereich sein, der typische Punkteverteilungen zwischen zwei Mannschaften repräsentiert. Angenommen, die häufigste Punkteverteilung bei professionellen Spielen fiele in den Bereich zwischen 0 und 10. Im folgenden sind einige hypothetische Statistiken und Bereiche angegeben. Wenn man den erlaubten Wertebereich betrachtet, so sind die meisten Werte positive, kontinuierliche Größen, doch zwei sind Prozentwerte und einer ist möglicherweise negativ. Da die meisten Zahlen innerhalb eines Bereiches sind, ausgenommen die Angabe für Heim-/Gast- und Gewinn-/Verlust-Mannschaft, werden wir eine kontinuierliche Übertragungsfunktion in den Neuronen benötigen.

Statistische Werte für jedes gespielte Spiel

Eingaben (einen Eingabesatz je Mannschaft):	
durchschn. erzielte Yards pro Spiel	100 bis 500
durchschn. gegnerische Yards pro Spiel	100 bis 500
durchschn. Punkte pro Spiel	0 bis 50
durchschn. gegnerische Punkte pro Spiel	0 bis 50
Prozente Heimgewinne	0 bis 100

Eingaben (einen Eingabesatz je Mannschaft):

Prozente Auswärtsgewinne	0 bis 100
Nettoveränderung	-30 bis +30
durchschn. Verwarnungen pro Spiel	2 bis 15
durchschn. Strafyards pro Spiel	10 bis 150
durchschn. Punkteverteilung pro Spiel	0 bis 10
Heim-/Gastmannschaft	0 oder 1

Ausgaben:

Punkteverteilung in diesem Spiel	0 bis 10
Heimmannschaft Gewinn/Verlust	0 (Verl.); 0,5 (Gleichst.); 1 (Gew.)
Gastmannschaft Gewinn/Verlust	0 (Verl.); 0,5 (Gleichst.); 1 (Gew.)

Nun müssen die Daten normalisiert werden, das heißt, die Beträge müssen in Zahlen umgesetzt werden, die das Netzwerk bearbeiten kann Dazu verwenden wir wieder den Bereich zwischen 0 und 1. Die gewonnenen Yards lassen sich durch Subtraktion von 100 und anschließende Division durch 400 umsetzen. Wenn das Netzwerk zum Beispiel den niedrigsten möglichen Betrag (100) des Bereiches vorgibt, so erhalten wir durch Subtraktion von 100 und Division von 400 die Zahl 0. Beim größtmöglichen Betrag, 500, erhalten wir entsprechend die Zahl 1. Jeder andere Betrag in diesem Bereich ergibt eine Zahl zwischen 0 und 1.

Die Punkte werden einfach durch 50, die Heim- oder Auswärtsgewinne durch 100 dividiert. Es spielt keine Rolle, daß sie ursprünglich Prozentwerte und keine Anzahlen darstellten. Zu den Nettoveränderungen wird 30 addiert, bevor sie durch 60 dividiert werden. Von den Strafpunkten wird erst 2 abgezogen, dann werden sie durch 13 dividiert, Strafyards werden um 10 verringert und dann durch 140 geteilt.

Schritt 3 – Definition des Netzwerkes

Die Definition des Netzes ist der leichtere Teil, da sie sich folgerichtig aus der Art des Problems und der Form der Informationsrepräsentation ergibt. Wir haben schon entschieden, daß unser Netz ein Bewerter mit numerischen Ein- und Ausgaben sein soll. Wir ordnen jeder Eingangsgröße einer jeden Mannschaft ein Neuron zu (insgesamt 22) und drei Ausgangsneuronen den Anzeigen von Punkteverteilung und Gewinn/Verlust. Wir beginnen mit 12 Neuronen in der inneren Schicht, das ist die halbe Summe der Anzahl der Ein- und Ausgabeneuronen.

Schritt 4 – Trainieren des Netzwerkes

Nun können wir dem Netzwerk unsere Statistiken als Trainingsinformation darbieten, dabei ordnen wir jede Statistik einer jeden Mannschaft einem Eingangsneuron zu. Der Trainingssatz sollte sich leicht zusammenstellen lassen, da die Statistiken und Spielergebnisse aus alten Sportmagazinen und Zeitungen erhältlich sind. Für das erste Spiel der Saison verwenden wir die Statistik des letzten Jahres.

Informationsdarstellung – Eingabe

Neuron	Eingabe	typische Werte
1	Heimdurchschn. Yards pro Spiel	100 bis 500
2	Heimd. mögliche Yards pro Spiel	100 bis 500
3	Heimd. erzielte Punkte pro Spiel	0 bis 50
4	Heimd. mögliche Punkte pro Spiel	0 bis 50
5	Heimmannschaft Prozente Heimgewinne	0 bis 100
6	Heimmannschaft Prozente Auswärtsgewinne	0 bis 100
7	Heim Nettoveränderung	-30 bis +30
8	Heimd. Strafpunkte pro Spiel	2 bis 15
9	Heimd. Strafyards pro Spiel	10 bis 150
10	Heimd. Punkteverteilung pro Spiel	0 bis 10
11	Heim- gegen Gastmannschaft	0 oder 1
12	Gastdurchschn. Yards pro Spiel	100 bis 500
13	Gastd. mögliche Yards pro Spiel	100 bis 500
14	Gastd. erzielte Punkte pro Spiel	0 bis 50
15	Gastd. mögliche Punkte pro Spiel	0 bis 50
16	Gast Prozente Heimgewinne	0 bis 100
17	Gast Prozente Auswärtsgewinne	0 bis 100
18	Gast Nettoveränderung	-30 bis +30
19	Gastd. Strafpunkte pro Spiel	2 bis 15
20	Gastd. Strafyards pro Spiel	10 bis 150
21	Gastd. Punkteverteilung pro Spiel	0 bis 10
22	Gast- gegen Heimmannschaft	0 oder 1

Informationsdarstellung – Ausgabe

Neuron	Ausgabe	typische Werte
1	Punkteverteilung	0 bis 10
2	Heimmannschaft Gewinn/Verlust	0 oder 0,5 oder 1
3	Gastmannschaft Gewinn/Verlust	0 oder 0,5 oder 1

Es sei noch etwas zur Organisation der Eingabeinformation bemerkt. Wir hätten uns dafür entscheiden können, stets die Information der Gewinnermannschaft dem ersten Satz von Eingabeneuronen zuzuordnen und entsprechend die Information der Verlierermannschaft dem zweiten Satz, anstatt den Neuronensätzen willkürlich eine Heim- und eine Gastmannschaft zuzuteilen. Wenn wir das aber tun, geht das Netz davon aus, daß die Mannschaft in der ersten Position immer die Gewinnermannschaft ist, was bei der Anwendung des Netzes nicht immer der Fall sein wird.

Muster 1 Eingabe

Neuron	Eingabe	tatsächlich	renormalisiert
1	Heimd. gewonnene Yards/Spiel	250	0,375
2	Heimd. mögliche Yards/Spiel	200	0,250
3	Heimd. erzielte Punkte/Spiel	29	0,580
4	Heimd. mögliche Punkte/Spiel	15	0,300
5	Heim Prozente Heimgewinne	73	0,730
6	Heim Prozente Auswärtsgewinne	52	0,520
7	Heim Nettoveränderung	2	0,533
8	Heimd. Strafpunkte/Spiel	5	0,231
9	Heimd. Srafyards/Spiel	20	0,071
10	Heimd. Punkteverteilung/Spiel	4	0,400
11	Heim- gegen Gastmannschaft	1	1,000
12	Gastd. gewonnene Yards/Spiel	220	0,300
13	Gastd. mögliche Yards/Spiel	80	(0)
14	Gastd. erzielte Punkte/Spiel	23	0,460
15	Gastd. mögliche Punkte/Spiel	10	0,200
16	Gast Prozente Heimgewinne	65	0,650
17	Gast Prozente Auswärstgewinne	61	0,610
18	Gast Nettoveränderung	-3	0,450
19	Gastd. Strafpunkte/Spiel	8	0,462
20	Gastd. Strafyards/Spiel	80	0,500
21	Gastd. Punkteverteilung/Spiel	2	0,200
22	Gast- gegen Heimmannschaft	0	0,000

Muster 1 Ausgabe

Neuron	Ausgabe	tatsächlich	renormalisiert
1	Punkteverteilung	7	0,700
2	Heimmannsch. Gewinn/Verlust	0	0,000
3	Gastmannsch. Gewinn/Verlust	1	1,000

Der Wert für Neuron 13 in diesem Muster (80) bewegt sich außerhalb des typischen Bereichs zwischen 100 und 500. Wenn der Algorithmus des neuronalen Netzwerkes mit dem normalisierten Wert umgehen kann, welcher eine negative Zahl ist, können wir dem Netzwerk einfach die negative Zahl eingeben. Wenn es damit nicht umgehen kann, setzen wir den kleinsten Wert, den es verarbeiten kann, in unserem Fall 0, wie oben gezeigt.

Da dieses Netz eine kompliziertere Bewertung vornimmt als das Flugbereitschafts-netz, können wir davon ausgehen, daß es mehr Trainingsinformationen benötigt und das Training beträchtlich länger dauert.

Schritt 5 – Testen des Netzwerkes

Etwa 10% der Trainingsfakten können für das Testen dieses Netzwerkes zurück-gelegt werden. Das geht natürlich nicht, wenn man nicht genügend Fakten zur Verfügung hat, oder nur außergewöhnliche Fälle für das Testen heranzieht. Auch wenn ein Netz wie das vorliegende auf die Dauer gut funktionieren mag, gibt es viele Variablen, die nicht in seinem Entwurf berücksichtigt wurden. So kann zum Beispiel die Verletzung eines wichtigen Spielers das Ergebnis eines einzigen Spiels völlig durcheinander bringen. Deshalb werden wir die Beispiele für Trainingszwecke aufheben und das Netz mit den Statistiken der Spiele für die kommende Woche testen.

Beispiel 3: Finanzprognose

Schritt 1 – Definition der Aufgabenstellung

In diesem Beispiel möchten wir ein neuronales Netz entwerfen, das relativ einfache Finanzprognosen erstellt, für diejenigen, die auf dem Gebiet der Aktien, Obliga-tionen, Rohstoffe und Börsenkurse keine Experten sind. Dieses Netz soll den durch-schnittlichen Dow-Jones-Industrieindex einen Monat im voraus angeben können.

Wir verwenden verfügbare Finanzinformationen wie zum Beispiel den Consumer Price Index (CPI, Verbraucherpreisindex), den Preis des Rohöls, die Inflationsrate und die Rate der Leitzinsen. Wir nehmen auch einige Informationen hinzu, von denen wir nicht genau wissen, ob sie relevant sind, zum Beispiel die Arbeitslosen-rate. Sollte sich diese Information für die Lösung des Problems als unwichtig heraus-stellen, wird das Netz lernen, sie zu ignorieren.

Es gibt viele ökonomische Theorien zur Vorhersage von Aktienkursen. Manche Experten stützen ihre Prognose auf das neueste mathematische Verhalten des

Marktes, andere sind der Überzeugung, daß die Kurse vom Geldbedarf bestimmt werden usw. Es gibt keinen Grund, unser Netz auf irgendeine dieser Theorien zu beschränken, wir werden also eine große Datenvielfalt verwenden. So viele Datentypen zu beachten, ist Menschen selten möglich, doch ein neuronales Netz läßt sich nicht so schnell von einer großen Menge von Details überwältigen.

Schritt 2 – Darstellung der Information

Die meisten Werte, die in der folgenden Tabelle aufgenommen wurden, sind leicht durch Zeitungen oder professionelle Datenhändler zu erfahren. Die Einschätzung des politischen Klimas ist jedoch ein subjektiver Indikator für die aktuelle Stellung der USA innerhalb der Weltpolitik. Beispielsweise führen Schwierigkeiten mit den ölproduzierenden Ländern zu einer niedrigen Einschätzung. Es gibt verschiedene Wege, diese Einschätzung zu erreichen. Man könnte die Meinungen einiger Experten bezüglich des politischen Klimas mitteln, man könnte auch für dieselben Experten je ein Netzwerk trainieren und die Ergebnisse vergleichen.

Informationsdarstellung – Eingabe

Neuron	Eingabe	typische Werte
1	CPI dieses Monats	200 bis 300
2	Rohölpreis dieses Monats($)	15 bis 30
3	jährliche Inflationsrate d. Monats(%)	4 bis 12
4	Dow-Änderung d. Monats	-100 bis 100
5	Arbeitslosenrate d. Monats(%)	1 bis 8
6	Leitzins-Rate d. Monats(%)	7 bis 12
7	CPI d. letzten Monats	200 bis 300
8	Rohölpreis letzten Monats($)	15 bis 30
9	jährliche Inflationsrate letzten M.(%)	4 bis 12
10	Dow-Änderung.d. letzten Monats	-100 bis 100
11	Arbeitslosenrate d. letzten Monats(%)	1 bis 8
12	Leitzins-Rate d. letzten Monats(%)	7 bis 12
13	CPI vor zwei Monaten	200 bis 300
14	Rohölpreis vor zwei Monaten($)	15 bis 30
15	jährliche Inflationsrate vor zwei Monaten(%)	4 bis 12
16	Dow-Änderung vor zwei Monaten	-100 bis 100
17	Arbeitslosenrate vor zwei Monaten(%)	1 bis 8
18	Leitzins-Rate vor zwei Monaten(%)	7 bis 12
19	politisches Klima dieses Monats	1 bis 10
20-31	laufender Monat	Jan.,Feb., März...

Informationsdarstellung – Ausgabe

Neuron	Ausgaben	typische Werte
1	durchschnittlicher Dow, Änderung nächsten Monat	-100 bis 100

Für die Spezifizierung des Monats gibt es zwölf verschiedene Neuronen und nicht nur ein Neuron mit den möglichen Werten von 1 bis 12. Denn bei der Verwendung eines einzigen Neurons würde das Netz etwa bei Juli(7) folgern, daß es irgendwie „größer" oder „mehr" ist als Juni(6). Darum bestehen die Eingabedaten für den laufenden Monat aus 12 Eingabeneuronen, je ein Neuron für einen Monat. Der laufende Monat erhält den Wert „1", während die übrigen elf Monate den Wert „0" erhalten.

Der Dow-Durchschnitt tendiert dazu, sich in der Zeit zu verschieben, deshalb werden wir nicht den aktuellen Wert verwenden, sondern die Änderung im Dow von einem Monat zum anderen. Dieser Bereich von +/-100 ist sehr viel kleiner als ein Bereich von 1600 bis 3200 für mögliche aktuelle Werte, und erleichtert darum dem Netz eine genaue Vorhersage des Wertes. Mit der Wahl eines schmaleren Bereiches vermeidet man auch, das Netz jeweils neu zu trainieren, wenn der Durchschnittswert des Dow größer wird, da seine durchschnittliche Änderung relativ konstant bleibt.

Manche Leute haben Zugang zu Daten, die ihnen die Richtung der Marktbewegung und andere Trends liefern. Sollten sie solche speziellen Daten über Trends zur Verfügung haben, brauchen Sie nicht so viele Erfahrungsdaten in jedes Fakt einzubeziehen. Die Daten werden über einen aussagekräftigen Zeitraum gesammelt – sagen wir zehn Jahre. Zuerst sollten die Daten chronologisch angeordnet werden; eine solche erste Sammlung könnte wie folgt aussehen:

Monat	CPI	Öl	Inflation	Dow	usw.
Januar	229	20,0	5,50	2645	
Februar	235	19,8	5,44	2633	
März	244	19,6	5,51	2627	
April	261	19,6	5,62	2611	
Mai	276	19,5	5,60	2630	
Juni	287	19,5	5,50	2637	
Juli	296	19,3	5,34	2640	
usw.					

Wie bereits im vorigen Kapitel diskutiert, kann ein neuronales Netz keine explizite Assoziation zwischen zwei verschiedenen Fakten bilden; es kann nur zwischen unterschiedlichen Datenelementen innerhalb eines Fakts assoziieren. Aus diesem Grunde muß ein neuronales Netz, um eine auf Trends basierende Prognose treffen zu können, aktuelle und vergangene Daten simultan dargeboten bekommen, innerhalb eines Fakts. Wir müssen diese erste Sammlung so darbieten, daß das Netz so viele Erfahrungsdaten innerhalb eines Fakts aufnehmen kann, wie es braucht.

In der folgenden Tabelle ist zu bemerken, daß die Daten sich in gewisser Weise von einem Fakt zum nächsten wiederholen – jedes neue Fakt führt neue Datenelemente ein und geht noch einmal viele Datenelemente der vergangenen Zeitperioden durch. Wir werden für jeden Datentyp monatliche Erfahrungsdaten über die letzten zehn Jahre verwenden. Das heißt, daß wir Spalten brauchen, die den letzten, den vorletzten Monat usw. für jeden Typ von Eingabedaten darstellen. Wir müssen weiterhin den Dow eines Monats vom Dow des nächsten Monats abziehen, um die Veränderung zu erhalten. Die gewünschte Ausgabe des Netzes entspricht stets dem tatsächlichen Eingabedatum des folgenden Monats.

Die Werte sind hier fiktive. Die nachfolgende Tabelle stellt die vom Netz zu lernenden Ein- und Ausgabedaten dar, wobei die gewünschte Dow-Prognose stets dem tatsächlichen Eingabedatum des folgenden Monats entspricht. Die Indizes bei den Kategorien geben an, daß es sich um dieselbe Kategorie einen Monat bzw. zwei Monate früher handelt.

Eingaben					
Monat	CPI	CPI$_1$	CPI$_2$	Öl	Öl$_1$	Öl$_2$
Jan	229	220	212	20,0	21,9	19,5
Feb	235	229	220	19,8	20,0	21,9
März	244	235	229	19,6	19,8	20,0
Apr	261	244	235	19,6	19,6	19,8
Mai	276	261	244	19,5	19,6	19,6
Jun	287	276	261	19,5	19,5	19,6
Jul	296	287	276	19,3	19,5	19,5

Eingaben (Fortsetzung)			gewünschte Ausgabe			
Monat	Infl	Infl$_1$	Infl$_2$	Dow	Dow$_1$	Dow$_2$	Dow-Prognose
Jan	5,50	5,45	5,41	-5	–3	1	–12
Feb	5,44	5,50	5,45	–12	-5	–3	**–6**
März	5,51	5,44	5,50	**–6**	–12	–5	–16

Eingaben (Fortsetzung)			gewünschte Ausgabe			
Apr	5,62	5,51	5,44	–16	**–6**	–12	19
Mai	5,60	5,62	5,51	19	–16	**–6**	7
Jun	5,50	5,60	5,62	7	19	–16	3
Jul	5,34	5,50	5,60	3	7	19	1

Schritt 3 – Definition des Netzwerkes

Unser Netzwerk verwendet numerische Ein- und Ausgabewerte. Wir ordnen jedem Eingabedatum (insgesamt 31) ein Neuron zu, der Ausgabe ebenfalls ein Neuron; diese Ausgabe ist die prognostizierte Änderung des Dow für den nächsten Monat. Wir beginnen mit 15 Neuronen in der inneren Schicht, das ist die halbe Summe der Anzahl der Ein- und Ausgabeneuronen. Bis auf die Anzeige für den jeweiligen Monat sind alle Werte kontinuierliche, wir verwenden also eine kontinuierliche Übertragungsfunktion.

Schritt 4 – Trainieren des Netzwerkes

Nun wird das Netzwerk mit den 120 Fakten (10 Jahre mal 12 Monate) trainiert. Das erste Fakt wird im folgenden dargestellt. Weil Finanzprognosen ziemlich komplizierte Probleme sind – sowohl für Menschen als auch für die zur Zeit besten Programme – können wir uns auf einige Schwierigkeiten beim Trainieren des Netzes gefaßt machen.

Angenommen, daß das Netzwerk von 120 Vorhersagen 100 richtig trifft, mit 20 Beispielen jedoch Schwierigkeiten hat. In diesem Fall erscheint es günstig, dem Netz die Fakten während des Trainings in einer zufälligen Reihenfolge darzubieten und nicht in einer chronologischen.

Finanztrends gehen nämlich häufig in eine Richtung, dann wiederum eine zeitlang in eine andere Richtung. Wenn wir also diese Datenart dem Netz in chronologischer Reihenfolge darbieten, wird es anfangen, zu früh zu verallgemeinern, nämlich daß die Dinge stets aufwärts gehen. Danach wird das Netz versuchen zu lernen, daß alles stets abwärts geht; auf diese Weise gelangt es niemals zu einer Gesamtsicht. Durch das Mischen der Trainingsfakten vor Trainingsbeginn wird das Netzwerk dazu gebracht, über den gesamten Trainingssatz zu generalisieren.

Muster 1 Eingabe

Neuron	Eingaben	tatsächlich	normalisiert
1	CPI dieses Monats	229	0,290
2	Rohölpreis d. Monats($)	20	0,333
3	jährliche Infl.-Rate d. Monats(%)	5,5	0,188
4	Dow-Änderung d. Monats	−5	0,475
5	Arbeitslosenrate d. Monats(%)	5,6	0,657
6	Leitzins-Rate d. Monats(%)	8,9	0,380
7	CPI d. letzten Monats	220	0,200
8	Rohölpreis d. letz. Monats($)	21,9	0,460
9	jährliche Infl.-Rate d. letz.Monats(%)	5,45	0,181
10	Dow-Änderung d. letz.Monats	−20,3	0,399
11	Arbeitslosenrate d. letz.Monats(%)	5,5	0,643
12	Leitzins-Rate d. letz.Monats(%)	8,95	0,390
13	CPI vor zwei Monaten	212	0,120
14	Rohölpreis vor zwei Monaten($)	19,5	0,300
15	jährliche Infl.-Rate vor zwei M.(%)	5,41	0,176
16	Dow-Änderung vor zwei Monaten	−4,5	0,478
17	Arbeitslosenrate vor zwei Mon.(%)	5,3	0,614
18	Leitzins-Rate vor zwei Monaten(%)	9,15	0,430
19	politisches Klima dieses Monats	5	0,444
20	Januar	1	1
21	Februar	0	0
22	März	0	0
23	April	0	0
24	Mai	0	0
25	Juni	0	0
26	Juli	0	0
27	August	0	0
28	September	0	0
29	Oktober	0	0
30	November	0	0
31	Dezember	0	0

Muster 1 Eingabe

Neuron	Ausgabe	tatsächlich	normalisiert
1	Dow-Änderung nächsten Monat	−12	0,440

Nehmen wir an, daß das Netzwerk nach dem Randomisieren der Fakten-Reihenfolge und nach dem Training noch Schwierigkeiten mit fünf Beispielen hat. Wir könnten uns mit der Hinzunahme von verborgenen Neuronen und nochmaligem Training zu behelfen versuchen. Allerdings erfordern manche Programme bei Hinzunahme verborgener Neuronen einen völligen Neubeginn des Trainings; andere Programme gestatten es, da fortzufahren, wo man aufgehört hat.

Wir könnten auch die fünf schwierigen Beispiele dahingehend untersuchen, ob eines oder mehrere in irgendeiner Weise außergewöhnlich ist oder sind. Ist dies der Fall, können wir die betreffenden Beispiele aus dem Trainingssatz herausnehmen und das Netz neu trainieren.

Eine dritte Möglichkeit wäre, das Netz auf einer niedrigen Genauigkeit zu trainieren. Dies kann auf zweierlei Weise geschehen: entweder akzeptiert man, daß das Netz nicht jedes Fakt lernt, oder man gestattet es dem Netz, weniger genaue Zahlen auszugeben. Wenn beispielsweise der Dow auf 10,25 Punkte ansteigt, das Netz aber einen Anstieg von 9 Punkten voraussagt, so mag dies für manche Zwecke durchaus genügen.

Schritt 5 – Testen des Netzwerkes

Da wir nicht sehr viele Beispiele für das Training zur Verfügung haben, können wir nicht viele für das Testen zur Seite legen. Alternativ zur Verwendung unser Beispiele kann das Netzwerk anhand reeller Daten der nächsten Monate getestet werden. Wir könnten auch einfach einige Zahlen zusammenstellen, einen Experten nach seiner Meinung fragen und diese mit den Ergebnissen des Netzes vergleichen.

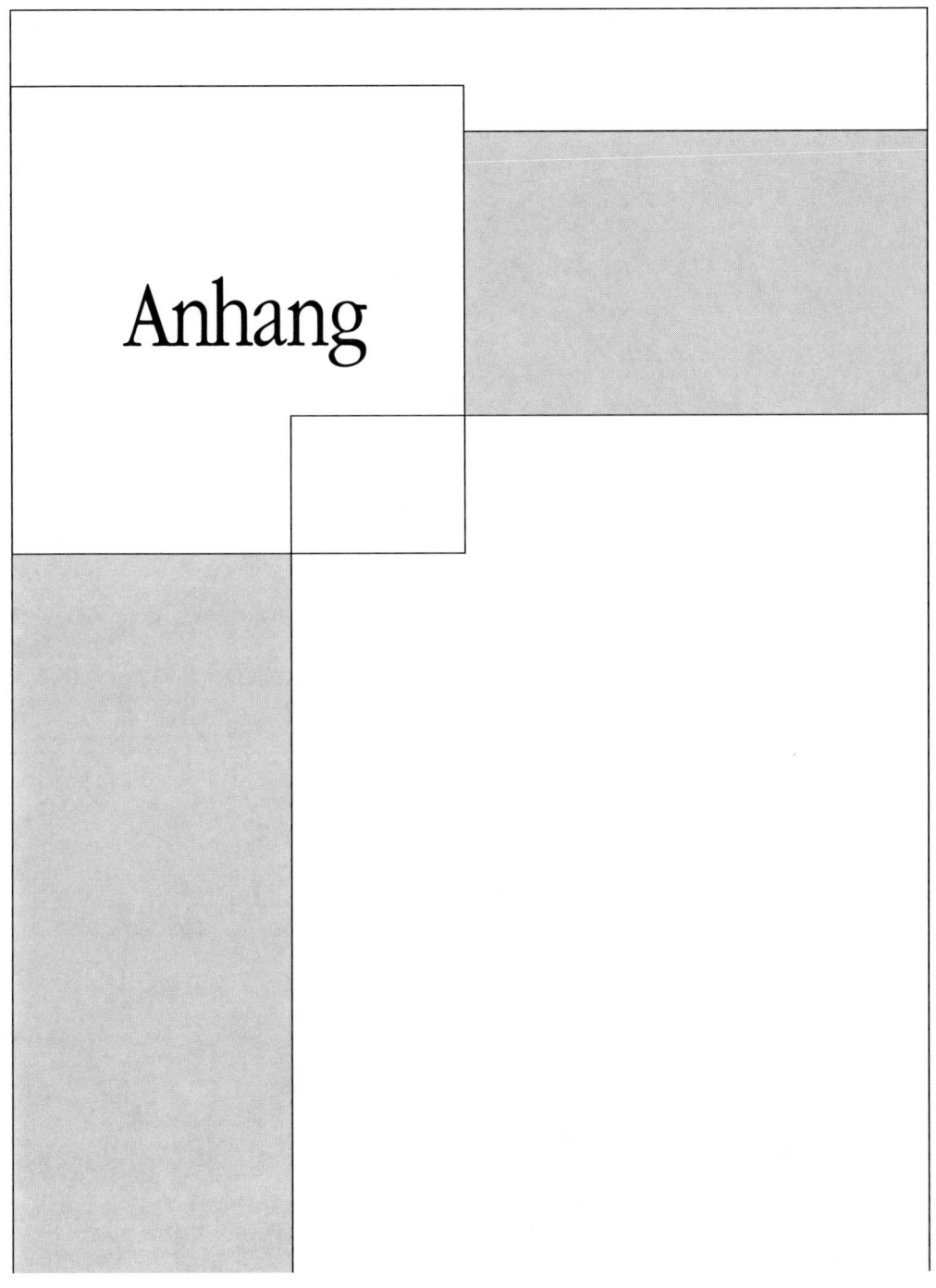

Anhang

Fachwortverzeichnis

Hinweis: Dieses Fachwortverzeichnis ist eine Übersetzung des englischen Glossars. Um die Orientierung in der Fachliteratur zu erleichtern und eine Kontrolle über die gewählte Übersetzung zu bieten, wurden in fast allen Fällen die englischen Original-stichworte als Verweis auf die gewählte Übersetzung mit aufgenommen. Beispiel: *back propagation*: → Fehlerrückführung, siehe also den Artikel *Fehlerrückführung*.

Abbildung (biologische): Gehirnbereiche, die mit Körperteilen und Sinnesfunktionen korrespondieren. Reaktionssignale auf Reize erreichen die Hirnrindenbereiche in derselben relativen Ordnung, in der sie ursprünglich von dem Sinnesorgan empfangen wurden. Das Gehirn empfängt jedoch nicht immer ein Signal für jeden Reiz, der das Sinnesorgan trifft. Im Signalweg zum Gehirn gibt es „Verarbeitungsstationen", in denen die Signale gemischt werden. In manchen Gebieten ist die Abbildung abstrakter. Im Hörbereich bezieht sich die Abbildung auf die Tonhöhe oder akustische Frequenz des Klanges.

Abbildung (künstliche): Die Transformation der Eingänge in eine interne Darstellung im Netzwerk, so daß die räumlichen Beziehungen der Eingänge denen der internen Darstellung ähnlich sind. Eine interne Repräsentation kann auch auf eine andere Dimensionalität abgebildet werden.

Abschwächung: Verringerte Geschwindigkeit und/oder Genauigkeit, Schwächung.

Accretive network: → glättendes Netzwerk

Action potential: → Aktionspotential

Activation function: → Aktivierungsfunktion

Activation value: → Aktivierungswert

Activation, state of: → Aktivierungszustand

Active simultaneously: → gleichzeitig aktiv

Adaptability: → Anpassungsfähigkeit

Adaptive filter: → adaptiver Filter

Adaptive resonance: → adaptive Resonanz

Adaptive Resonanz: Der Zustand eines Netzes, bei dem das eingehende Signal und Rückkoppelungserwartungen zusammenpassen und sich gegenseitig verstärken; bezieht sich auch auf ein neuronales Netz dieses Typs, das von Stephen Grossberg konstruiert wurde.

Adaptiver Filter: Eine Vorrichtung, die Signale trennt oder bestimmten Signaltypen den Durchtritt erlaubt, andere aber blockiert. Dieser Filterprozeß ändert sich automatisch, wenn sich die Eigenschaften der eingehenden Signale ändern, was eine Form der Selbstjustierung darstellt.

ADAptives LINeares Element (ADALINE): Eines der frühesten funktionierenden Netzwerke. ADALINE enthält lineare Neuronen und benutzt den am häufigsten verwendeten Lernalgorithmus, die Delta-Regel oder das Trainingsgesetz des Kleinsten mittleren quadratischen Fehlers.

Afferente Neuronen: Die Neuronen, die Signale von anderen Körperteilen zum Gehirn leiten. Auch als sensorische Neuronen bekannt.

Aktionspotential: Der Impuls, der erzeugt wird, wenn das Membranpotential die Auslöseschwelle überschreitet; es ist ein elektrischer Impuls, der nur zwei Zustände kennt: erregt und nichterregt.

Aktivierungsfunktion: Eine Funktion, die angibt, wie das Neuron die Eingangssignale, nachdem diese mit den Synapsengewichten multipliziert worden sind, weiterverarbeiten soll. Nachdem sie in das Neuron eingetreten sind, werden die gewichteten Signale summiert, um einen Nettowert zu bilden. In der Regel werden sie lediglich addiert, aber in manchen Modellen ist der Rechenvorgang komplizierter. Die Aktivierungsfunktion ist meistens deterministisch, sie kann aber auch stochastisch sein. Manchmal verfällt die Aktivierung im Laufe der Zeit.

Aktivierungswert: Die Summe der gewichteten Eingangssignale eines Neurons zu einem bestimmten Zeitpunkt $a_i(t)$. Bei den meisten Modellen kann dies ein beliebiger Wert in einem erlaubten Bereich kontinuierlicher Werte sein, der gebrochene Beträge einschließt. In manchen Modellen kann der Wertebereich unbeschränkt sein, dann ist es ein unbegrenzter, kontinuierlicher Aktivierungswert. In anderen Modellen ist der zulässige Aktivierungswert begrenzt und diskret, dh. er kann keine gebrochenen Beträge annehmen. Die gebräuchlichsten Werte sind −1 und +1, wobei −1 inaktiv und +1 aktiv bedeutet.

Aktivierungszustand: Der Zustand eines Neurons oder eines ganzen Netzwerks zu einem bestimmten Zeitpunkt. Nachdem die Eingangswerte des Neurons summiert und mit dem vorhergehenden Zustand des Neurons kombiniert worden sind, wird ein neuer Aktivierungszustand erzeugt. Dieser neue Aktivierungszustand wird durch die Aktivierungsfunktion festgelegt.

Analoger Integrator: Eine elektronische Schaltung, deren Ausgang die Integration ihres Eingangs bildet.

Anpassungsfähigkeit: Die Fähigkeit eines Netzwerks, sich selbst als Antwort auf wechselnde Bedingungen zu verändern. Vier Prinzipien tragen zur Anpassung bei: Lernen, Selbstorganisation, Verallgemeinerung und Training.

Anziehungsbereich: Die Umgebung eines Potentialtals oder Energieminimums auf der P-Fläche (Potentialfläche oder Energiefläche). Wenn ein Eingang genügend vorgespannt wird, füllt das Anziehungsbecken die gesamte Potentialfläche aus, so daß es nur noch einen stabilen Zustand gibt.

ARAS: Ascending Reticular Activating System (aufsteigendes Aktivierungssystem bzw. Formatio reticularis). Ein Bereich im Hirnstamm, der aus zahlreichen kurzen Neuronen besteht, die in alle Rindenbereiche senden, um sie aktiv zu halten. Wenn die Formatio reticularis die Rinde nicht stimuliert, tritt Schlaf auf.

Arbeitsmodus: Verhaltensweise des Netzes, nachdem es gelernt hat; es hält die Gewichtsfaktoren konstant und benutzt sie, um Entscheidungen zu treffen, Assoziationen zu bilden usw.

Arousal: → Weckvorgang

Artificial Intelligence (AI): → Künstliche Intelligenz

Artificial neural network: → künstliches neuronales Netz

Associative memory network: → Assoziatives Speichernetzwerk

Assoziatives Speichernetzwerk: Ein Typ von Netzwerk, bei dem eine Eingabe (die unvollständig sein kann) dazu dient, eine komplette Erinnerung abzurufen, welche am besten zur Eingangsinformation paßt. Ein ideales assoziatives Netzwerk besitzt die Fähigkeit, Muster oder Objekte unabhängig von deren Position, Winkel, Größe usw. zu erkennen.

Ausgangsstern: Eine von Grossberg erfundene neuronale Struktur, die Signale speichert und bei der Konditionierung benutzt wird.

Äußeres Produkt: Eine Matrix, die durch die Multiplikation jedes Paares von Termen eines Vektors gebildet wird. Das äußere Produkt ist ein spezieller Fall der Matrixmultiplikation wobei $\mathbf{X} * \mathbf{Y} = \mathbf{x}^T * \mathbf{Y}$. (Siehe Vektor-Matrix-Multiplikation im Anhang B.)

Autoassociative memory network: → selbstassoziatives Speichernetz

Axon: Der zylindrische Fortsatz einer biologischen Nervenzelle, der die Ausgangssignale zu anderen Neuronen weiterleitet.

Axonhügelchen: Der Austritt des Axons aus dem Zellkörper; die Stelle, an welcher bei biologischen Nervenzellen die Impulse erzeugt werden.

Back propagation network: → Netzwerk mit Fehlerrückführung

Back Propagation Rule: → Fehlerrückführungsregel

Back propagation: → Fehlerrückführung

BAM oder Bidirektionaler Assoziativer Speicher (Bi-directional Associative Memory): Verallgemeinerung des assoziativen Hopfield-Netzes, bei dem die Eingänge auch als Ausgänge und umgekehrt funktionieren.

Basin of attraction: → Anziehungsbecken, Anziehungsbereich

Bedingte Reaktion: Ein gelerntes Verhalten, das durch einen Reiz hervorgerufen wird, der normalerweise dieses besondere Verhalten nicht auslösen würde (auch konditioniertes Verhalten).

Bedingter Reiz: Ein gelernter Auslöser oder Reiz, der eine Reaktion auslöst, die normalerweise nicht durch diesen besonderen Auslöser in Gang gesetzt würde.

Bernoulli-Gleichung: Eine nichtlineare Differentialgleichung erster Ordnung, die den stetigen Fluß einer nicht komprimierbaren Flüssigkeit beschreibt.

Beschneiden: Eine Technik, die Potentialfläche abzusenken, um das Festfahren in engen lokalen Tälern zu vermeiden. Durch die Verwendung einer Schrittgröße in der Übertragungsfunktion, die ein wenig zu groß ist, vermeidet diese Technik enge Anziehungsbecken zugunsten von breiteren Tälern derselben Tiefe.

Betrag: Die Länge eines Vektors, die man durch quadrieren jeder Komponente, Addition der Quadrate und Ziehen der Quadratwurzel aus der Summe erhält.

Bildkompression: Ein Muster, das im Speicher aus Effizienzgründen mit möglichst wenig Bit dargestellt wird.

Binär: etwas, das dadurch gekennzeichnet oder dafür eingerichtet ist, nur zwei mögliche Zustände zu kennen.

Binary: → binär

Biologisches neuronales Netzwerk: Die Nervenzellen im Gehirn eines Lebewesens.

Boltzmann-Maschine: Ein Netzwerk, das dieselben Grundbestandteile wie ein Hopfield-Assoziator enthält, wobei eine Boltzmann-Maschine jedoch auf der Übereinstimmung von Wahrscheinlichkeiten zwischen dem Netz und seiner Umgebung beruht.

Boolesche Funktion: Eine Funktion, die sich aus den logischen Operationen UND, ODER und NICHT zusammensetzt.

Bottom-up: Problemlösungsverfahren, das auf der niedersten Ebene der Details oder einfachsten Teilprobleme ansetzt und zu mehr und mehr abstrakten oder komplexen Problemen fortschreitet.

Bounded und unbounded: → gebunden und nichtgebunden

Bouton: → Endknöpfchen

Bündel: Ein Begriff, um die einfachste Zusammenfassung von Symbolen (die Ideen oder Gedanken verkörpern), zu einem Konzept zu beschreiben. Säulen oder Module (aus Nervenzellen in der Hirnrinde) könnten die physische Repräsentation von solchen Konzepten sein.

CAM oder Content Addressable Memory: → Inhaltsadressierbarer Speicher

Cerebellum: → Kleinhirn

Cerebral cortex: → Großhirnrinde

Cerebrum: → Großhirn

Chemischer Rezeptor: Ein spezielles Protein, das sich in den Enden der Dendriten der empfangenden Zellen befindet. Es unterstützt die Signalübertragung, indem es die Ionen anzieht.

Chunking: → Gruppierung

Cluster: → Bündel

Cognition: → Kognition

Cognitive approach: → kognitiver Ansatz

Cognitive science: → kognitive Wissenschaft

Column: → Säule, Modul

Competition: → Wettbewerb

Computational energy: → Potentialdarstellung der „Informationsenergie"

Conditioned response: → bedingte Reaktion

Conditioned stimulus: → bedingter Reiz

Conjunction theory: → Konjunktionstheorie

Connection matrix: → Verbindungsmatrix

Connection: → Verbindung

Connectionist approach: → konnektionistischer Ansatz

Connectionists: → Konnektionisten

Continuous: ➙ kontinuierlich

Convergence: ➙ Konvergenz

Convex combination: ➙ konvexe Kombination

Cooperation: ➙ Kooperation

Counterpropagation network: ➙ Gegenstrom-Netzwerk

Covariance: ➙ Kovarianz

Cross-correlation: ➙ Kreuzkorrelation

Cue: Daten (üblicherweise sensorisch), die ein bewußtes Auslösesignal für eine Aktion oder eine Verhaltensantwort bilden; Reiz.

Degradation: ➙ Abschwächung

Dekodierung: Übersetzung einer kodierten (verschlüsselten) Darstellung in eine Form, die für den Anwender lesbar ist.

Deltaregel: Die Lernregel, die besagt, daß bei einer Abweichung zwischen dem aktuellen und dem gewünschten Ausgangsmuster während des Trainings, die Gewichte verändert werden, um die Abweichung zu verringern. Der Betrag der Veränderung der Gewichte ist gleich dem Fehler an den Ausgängen mal den Eingangswerten mal der Lernrate.

delta $w_{ij} = \eta \, (t_i - a_i) \, o_j$

wobei η für die Lernrate steht, t_i ist das Lehrmuster, a_i ist der Aktivierungswert des empfangenden Neurons, und o_j ist der Ausgang des sendenden Neurons. Wird auch Regel des Kleinsten mittleren Quadrates genannt (LMS, Last Mean Squared Rule).

Dendriten: Die Eingangskanäle von biologischen Neuronen (Nervenzellen); haarförmige Auswüchse des Zellkörpers, die erregende oder hemmende Signale von anderen Zellen über die Synapsen empfangen.

Deterministic weight decay: ➙ deterministischer Gewichtsverfall

Deterministische Funktion: Ein quantitativer Problemlösungsansatz, bei dem mit Sicherheit eine Antwort zu erwarten ist. Netzwerkfunktionen können deterministisch (kausal bestimmt) oder stochastisch (zufallsabhängig) sein. Deterministische Netzwerke verwenden Variable, die in ihrer Funktion gewissen Restriktionen unterworfen sind. Stochastische Netzwerke enthalten in manchen Fällen Zufallsvariable.

Deterministischer Gewichtsverfall: Ein zusätzlicher Rechenausdruck (Term), der beim Lernvorgang eingeführt wurde, um während der Konvergenz die kleinen „Unebenheiten" auf der Energiefläche zu überwinden. Er definiert eine neue Potentialfläche. Die Suche auf dieser Oberfläche ist eine andersgeartete Aufgabenstellung als die Suche auf der ursprünglichen Oberfläche. Wenn dieser Zusatzterm zu groß ist, korrespondieren die Lösungen nicht mehr mit dem ursprünglichen Problem. Wenn der Term zu klein ist, hat er wenig oder keinen Effekt.

Differenzieren: Den Unterschied zwischen zwei Dingen bestimmen (unterscheiden), um die Ableitung zu berechnen (die momentane Veränderungsrate einer Funktion in Abhängigkeit von einer Variablen).

Dimension: Die Anzahl der Komponenten in einem Vektor.

Diskret: Eine Variable, die nur bestimmte, voneinander getrennte Werte annehmen kann, im Gegensatz zu einer solchen, die kontinuierliche (zusammenhängende) Werte annehmen kann. Ein Neuron mit diskreten Zuständen kann immer nur einen Wert aus einem vorgegebenen Wertevorrat annehmen, keine Zwischenwerte. Diskrete Zeit ist eine Beschreibung der Variablen t, die für die Darstellung der Zeit verwendet wird, wobei t eine ganze Zahl ist, und die Zeit in Schritten von t+1, t+2 usw. weitergezählt wird. Bei jedem Schritt wird der Zustand des Neurons neu berechnet.

Diskrimination: Bei Konditionierungsexperimenten: Wenn zwei Reize dargeboten werden, von denen der eine verstärkt wird und der andere nicht, dann bildet sich eine Unterscheidung (Diskrimination) heraus, so daß der nicht verstärkte Reiz keine Reaktion bewirkt, der verstärkte hingegen wohl.

Distributed memory: → verteiltes Gedächtnis

Dot product: → Skalarprodukt

Drive reduction: → Triebbefriedigung

Dynamische Stabilität: Die Fähigkeit eines Netzwerkes, innerhalb der Grenzwerte seiner Funktionsfähigkeit zu verbleiben und einen stabilen Zustand zu finden, nachdem es durch Wechsel der Eingangssignale „gestört" wurde.

E surface: → P-Fläche

Efferente Neuronen: Die Neuronen, die Signale vom Gehirn zu anderen Teilen des Körpers senden. Siehe auch afferente Neuronen.

Eigenschaftsfinder: Eine Gruppe von Neuronen, die eine bestimmte Eigenschaft wahrnehmen

Einfacher linearer Assoziierer: Ein linearer Assoziierer nach dem einfachen Hebb-schen Gesetz. Das System wird geprüft, indem man ein Eingabemuster ohne Lern-input anlegt und prüft, wie gut das in der Ausgangsschicht erzeugte Muster dem ursprünglichen Lehrinput entspricht. Eine der zu erwartenden Verhaltensweisen des einfachen linearen Assoziierers ist eine wechselseitige Beeinflussung (Interferenz) zwischen nicht-orthogonalen Mustern.

Eingangsvorspannung: Ein zum Eingang addiertes Zusatzsignal, das die Empfind-lichkeit in positive oder negative Richtung verschiebt; im Endeffekt erhöht oder vermindert es die Schaltschwelle eines Neurons.

Endknöpfchen: Das Ende eines Axons, in dem sich die chemischen Übertragungs-substanzen befinden (in den Vesikeln), die für die Arbeit der Synapsen benötigt werden.

Endlicher Automat: Eine Maschine mit einer festen Anzahl von Zuständen und Regeln für den Übergang von einem Zustand zu einem anderen.

Energiefunktion: Eine mathematische Funktion, die den „energetischen" Zustand des Netzwerks beschreibt. Sie definiert die Verbindungsmatrix und den anfänglichen Input und versetzt so das Netz in die Lage, eine Problemlösung zu berechnen, indem sie den stabilsten Zustand des Netzes in Übereinstimmung mit dem besten Pfad festlegt.

Energieminima: Stabile Zustände; die Täler, die entstehen, wenn die „rechnerische Energie" graphisch als gekrümmte Oberfläche (Potential- oder P-Fläche) dargestellt wird. Wenn das Netzwerk arbeitet, beschreiben die Veränderungen Pfade auf dieser Oberfläche. Wenn ein stabiler Zustand erreicht ist, kommen die Ausgänge am tief-sten Punkt eines der Täler zur Ruhe; diese Täler nennt man Energieminima oder stabile Zustände .

Ereignisraum: Der von Eigenschaften oder Daten wie Häufigkeit oder Ort aufge-spannte Raum.

Erregend: Die Tendenz einer Synapse oder Verbindung, das Empfängerneuron zum Feuern zu veranlassen. Ein positiver Wert der Gewichtung einer Verbindung wird üblicherweise mit einer erregenden Verbindung assoziiert.

Erwartung: Ein Gespür dafür, was geschehen wird. Nach Grossberg wird Erwartung durch Rückkoppelungseffekte verursacht.

Event space: → Ereignisraum

Faktum: Ein Paar zusammengehörender Ein- und Ausgabemuster, die beim über-wachten Lernen zum Training des Netzes benutzt werden.

Feature detector: → Eigenschaftsfinder

Feature maps: ➞ Sensorische Rindenfelder (Empfindungsfelder)

Feed-forward network: ➞ vorwärts gekoppeltes Netzwerk

Feedback: ➞ Rückkoppelung

Fehlerrückführung: Eine überwachte Lernmethode, bei der ein Fehlerkorrektursignal rückwärts durch das Netz geführt wird, wobei es auf seinem Weg die Gewichtsfaktoren der synaptischen Signalübertragung (Verbindungsstärken) ändert, um das erneute Auftreten desselben Fehlers zu verhindern.

Fehlerrückführungsregel: Eine Variation der Delta-Regel für ein Netzwerk mit verborgenen Neuronen. Auch verallgemeinerte Delta-Regel genannt. Das Training besteht darin, zunächst Muster vorwärts durch die Netzwerkschichten zu schicken, dann die Fehler rückwärts zu leiten, um die Gewichte so zu modifizieren, daß die Fehler verringert werden. Die minimierte Größe ist der mittlere quadratische Fehler.

Fehlertoleranz: Die Fähigkeit eines Netzes, weiterzuarbeiten – wenn auch mit verringerter Leistung –, wenn eine geringe Anzahl von Neuronen funktionsunfähig geworden ist oder zerstört wurde.

Feuerfrequenz: Die Aktivität eines Neurons; die Anzahl der Impulse pro Sekunde, die es aussendet.

Fremdassoziatives Speichernetzwerk: (heteroassoziatives Speichernetzwerk) Ein inhaltsadressierbares Speichernetzwerk, bei dem die Eingabe unvollständiger Information das Netz zur Ausgabe des fehlenden Teils der Information veranlaßt.

Funktion der Wahrscheinlichkeitsdichte: Eine Funktion, die die Wahrscheinlichkeit angibt, mit welcher eine Zufallsvariable bestimmte Werte aus ihrer Wertemenge annimmt. In Kohonen- und Gegenstrom- oder Counterpropagation-Netzwerken können Gewichtsvektoren sich in isolierten Regionen festsetzen. Eine Möglichkeit, das zu verhüten, ist das Hinzufügen von Zufallsstörungen zu den Daten, wodurch die Funktion der Wahrscheinlichkeitsdichte überall positiv wird. Das funktioniert, ist aber langsamer als die konvexe Kombination

Funktion: Eine Variable (Qualität, Merkmal, Fakt usw.), die von anderen Variablen abhängt und sich mit ihnen verändert. Mathematisch gesehen, ordnet eine Funktion jedem Element einer Menge mindestens ein Element derselben oder einer anderen Menge zu.

Fuzzy: verwischt, verschwommen; unklar, nicht deutlich unterschieden; verrauscht (mit Störungen unterlegt).

Ganglion, Ganglien: Ansammlungen von Nervenzellen, die außerhalb des autonomen Nervensystems, jedoch dicht an diesem, liegen. Sie verbinden Rückenmark und Hirnnerven mit Muskeln und Organen .

Gebunden und nichtgebunden: Definiert, ob die auftretenden Werte vorgegebene Grenzen haben oder nicht.

Gegenstrom-Netzwerk: Ein vorwärts gekoppeltes Netzwerk, das eine Kombination von Lernverfahren nach Kohonen und Grossberg verwendet. Seine Architektur ist eine Zusammenfassung eines Teils der selbstorganisierenden Abbildung von Kohonen und der Outstar-Struktur von Grossberg (wörtlich: Ausgangsstern). Es hat fünf Schichten: Zwei Eingänge, eine verborgene Schicht und zwei Ausgangsschichten.

Generalization: → Verallgemeinerung

Geordnetes Tripel: Ein Trainings-Faktum, das aus einem Paar von Eingaben mit dem zugehörigen erwarteten Ausgabemuster besteht (Rückkoppelung).

Gestalt: Eine Form oder ein Muster, das als Gesamtzusammenhang (Ganzheit) wahrgenommen wird. (Im Englischen wird dieser Begriff nicht übersetzt, sondern einfach übernommen: the gestalt.)

Gewicht, Gewichtung: Ein Wert, der jeder Verbindung am Eingang eines Neurons zugeordnet wird, analog der einer Synapse. Das Gewicht (der „Gewichtungs-Faktor") bestimmt, in welchem Maße das eingehende Signal auf das Neuron geschwächt oder verstärkt übertragen wird. Das Gewicht einer bestimmten Verbindung wird durch w_{ij} bezeichnet, wobei i für das empfangende und j für das sendende Neuron steht. Jedes Neuron muß ein Gewicht oder eine Verbindungsstärke für jedes Neuron in der vorhergehenden Schicht speichern (sofern es mit diesem verbunden ist), damit es die gewichtete Summe der Signale aus dieser Schicht berechnen kann. Das bedeutet, daß ein neuronales Netz eine große Anzahl von Gewichten speichern muß. Wenn eine Schicht N Neuronen enthält und die vorherige Schicht M Neuronen, dann verbrauchen die Verbindungsstärken N*M Speicherworte. Meistens macht dieser Speicherbedarf nahezu den Gesamtspeicherbedarf des Systems aus. Bei einer Matrixdarstellung wird eine Matrix für jede Schicht von Verbindungen benötigt.

Gewichtsmatrix: Eine Matrix von Verbindungsstärken in einem Hopfield-Netzwerk. Sie wird gebildet, indem man das äußere Produkt jedes Fakten-Vektors mit sich selbst nimmt und diese alle miteinander addiert. Auch Verbindungsmatrix genannt. Siehe auch Anhang B.

Gewöhnung: Die verringerte Reaktionsbereitschaft auf einen Reiz, wenn dieser erwartet wird. Siehe Neuheiten-Detektor.

Glättendes Netzwerk: Ein neuronales Netzwerk, das klare Daten aus gestörten Daten herausfiltert

Gleichzeitig aktiv: Der Zustand zweier Neuronen, wenn der Impuls des sendenden Neurons nahezu gleichzeitig mit dem Ausgangspuls des empfangenden Neurons auftritt.

Gradient: Die maximale Veränderungsrate einer Variablen oder Funktion.

Großhirn: Die beiden großen Gehirnmassen höherer Säugetiere, welche die tiefer liegenden und entwicklungsgeschichtlich älteren, „primitiven" Bereiche überdecken.

Großhirnrinde: Der äußere Bereich des Gehirns, der die oberste Ebene der Verarbeitung ausführt, einschließlich der Entschlüsselung der Sinnesinformationen, der Bewegungssteuerung, des Gedächtnisses und der Assoziationen.

Gruppierung: Das Zusammenfügen von Reizen und Reaktionsgruppen zu Ganzheiten (chunks), die das Verhalten steuern. Ereignisse können durch solche Reiz-Reaktionseinheiten organisiert werden.

Habituation: → Gewöhnung

Hamming-Distanz: Die Anzahl von Neuronen, die bei zwei Gruppen von Gedächtnismustern unterschiedliche Zustände aufweisen. Sie wird als Maß für die natürliche Ähnlichkeit zwischen zwei Zuständen benutzt. In vielen Situationen wird jeder Input, der weniger als die halbe Hamming-Distanz von einer gespeicherten Erinnerung entfernt ist, das Netz dazu bringen, nahe dieser Erinnerung einzurasten.

Hardware-Beschleuniger: Spezielle Hardware, die dafür konstruiert ist, numerische Algorithmen schnell auszuführen.

Hebbsche Theorie: Eine Theorie über das menschliche Nervensystem, die besagt, daß die Verbindung zwischen Neuronen, die gleichzeitig aktiv sind, verstärkt wird (entspricht einer Vergrößerung des Gewichtungs-Faktors).

Hebbsches Gesetz: Die Lernregel, die besagt, daß die Veränderungen des Synapsengewichtes proportional dem Produkt der Synapsenaktivitäten sowohl der sendenden wie der empfangenden Zellen sind:

$$\Delta W ij = \eta \ a \ i \ oj$$

wobei η die Lernrate ist, a_i der Aktivierungswert des empfangenden Neurons und o_j der Ausgang des sendenden Neurons.

Hemmend: Die Neigung einer Synapse oder Verbindung, das empfangende Neuron am Feuern zu hindern. Eine hemmende Verbindung hat üblicherweise einen negativen Gewichtungsfaktor.

Hillock: → Axonhügelchen

Hippocampus: Ein Fortsatz der Rinde, der tief im Zentrum des Gehirns eingebettet liegt. Er ist entwicklungsgeschichtlich älter als der Kortex (Hirnrinde), man nimmt an, daß er zur Ablage oder Bildung neuer kognitiver Erinnerungen an anderen Stellen des Gehirns beiträgt. Der angenommene Signalweg läuft vom Hippocampus über den Thalamus zum Kortex. Im Kortex werden die sensorischen Impulse und die Signale vom Thalamus kombiniert und bewirken so eine verlängerte Erregungsperiode bestimmter Synapsen.

Hopfield-Assoziator: Ein assoziatives Speichernetzwerk, bei dem die Eingabe unvollständiger Informationen das Netzwerk zu einer Reaktion veranlaßt, indem es Pfaden zum nächstgelegenen Energieminimum folgt, bei welchem vollständige Information gespeichert ist.

Hopfield-Netzwerk: Rückgekoppeltes Netzwerk. Es besteht aus einfachen Neuronen, von denen jedes zwei Ausgangswerte annehmen kann: −1 (Aus) und +1 (Ein). Die linearen Synapsengewichte sorgen für eine globale Informationsverteilung. Die nichtlinearen logischen Operationen (die Ein/Aus-Ausgangsfunktion) in den Neuronen sind maßgeblich für die Berechnung. Trotz seiner augenscheinlichen Einfachheit weist ein Hopfield-Netzwerk eine beachtliche Rechenleistung auf. Hopfield-Netzwerke können als Musterassoziierer, CAMs (inhaltsadressierbare Speicher) oder Optimierer arbeiten.

„NetTalk": Terry Sejnowskis Programm, das geschriebenen Text einliest und Phoneme für den Betrieb eines Lautsprechers erzeugt.

Impuls (nervlich): Die Übertragung von Energie von einem Neuron auf ein anderes; ein Ausgangssignal von sehr kurzer Dauer.

Inhaltsadressierbarer Speicher: Ein Netzwerk, aus dem die gespeicherten Informationen durch Eingabe eines Teiles der gespeicherten Erinnerungen abrufbar sind (im Gegensatz zum Computerspeicher, in dem der Abruf über Speicheradressen erfolgt). Auch CAM für Content Addressable Memory. In einem Hopfield-CAM veranlaßt die Eingabe unvollständiger Informationen das Netzwerk zu einer Reaktion, durch die es dem Pfad zu einem nahegelegenen Energieminimum (Tal in der Potentialfläche) folgt, in dem die vollständige Information gespeichert ist.

Inneres Produkt: Ein Skalar, den man durch Multiplikation der *i-ten* Komponente eines Vektors mit der *i-ten* Komponente eines anderen Vektors und Summieren der Produkte erhält. Wird auch Skalarprodukt genannt.

Input bias: → Eingangsvorspannung

Input: Gesamtheit aller Eingangssignale oder Eingabemuster in ein System (Netz), im Englischen aber auch ein einzelnes Eingangssignal. Für ein Eingabemuster steht im Deutschen Eingabe, für Einzelsignal steht Eingang. Siehe auch Output.

Interconnection: → Querverbindung

Interpolierendes Netzwerk: Ein Netzwerk, das Daten aus einer verrauschten (gestörten) Quelle glättet.

Invariant representation: → Invariante Repräsentation

Invariante Repräsentation: Ein Problem bei neuronalen Netzen, das erfordert, daß ein Objekt erkennbar bleibt, auch wenn die Darstellung (Größe, Sichtwinkel usw.) sich ändert. Siehe auch Reizäquivalenz.

Ion: Ein Atom, das eine positive oder negative elektrische Ladung trägt.

Kern (Nucleus): Eine Ansammlung von Nervenzellen in der grauen Masse des Gehirns, in der zahlreiche Synapsen vorhanden sind.

Klassische Konditionierung: Ein Lernvorgang, bei dem zwei Reize gleichzeitig dargeboten werden. Der eine ist ein nichtbedingter Reiz, wie zum Beispiel ein Schock, der normalerweise eine nichtbedingte Reaktion, wie etwa Furcht, verursacht. Die wiederholte Konfrontation mit den beiden Reizen bewirkt schließlich, daß der zweite Reiz alleine (der bedingte oder konditionierte Reiz) dieselbe Reaktion bewirkt: Furcht vor dem zu erwartenden Schock.

Kleinhirn: Eine Gehirnstruktur, die komplexe willkürliche Muskelbewegungen koordiniert und reguliert.

Kognition: Die Fähigkeiten des bewußten Geistes: der Prozeß des Wissens, des Bewußtwerdens von Gedanken oder Wahrnehmungen sowie des Verstehens und Schlußfolgerns.

Kognitive Wissenschaft: Ein Zweig der Psychologie, der sich ursprünglich mit den Mechanismen des Lernens und des Gedächtnisses beschäftigt hat. Heute wird versucht, geistige Zustände mit den zugrundeliegenden Gehirnfunktionen zu verknüpfen.

Kognitiver Ansatz: Ein Lernkonzept in der Psychologie, das sich darauf konzentriert, wie unsere Wahrnehmungen durch Erfahrung modifiziert werden. Es unterstellt dem geistigen Prozess des Menschen mehr Flexibilität als der konnektionistische Ansatz.

Konjunktionstheorie (Theorie des „Zusammentreffens"): Eine Lerntheorie, die aussagt, daß zwei Signale, die an einem Neuron zu ungefähr demselben Ort und derselben Zeit zusammentreffen, eine stark erhöhte Membranempfindlichkeit verursachen, wodurch die Verbindungsstärke zwischen den Neuronen nichtlinear erhöht wird.

Konnektionisten: Leute, die das neue, auf (elektronischer) Vernetzung beruhende Informationsverarbeitungs-Verfahren anwenden, das sehr stark untereinander verbundene neuronenähnliche Komponenten verwendet.

Konnektionistischer Ansatz: Ursprünglich ein Ansatz der Psychologie, der Lernen als eine Sache auffaßte, die auf dem Einrichten von Verbindungen (Assoziationen) zwischen Reiz und Reaktion beruht. Eine Reaktion kann aus jeder Art von Verhalten bestehen, und ein Reiz kann durch eine beliebige eintreffende Energie dargestellt werden, die dazu tendiert, auf das Verhalten Einfluß zu nehmen. Man ging davon aus, daß alle Reaktionen von Reizen verursacht würden. Die Assoziationen haben viele Namen wie Gewohnheit (habit), Reiz-Reaktions-Verbindung und konditionierte Reaktion.

Kontinuierlich: Bezeichnet eine Variable, die jeden reellen (gebrochenen) Wert annehmen kann. Ein kontinuierliches Neuron kann in einem bestimmten Bereich jeden beliebigen Wert annehmen. Mit kontinuierlicher Zeit bezeichnet man die Art der für die Zeit benutzten Variablen t. t ist eine reelle Zahl, der nächste Wert für t ist einfach die Variable t plus einem beliebigen Differenzwert. Der Differenz- oder Deltawert ist die alte Zeit minus dem Zeitbetrag vor der nächsten auftretenden Veränderung. Diese Art von kontinuierlichem Netzwerk kann das Verhalten zeitorientierter Assoziationen simulieren.

Konventioneller Computer: Ein sequentiell arbeitender Computer mit einer von Neumann-Architektur. Die Bereiche für die Speicherung und Verarbeitung von Information sind getrennt, die Daten werden durch binäre Zahlen dargestellt und über Adressen angesprochen.

Konvergenz: Die Veränderung des Netzwerkzustandes, während es sich auf einen stabilen Zustand hinbewegt, nachdem ein Eingangsmuster angelegt wurde.

Konvexe Kombination: Eine Methode, mit der man verhindern will, daß Gewichtsvektoren in Gegenstrom- (counterpropagation) und Kohonen-Netzwerken sich in isolierten Regionen festlaufen. Diese Art von Netzwerk enthält am Anfang lauter gleiche Gewichtswerte. Man führt Bruchstücke von Mustern zu und erweitert diese Eingangswerte allmählich zu vollständigen Mustern. Die Methode funktioniert gut, verlangsamt aber die Anpassung.

Kooperation: Die Eigenschaft eines Netzwerkes, das eine globale Lösung durch lokale Wechselwirkung erzielt. Um einen kooperativen Algorithmus zu verwirklichen, werden parallele, rekursive und nichtlineare Wechselwirkungen benötigt.

Kovarianz: Ein Maß für die Tendenz zweier Variablen, sich auf solche Weise zu verändern, daß eine bestimmte Relation (Werteverhältnis) zwischen ihnen bestehen bleibt.

Kreuzkorrelation: Grossbergs Bezeichnung für die Verstärkung von Verbindungen entsprechend dem Hebbschen Gesetz.

Künstliche Intelligenz (KI): Eine Top-Down-Methode zur Lösung komplexer Probleme unter Verwendung von höheren Programmiersprachen und hochentwickelten Computern. Das Verhalten von KI (siehe auch AI)-Systemen beruht auf sequentiellen Prozessen. KI-Systeme lösen Probleme durch die Befolgung komplizierter vorprogrammierter Regeln.

Künstliches neuronales Netz: Ein Modell zur Simulation eines biologischen Nervensystems, das eventuell Gehirnvorgänge oder Fähigkeiten des Gehirns simuliert.

Lateral feedback: → laterale Rückkoppelung

Lateral inhibition: laterale Hemmung

Laterale Hemmung: Eine Netzwerkstruktur, die hemmende Verbindungen von einem Neuron zu allen anderen Neuronen in derselben Schicht aufweist.

Laterale Rückkoppelung: Rückkoppelung in einem mehrschichtigen Netzwerk, wobei der Input eines Neurons von anderen Neuronen in derselben Schicht abhängig ist.

Least Mean Squared (LMS) Rule: → Verfahren des Kleinsten mittleren quadratischen Fehlers

Lernen: Der Vorgang, bei dem ein Netzwerk seine Gewichte als Reaktion auf externe Eingangsdaten verändert.

Lernrate: Ein Faktor, der das Ausmaß der Korrekturen während des Lernens bestimmt; soll die Geschwindigkeit der Konvergenz des Netzwerkes verbessern.

Lernregel: Eine Gleichung, die festlegt, wie das Netzwerk die Werte seiner Verbindungsstärken modifizieren soll. Alle Lernregeln sind Variationen des Hebbschen Gesetzes.

Linear: nur mit einer Dimension behaftet; eine Funktion, deren Graph stets eine gerade Linie ist: Eine Variable beeinflußt eine andere in stets der gleichen Weise.

Lineare Übertragungsfunktion: Siehe Anhang E.

Linearer Assoziierer: Das frühe, von Anderson und Kohonen entwickelte assoziative Speichernetzwerk-Modell. Es ist das erste Modell, das Neuronen mit linearen Übertragungsfunktionen anstelle von Schwellenwert-Logikeinheiten verwendete. Die Neuronen reagieren auf Veränderungen der Eingangswerte durch Änderung der Feuerfrequenz an den Ausgängen. Das Netz bildet ähnliche Einganswerte auf ähnliche Ausgangswerte ab, woraus sich automatisch die Fähigkeit zur Verallgemeinerung ergibt. Einfache lineare Assoziierer verwenden die einfache Hebbsche Regel, die dem Netzwerk die Unterscheidung zwischen Mustern erlaubt, die wechselseitig orthogonal sind. Wenn die Eingangsmuster nicht alle orthogonal sind, entstehen gegenseitige Beeinflussungen (Interferenzen), und das Netz lernt nicht alle Muster korrekt. Lineare Assoziierer benutzen die Delta-Regel, die lediglich erfordert, daß alle Eingabemuster voneinander linear unabhängig sind, um perfekt gelernt zu werden.

Localization: → Lokalisierung

Lokalisierung: Ein Phänomen, das auftritt, wenn eine Gruppe von Neuronen, die sich dicht beieinander befinden, eine Anzahl von Signalen parallel empfangen und darauf als Einheit reagieren.

Magnitude: → Betrag

Makromolekül: Ein großes Molekül, das aus verschiedenen einfachen, miteinander verbundenen Strukturen besteht. Neurochemiker haben früher angenommen, daß in den Nervenzellen Information in Form von Mustern in Makromolekülen gespeichert wird, ähnlich der Art und Weise, wie genetische Information in der DNS (DNA) gespeichert ist.

Mapping (artificial): → Abbildung (künstliche)

Mapping (biological): → Abbildung (biologische)

Matrix: Ein rechteckiges Feld von Zahlen, das man sich auch als Liste von Vektoren oder als zweidimensionale Liste von Zahlen vorstellen kann. Wir stellen Matrizen mit fetten Großbuchstaben dar. Siehe Anhang B für ausführlichere Informationen.

Mean square error: → mittlerer quadratischer Fehler

Membran: Eine dünne Schicht Zellgewebe, die den Körper der Nervenzelle umhüllt.

Membranpotential: Das elektrische Ladungsgleichgewicht über der Membran. Es wird durch Nervenimpulse langsam verändert.

Memorization: → Merkvorgang

Merkvorgang: Die Fähigkeit eines Netzwerks, den gewünschten Output (Ausgabe) zu erzeugen, wenn es Eingabedaten erhält, die es während des Trainings kennengelernt hat.

Mittlerer quadratischer Fehler.

$$\sum_{i=1}^{N} (d_i - o_i)^2$$

wobei d_i der gewünschte Output von Neuron i ist, o_i ist der momentane Ausgang und N ist die Anzahl der Neuronen. Im Fehlerrückführungs-Algorithmus (Back Propagation) werden die Gewichte modifiziert, um den mittleren quadratischen Fehler zu minimieren. Eine Lösung erhält man, indem man den Gradienten (die Steigung) der Funktion des mittleren quadratischen Fehlers herausfindet.

Modell: Ein mathematisches oder physikalisches System, das gewissen spezifischen Bedingungen genügt. Das Verhalten eines Netzwerk-Modells dient dazu, ein biologisches System (Gehirnvorgänge) zu verstehen oder eine bestimmte Funktion eines solches Systems auszuführen (Gehirnleistungen).

Modul: Die kleinste funktionale Einheit in der Hirnrinde; eine Ansammlung von ungefähr 4000 Nervenzellen, die einen Zylinder mit einem Durchmesser von 300 Mikrometern bilden. Es verbindet vertikal sechs Rindenschichten. Wird auch Säule (column) genannt.

Musterassoziierer: Ein Netzwerk, in dem ein Muster in einer Gruppe von Neuronen in einer anderen Gruppe von Neuronen ein Muster hervorruft (das heißt, das die beiden Muster miteinander assoziiert). Musterassoziierer haben die Eigenschaft, daß zueinander nicht in Beziehung stehende Muster sich nicht gegenseitig beeinflußen, während ähnliche Muster dies tun. Ein Musterassoziierer ist in der Lage, zufällige Störungen zu ignorieren.

Mustererkennung: Die Fähigkeit eines neuronalen Netzes, eine Gruppe von früher gelernten Daten zu erkennen, selbst wenn das Eingabemuster Störungen und Verzerrungen aufweist.

Nachbarschaftsgruppe: Alle Neuronen in unmittelbarer Nachbarschaft eines bestimmten Neurons. Wenn i ein Neuron ist, dann können seine Nachbarn als $i+1$ und $i-1$ definiert werden. Die räumlichen Eigenschaften des Netzwerks hängen davon ab, wie die Nachbarschaft von Neuronen definiert ist. Zu Anfang sind Nachbarschaftsgruppen verstreut und nicht gut definiert. Die beste Selbstorganisation tritt auf, wenn die Nachbarschaftsbeziehungen anfänglich weit verstreut sind und dann mit der Zeit enger werden.

Neighbourhood set: → Nachbarschaftsgruppe

Neocortex: Die menschliche (Groß-)Hirnrinde; der evolutionär jüngste Teil des Gehirns.

Netware: (zu Netz-Software, also Netz-Simulations-Programm) Software, die die Struktur eines neuronalen Netzes und die Regeln definiert, die ein Netzwerk zur Lösung eines spezifischen Problems generiert.

Netware: → Netware

Netzwerk mit Fehlerrückführung: Ein vorwärts gekoppeltes Netzwerk, das das Lernverfahren mit Fehlerrückführung benutzt.

Netzwerk nach Kohonen: Ein selbstorganisierendes Netzwerk, das einfache adaptive Neuronen enthält, die Signalmuster aus einem Ereignisraum empfangen. Das Grundsystem besteht aus einem ein- oder mehrdimensionalen Array von Schwellenwert-Logikeinheiten mit lateraler Rückkoppelung zwischen Nachbarschafts-Einheiten. Das System modifiziert sich selbst so, daß benachbarte Einheiten ähnlich reagieren. Zu Anfang reagieren die Einheiten zufällig auf den ursprünglichen Ereignisraum. Ein Eingangssignal mit irgendeinem Parameterwert wird dem Netz dargeboten. Eine der Einheiten wird auf diesen Input am besten reagieren. Diese Einheit und ihre Nachbarn verändern ihre Synapsengewichte so, daß sie anschließend alle eher wie diese beste Einheit reagieren.

Neuheitendetektor: Eine Art von adaptivem Netzwerk, das Veränderungen der Eingangssignale erkennt. Wenn das Eingabemuster sich einige Zeit nicht ändert, bewegt sich der Ausgang allmählich auf den Wert Null zu. Der Wert Null bedeutet, daß das Netzwerk eine Gewöhnung an dieses Muster entwickelt hat. Wenn aber ein neues Muster erscheint, nimmt der Ausgang einen anderen Wert als Null an. Das ähnelt dem psychologischen Verhalten der Gewöhnung, der Fähigkeit, einen wiederholt dargebotenen Reiz zu ignorieren und so zu lernen, ihn als Normalzustand zu erwarten. Der Neuheitendetektor verwendet den LMS-Algorithmus.

Neuron: Eine Nervenzelle in einem biologischen Nervensystem; ein Verarbeitungselement in einem neuronalen Netzwerk. In beiden Fällen hat es eine Anzahl von Eingängen und einen einzelnen Ausgang. Die Eingangsbeträge werden summiert und mit einer Schaltschwelle verglichen. Wenn die Schwelle erreicht oder überschritten wird, wird ein Ausgangssignal (gleich dem Aktivierungswert des Neurons) erzeugt. Siehe Übertragungsfunktion.

Neuronales Netz: Hochgradig paralleles, dynamisches System, das Informationsverarbeitung durch seinen Gesamtzustand als Reaktion auf andauernde oder anfängliche Eingaben leistet. Ein mathematisches Modell der Gehirnnervenzellen. Manchmal als aus rückgekoppelten und parallel verbundenen Verstärkern gedacht. Auch als künstliches neuronales System, natürliche Intelligenz oder Neurocomputer bezeichnet.

Nichtkonditionierte Reaktion: Die normale Reaktion auf einen Reiz, wie etwa die Furcht vor dem Feuer.

Nichtkonditionierter Reiz: Ein normaler Reiz, der eine nichtkonditionierte Reaktion hervorruft.

Nichtlinear: mehr als eine Dimension aufweisend.

Nichtlinearität: In neuronalen Netzen kann es verschiedene Arten der Nichtlinearität geben: Rückkoppelung in dieselbe Schicht, mehrschichtige Rückkoppelung, Normalisierung und Wettbewerb oder mehrschichtige, vorwärts gekoppelte Netzwerke, die nichtlineare Übertragungsfunktionen verwenden.

Nichtlokale (Schluß-)Folgerung: Löst eine Mehrdeutigkeit aufgrund des Gesamtzusammenhanges. Ableiten eines Ergebnisses (Schlußfolgerung) aus Fakten oder Prämissen.

Nichtüberwachtes Lernen: Eine Lernmethode, bei der während des Trainings kein äußerer Einfluß vorhanden ist, der dem Netz sagt, ob seine Ausgabe korrekt war oder nicht. Das Netz benutzt weder einen Satz an Trainingsfakten noch gibt es einen äußeren Beobachter, der spezifische Korrekturen vornimmt.

Noise suppression: → Störunterdrückung

Noise-saturation dilemma: → Problem der Störungssättigung

Noise: → Störrauschen

Nonlocal inference: → nichtlokale Folgerung

Normalisierung: Eine Justierung, die dafür sorgt, daß Gewichte in einem vorgeschriebenen Bereich akzeptabler Werte bleiben.

Novelty detector: Neuheitendetektor

Nucleus, nuclei (plural): → Kern(e)

n-center off surround: → zentrumsaktiv, umgebungshemmend

Optimierungsprobleme: Logische (logistische) Probleme, die aus Situationen der realen Welt erwachsen und die das Herausfinden der besten Antwort aus vielen möglichen Lösungsmöglichkeiten einschließen. Optimierungsprobleme finden sich u.a. im Maschinenbau, im Handel und in der Wahrnehmung.

Ordered triple: → geordnetes Tripel

Orthogonal: Mathematisch in rechten Winkeln zueinander; konzeptuell nicht korreliert; linear unabhängig. Wenn das Skalarprodukt (siehe Anhang B) zweier Vektoren Null ergibt, sagt man, sie seien orthogonal.

Output: Gesamtheit aller Ausgangssignale oder Ausgabemuster aus einem System (Netz), hier meist als Ausgabe bezeichnet. Output kann auch ein einzelner Signalausgang sein, dann heißt es gelegentlich Ausgang statt Ausgabe. Dies lehnt sich an die Begriffe Ausgabe (eines Computerprogramms) und Ausgang (eines elektronischen Bauteils) an.

Outstar: → Ausgangsstern

P-Fläche (Potentialfläche): Eine dreidimensional gekrümmte Oberfläche, die die (symbolischen) Energiezustände in einem neuronalen Netz darstellt.

Parallel distributed processing: → parallel verteilte Prozesse

Parallel verteilte Prozesse: Anstatt daß eine Lösung zur nächsten führt, werden viele Lösungen gleichzeitig gefunden. Viele Prozessoren sind untereinander verbunden und arbeiten gleichzeitig mit zeitverteilt zugreifbarem Speicher (time-shared memory). Immer wenn Zwischenresultate fertig sind, stoßen sie neue parallele Schritte in dem Gesamtablauf an. Es ist nicht möglich, die genaue Reihenfolge vorherzusagen, in der die verschiedenen Prozesse ablaufen.

Pattern associator: → Musterassoziierer

Pattern recognition: → Mustererkennung

Perceptrons: Die einfachen Grundeinheiten von Rosenblatts schwellenwert-reguliertem Zwei-Zustands-Netzwerk. Auch die Bezeichnung für das Netzwerk selbst, das dafür entworfen wurde, ein Modell der biologischen Sinneswahrnehmung nachzubilden. Es verwendet eine Kombination verschiedenartiger Schichten von Neuronen, die Schwellenwert-Logikeinheiten darstellen. Die erste Schicht oder der Projektionsbereich BI besteht aus den Sensoren. Die zweite Schicht, der Assoziationsbereich BII, setzt sich aus Dekodern zusammen. Die dritte Schicht ist die Antwortschicht. Die Verbindungen zwischen den Schichten sind zufällig. Die einzige Rückkoppelung in dem Netzwerk besteht zwischen der Antwortschicht und dem Assoziationsbereich. *Perceptrons* ist auch der Name eines 1969 von Minsky und Papert geschriebenen Buches, mit der sie die Forschung über neuronale Netze jener Zeit in Zweifel zogen.

Phoneme: Von Sprachwissenschaftlern definierte Bestandteile der gesprochenen Sprache: die kleinsten bedeutungsunterscheidenden Einheiten, wie z.B. das /m/ in „Maus", das den Unterschied zu „Haus" markiert, ohne dabei selbst Bedeutung zu tragen.

Plastizität: Die Fähigkeit einer Gruppe von Neuronen, sich im Laufe der Zeit an eine neue Funktionsweise anzupassen. Wenn ein Teil des Netzwerkes beschädigt ist, passen sich andere Neuronen an, um die Funktion des beschädigten Teils zu übernehmen.

Potential, elektrisches: Spannung; die Potentialenergie (Energie eines Teilchens, die von seiner Position, nicht einer Bewegung herrührt) einer Ladungseinheit an irgendeinem Punkt in einem System, bezogen auf einen Referenzpunkt in dem System oder auf Masse.

Potentialdarstellung der Informationsenergie: Eine mathematische Funktion, welche die stabilen Zustände eines Netzwerkes als Energie- bzw. Potentialfläche darstellt und die zu ihnen führenden Pfade beschreibt.

Probability density function: → Funktion der Wahrscheinlichkeitsdichte

Problem der Störungssättigung: Ein Problem aller störbehafteten zellulären Systeme, die Eingangsmuster verarbeiten. Wenn die Eingangssignale zu gering sind, können sie in den Störungen untergehen. Wenn die Eingangssignale verstärkt werden, um den Störbereich zu überragen, können sie alle Neuronen sättigen (alle erregbaren Neuronen werden aktiviert), so daß die Unterscheidungsfähigkeit des Netzes für verschiedenartige Eingaben reduziert wird. Das Netz kann nicht entscheiden, ob die Eingangssignale Störungen oder Nutzsignale darstellen.

Projektion: Abbilden einer Figur in eine andere Dimension, z.B. zweidimensionale perspektivische Darstellung einer dreidimensionalen Szene.

Pseudoadaptive Resonanz: Eine Bedingung, die auftritt, wenn zwei Schichten eines in beiden Richtungen arbeitenden assoziativen Speichers ins Gleichgewicht kommen.

Pyramidenzellen: Die Hauptmasse der Nervenzellen in der Großhirnrinde. Pyramidenzellen haben basale und apikale Dendriten. Die basalen Dendriten befinden sich an der Basis des Zellkörpers (Soma). Apikale Dendriten sind weit vom Zellkörper entfernt. Sie sind mit dem Soma durch stielförmige Membranausbildungen verbunden.

Querverbindung: Der Pfad von einem Neuron zu einem anderen. Er weist eine Gewichtung (relative Bedeutung oder Stärke) auf. Auch einfach „Verbindung" genannt.

Räumliche Muster: Zu einem bestimmten Zeitpunkt gleichzeitig (parallel) vorliegende Signalwerte.

Reaktion: Jedes von einem Organismus als Antwort auf einen bestimmten Reiz gezeigte Verhalten.

Redundanz: Die absichtliche Verdoppelung von Information.

Refractory period: → Refraktärperiode

Refraktärperiode: Die kurze Ruhezeit, nachdem ein Aktionspotential erzeugt worden ist; während dieser Zeit kann die Membran nicht erneut erregt werden.

Regelbildung: Die Produktion der gewünschten Ausgabe aus Eingangsdaten, die das Netz nie zuvor gesehen hat. Siehe Generalisierung.

Regression: Das Maß der mittleren Erwartung einer abhängigen stochastischen Zufallsvariable von einer anderen; d. h. die Tendenz des erwarteten Wertes einer von zwei gemeinsam korrelierten Zufallsvariablen, dem mittleren Wert seines Bereiches näherzukommen als der anderen.

Reinforcement: → Verstärkung

Reinforcer: → Verstärker

Reiz: Jede Art von eintreffender Energie, die einen Einfluß auf das Verhalten ausübt.

Reizäquivalenz: Unsere Fähigkeit, zu entscheiden, daß ein Objekt, das wir in einer abweichenden Orientierung (Größe, Position usw.) sehen, immer noch dasselbe Objekt ist.

Rekursion: Ein Polynom, in dem jeder Term durch die Anwendung einer Formel auf die vorhergehenden Terme bestimmt wird. Bezeichnet auch die Formel, die die aufeinanderfolgenden Terme einer Rekursion erzeugt.

Relation, relationale Struktur: Eine abstrakte Struktur, die Informationsdetails miteinander in Beziehung setzt.

Resonanzzustand: Grossbergs Theorie, daß die funktionale Einheit von Wahrnehmungen und Erkenntnis ein Zustand resonanter Aktivität zwischen eingehender Information und Rückkoppelungserwartung ist. Siehe adaptive Resonanz.

Rückgekoppeltes Netzwerk: Ein Netzwerk, in dem Neuronen ihre Eingangssignale von jedem beliebigen anderen Neuron erhalten können, sogar von ihrem eigenen Ausgang. Da ein Neuron mit jedem anderen Neuron in Verbindung stehen kann, haben rückgekoppelte Netzwerke in der Regel nur eine Schicht. Um ein Ergebnis zu erhalten, muß ein rückgekoppeltes Netzwerk dieses wiederholt berechnen, bis die Neuronen in einem stabilen Zustand einrasten. Es gibt keine Möglichkeit vorherzusagen, wie lange dies dauert. Glücklicherweise benötigt die Konvergenz zu einem Ergebnis bei den meisten Systemen nur wenige Wiederholungen.

Rückkoppelung: Ein Zustand, der auftritt, wenn die Ausgangssignale eines Neurons zu seinen eigenen Eingängen, zu den Eingängen von Neuronen in vorangehenden Schichten oder in derselben Schicht zurückgeschickt werden. Grossberg definiert Rückkoppelung als Erwartung.

Ruhepotential: Die Spannungsdifferenz von etwa 40 bis 60 Millivolt zwischen dem Inneren und der Umgebung einer Nervenzelle, wenn sich nichts ereignet.

Rule extraction: → Regelbildung

Running mode: → Arbeitsmodus

Säule: typische vertikale Verteilung von Zellen in einem Zylinder mit 300 Mikrometer Durchmesser, der 6 Schichten der Hirnrinde vertikal verbindet. Die Hälfte der Neuronen in einer Säule sind Pyramidenzellen. Wird auch als Modul bezeichnet. Siehe Bündel (Cluster).

Schaltschwelle: Ein interner Aktivierungswert in einem Neuron, der den Ausgangsimpuls anstößt, wenn der Schwellenwert erreicht worden ist.

Schicht: Eine Gruppe von Neuronen, die eine funktionale Eigenschaft teilen. Der größte Teil der menschlichen Hirnrinde besteht aus zahlreichen Nervenzellenschichten. In jeder Schicht weisen die Neuronen dichte Querverbindungen auf. Ein neuronales Netzwerk besteht aus Schichten von Neuronen, die miteinander verbunden sind. Wie die Querverbindungen der Neuronen im einzelnen beschaffen sind, bestimmt die Art der sich ergebenden Verarbeitung. Siehe rückgekoppelte und vorwärts gekoppelte Netzwerke. Neuronen können sich an drei verschiedenartigen Plätzen befinden: an der Eingangsschicht, der Ausgangsschicht oder in einer der verborgenen (Zwischen-)Schichten. Die Eingangsneuronen empfangen Daten von der äußeren Welt. Die Ausgangsneuronen schicken Daten an den Benutzer oder zu sonst einer äußeren Instanz. Die verborgenen Neuronen sind alle Neuronen dazwischen. Man sieht ihre Eingänge und Ausgänge von außen (am Ein- oder Ausgang des Netzes) nicht, da sie nur mit anderen Neuronen verbunden sind.

Schlüsseleingabe, Schlüsselwort: Ein Eingangsmuster, das die Suche nach anderen Daten in einem assoziativen Speichernetzwerk auslöst.

Schwellenwert-Logikeinheit oder Neuron: Ein binäres (zweiwertiges) Neuron, dessen Aktivierung oder Ausgang den Wert 1 annimmt, wenn die gewichtete Summe seiner Eingänge einen Schwellenwert überschreitet und der andernfalls 0 ist. (Manchmal sind die Werte 1 und -1.)

Schwellenwertfunktion: Eine spezielle Übertragungsfunktion mit einem Alles-oder-Nichts-Ausgang. Wenn der Eingangswert größer als ein gewisser festgelegter Betrag (die Schwelle) ist, gibt das Neuron eine 1 aus. Andernfalls gibt es eine 0 aus. Der Eingang des Neurons muß folglich eine bestimmte Höhe erreichen, ehe es einen Einfluß auf den Zustand des Netzes erlangt.

Search procedure: ➙ Suchprozedur

Selbstassoziatives Speichernetz: Ein inhaltsadressierbares Speichernetz, bei dem die Eingabe unvollständiger Information zur Ausgabe der vollständigen Information führt: der Teil, der eingegeben wurde plus dem fehlenden Teil.

Selbstjustierend: Die Fähigkeit eines Netzwerkes, sich durch Modifikation seiner internen Informationsverarbeitung an veränderte Eingangsdaten anzupassen.

Selbstorganisation: Prinzip, nach dem neuronale Netze sich selbst trainieren. Dies geschieht üblicherweise durch die Veränderung der individuellen Synapsengewichte als Reaktion auf Veränderungen der Eingangswerte. Alle Gewichte der Neuronen werden gleichzeitig nach der Maßgabe von Lernregeln modifiziert, wodurch die Produktion einer „besten Schätzung" zu einem schlecht definierten Problem möglich wird.

Sensorische Rindenfelder (Empfindungsfelder): Hirngebiete, die direkt mit sensorischen Körperabschnitten verbunden sind.

Sequential processing: ➜ sequentielle Verarbeitung

Sequentielle Verarbeitung: Die Verarbeitung von Daten Schritt für Schritt, wobei die Reihenfolge von einer abstrakten Liste vorgegeben ist, nicht auf der Basis zeitlicher Ereignisse. Die meisten modernen Computer haben einen getrennten Speicher und eine zentrale Verarbeitungshardware. Um eine Berechnung auszuführen, müssen die passenden Daten aus dem Speicher abgerufen und in den Zentralprozessor eingebracht werden; dort werden sie bearbeitet, ehe sie in den Speicher zurückgeschrieben werden. Auch als serielle Verarbeitung bezeichnet.

Sigmoid function: ➜ sigmoide Funktion

Sigmoide Funktion: Eine Übertragungsfunktion, die eine obere und untere Sättigungsgrenze (z.B. 0 und 1) hat und einen proportionalen Bereich dazwischen. Diese Funktion wird 0, wenn der Aktivierungswert eine große negative Zahl ist, und 1, wenn der Aktivierungswert eine große positive Zahl ist, dazwischen gibt es einen weichen Übergang. Die graphische Darstellung der Sigma-Funktion ergibt eine Kurve in Form eines flachgeneigten S.

Signal: Die Zusammenfassung des physikalischen und informationsmäßigen Ereignisses, das in einem System eine bestimmte Bedeutung (Nachricht) trägt. Der Informationsgehalt ist von der physikalischen Trägerform (elektrisch, chemisch) unabhängig, doch bedarf es immer eines bestimmten physikalischen (chemischen, elektrischen, akustischen, pneumatischen...) Vorganges, um in einem realen System eine Nachricht zu übermitteln – diese „bedeutungsvolle" materielle Größe nennt man ein „Signal".

Silizium-Logikgatter: logische Funktionen, wie zum Beispiel boolesche Operationen, die in integrierten Siliziumschaltungen (ICs für integrated circuits) realisiert sind.

Simple linear associator: ➜ einfacher linearer Assoziierer

Simulated annealing: ➜ Simuliertes Tempern

Simulated ironing: ➜ simuliertes Bügeln

Simulation: Darstellung eines Systems, die das Verhalten dieses Systems imitiert.

Simuliertes (Aus-)Bügeln: Ein Verfahren, das Falten (Unebenheiten) von der Potentialfläche entfernt. Es fügt dem Lernprozess einen Rechenschritt (Term) hinzu. Der Effekt dieses Terms nimmt mit der Zeit ab. Dieser deterministische Ansatz führt immer „hügelabwärts" und kann niemals eine (größere) Barriere überwinden.

Simuliertes Tempern: In Analogie zu entsprechenden Verfahren in der Metallverarbeitung bezeichnet man mit simuliertem Tempern die Technik, mit der die Potentialfläche gleichmäßiger gemacht und die lokalen Minima (tiefsten Stellen) entfernt werden. Das ermöglicht es dem Netzwerk, sich auf der Potentialfläche einige Schritte einen Hügel hinaufzubewegen. Diese Schritte erfolgen mit einer „temperaturabhängigen" Wahrscheinlichkeit. Die Temperatur ist in diesem Zusammenhang eine explizit mit der Zeit abnehmende Funktion. Dieser probabilistische (wahrscheinlichkeits-mechanische) Ansatz überwindet kleine Barrieren durch „Hopser".

Skalarprodukt (auch Punktprodukt): Eine Zahl, die man erhält, indem man jedes Element einer Menge mit dem korrespondierenden Element der anderen Menge multipliziert und die Produkte aufsummiert.

Soma: Der Zellkörper einer biologischen Nervenzelle; der Ort, an dem eingehende Signale addiert werden.

Spatial patterns: → räumliche Muster

Stabiler Zustand: Das Muster, in dem sich ein rückgekoppeltes Netzwerk „zur Ruhe setzt", sobald die Neuronen sich nicht mehr verändern. Die Energie, die eine Vorrichtung benötigt, um einen stabilen Zustand zu erreichen oder sich auf eine Antwort festzulegen, kann dreidimensional als gewölbte Oberfläche gezeichnet werden, der Energie- oder Potentialfläche. Wenn das Netzwerk arbeitet, beschreiben die Veränderungen Pfade entlang der Potentialfläche. Wenn ein stabiler Zustand erreicht ist, kommen die Ausgänge am Grunde eines der Täler zur Ruhe, die man auch Energieminima nennt.

Stimulus: → Reiz

Stochastische Approximation: Eine Funktion, in der die Werte von einem Wahrscheinlichkeits- oder Zufallsfaktor abhängen.

Stochastische Funktion: Eine Funktion, die von einer Zufallsvariablen abhängt. Netzwerkfunktionen können deterministisch oder stochastisch sein. Deterministische Netzwerke benutzen Variable, die in ihrem Funktionsbereich eingeschränkt sind. Stochastische Netzwerke enthalten Generatoren für Zufallsrauschen.

Stochastischer Gewichtsverfall: Eine Technik, die es dem Netz ermöglicht, aus lokalen Energieminima (Potentialtälern) zu entkommen. Anstatt alle Gewichte allmählich gleichmäßig zu verringern, schwächt dieses Verfahren eine zufällige Teilmenge der Gewichte etwas stärker als den Rest der Gewichtungsfaktoren.

Störrauschen: Irrelevante oder ungenaue Daten in Eingabemustern; Zufallswerte, die zu allen Gewichten addiert werden, um das Netz vor dem Festlaufen in einem lokalen Energie- oder Potentialminimum zu bewahren; unpräzise Information wie etwa eine Schachtel, die zum größten Teil sichtbar, teilweise aber von anderen Gegenständen verdeckt wird (neuronale Netzwerke sind gut darin, verrauschte Signale zu reinigen); beim Anfangszustand absichtlich eingeführte ungenaue Daten, um die Genauigkeit eines Netzes (nach dem Training) zu erhöhen.

Störunterdrückung: Die Fähigkeit, unwesentliche Störinformationen wegzufiltern und die Aufmerksamkeit nur auf die wesentliche Information zu richten. Störunterdrückung ist der Mechanismus, der rückwirkend die Erwartungshaltung ändert, wenn die gelernte rückgekoppelte Erwartung nicht mit dem tatsächlichen Output übereinstimmt.

Subspace method: → Teilraum-Methode

Suchprozedur: Das Einschlagen eines Pfades zu einem Energieminimum (Potentialtal). Läßt sich durch eine Murmel versinnbildlichen, die von einem gegebenen Punkt auf der gewölbten Potentialfläche in Richtung des Gefälles in das nächstgelegene Tal („Energieminimum") rollt und dort zur Ruhe kommt.

Summation function: → Summierungsfunktion

Summierungsfunktion: Aktivierungsfunktion. Signale werden addiert und mit einem internen Schwellenwert verglichen.

Supervised learning: → überwachtes Lernen

Synapse: Die elektrochemische Kontaktstelle zwischen zwei Neuronen. Synapsen können erregend sein (so daß sie ein Ansteigen des Aktivierungsniveaus im empfangenden Neuron verursachen) oder hemmend (Verringerung des Aktivierungsniveaus).

Teilraum-Methode: Ein Mustererkennungs-Algorithmus, bei dem Muster als lineare Mannigfaltigkeiten klassifiziert werden. Eine Mannigfaltigkeit ist eine Gruppe von Elementen, die eine Anzahl von topologischen (räumlichen) Eigenschaften gemeinsam haben.

Temporal summation: → zeitliche Summierung

Temporale assoziation: → zeitliche Assoziation

Thalamus: Ein Paar von eiformigen Körpern auf der Hinterseite des Gehirns, die Signale zu den Projektionsbereichen des Kortex zusammenfassen und weiterleiten. Der Thalamus leitet auch Signale vom Hippocampus an den Kortex weiter und Signale von einem Rindenbereich zu einem anderen.

Threshold function: → Schwellenwertfunktion

Threshold: → Schaltschwelle

Topdown-Prinzip: Vom Allgemeinen zum Speziellen. Ein Ansatz zur Problemlösung, der mit den Aufgabenstellungen auf der höchsten oder komplexesten Ebene beginnt und in Richtung auf zunehmende Vereinfachung und Teilproblembildung fortschreitet.

Topologie: Räumliche Beziehungen; die Untersuchung der Eigenschaften geometrischer Anordnungen, die sich durch eine zusammenhängende Abbildung nicht ändern.

Training set: → Trainingssatz

Training: Ein Vorgang, bei dem die Gewichte oder Verbindungsstärken auf planmäßige Weise unter Verwendung einer Lernmethode verändert werden.

Trainingssatz: Eine paarige Liste von zusammengehörigen Ein- und Ausgabemustern, die beim überwachten Lernen benutzt wird. Jedes Paar wird ein Faktum genannt. Es ist wichtig, daß alle Informationen, die das Netzwerk lernen soll, in dem Trainingssatz enthalten sind und daß die Fakten allgemein miteinander in Beziehung stehende Informationen enthalten. Die Eingaben können Symbole, Bilder oder Zahlen sein.

Transfer function: → Übertragungsfunktion

Translational invariance: → Translatorische Invarianz

Translatorische Invarianz: Die Fähigkeit, Muster auch dann korrekt zu erkennen, wenn die Größe, Drehung und Form der Reizmuster nicht dieselben sind wie bei dem gelernten Muster.

Trashing: → Beschneiden

Trieb: Ein biologisch wichtiger Anreiz; eine Motivation, die auf elementaren Bedürfnissen wie Hunger, Durst, Furcht oder Fortpflanzung beruht. Auf Befriedigung gerichtete Triebe, wie Durst oder Hunger, kann man sich als erregend denken, auf Vermeidung gerichtete Triebe dagegen als hemmend.

Triebbefriedigung: Ein Zustand, der auftritt, wenn die Reaktion auf einen Trieb (der sozusagen die Rolle des Reizes spielt) diesen vermindert. Triebbefriedigung ist nicht Verstärkung. Saccharin verstärkt das Verhalten einer Ratte genauso wie es Zucker tut, aber Saccharin reduziert nicht den Hungertrieb der Ratte. Futteraufnahme ist Triebbefriedigung, der Genuß von Saccharin dagegen ist bloß Verstärkung, da das Saccharin als Ersatzstoff den Trieb nicht befriedigen kann.

Übertragungsfunktion: Eine Funktion, die bestimmt, wie der Aktivierungswert des Neurons auszugeben ist. Sie kann linear, sigmoid oder eine Schwellenwertfunktion sein. Siehe auch Anhang E.

Überwachtes Lernen: Eine Methode, bei der ein äußerer Einfluß dem Netzwerk anzeigt, ob seine Ausgabe korrekt war oder nicht. Die Ausgabe des Netzes wird mit der gewünschten Ausgabe verglichen, dann werden die Gewichte justiert, um eventuelle Abweichungen zu verringern. Die Vergleiche können durch einen Satz von Trainingsfakten oder durch einen wirklichen Beobachter erfolgen.

Vektor: Eine geordnete Liste von Zahlen. Wir stellen Vektoren mit fettgedruckten Kleinbuchstaben dar: *a* = [1 2 3], *b* = [1,3 2,9 –30]. Weitere Informationen siehe Anhang B.

Vektorraum, linearer: Eine Gruppe von Vektoren L und eine Gruppe von Skalaren F derart, daß L bezüglich der Vektoraddition abgeschlossen ist. Letzteres ist notwendig, um für jedes **x** aus L die Kommutativität, die Assoziativität, die Existenz eines additiven Einselements und die Existenz eines additiven inversen Elements zu garantieren. L muß auch bezüglich der skalaren Vektormultiplikation abgeschlossen sein. Das ist notwendig, um die Assoziativität, die Distributivität und die Existenz eines multiplikativen Einselements (Einheitsskalar) zu garantieren. Die Distributivität liegt dabei auf zwei Arten vor:

1) ein Skalar multipliziert mit der Summe zweier Vektoren:
    s * (*v1* + *v2*) = s + *v1* + s * *v2*
2) die zweier Skalare multipliziert mit einem Vektor:
    (s1 + s2) * *v* = s1 * **v** + s2 * *v*.

Verallgemeinerte Delta-Regel: Eine Variante der Delta-Regel für ein Netzwerk mit verborgenen Neuronen. Wird auch Fehlerrückführungs-Regel (Back Propagation Rule) genannt.

Verallgemeinerung (Generalisierung): Fähigkeit eines Netzwerks, den gewünschten Output anhand von zugehöriger oder ähnlicher Information zu erzeugen, wenn es Eingangsdaten erhält, die es nie zuvor gesehen hat. Bei Konditionierungsexperimenten bezieht sich der Begriff der Verallgemeinerung auf die Tendenz eines Subjektes, auf ähnliche Reize zu reagieren.

Verbindung: ➥ Eine einzelne Kommunikationsverbindung zwischen zwei künstlichen Neuronen, über die Signale weitergeleitet werden. Eine Verbindung ist das Analogon zur Synapse einer biologischen Nervenzelle. Jede Verbindung hat ein Gewicht, das anzeigt, welcher Anteil von dem Betrag eines eingehenden Signals zu dem Neuron durchgelassen wird. Es kann zwei verschiedene Arten von Verbindungen zu einem Neuron geben: erregende und hemmende. Hemmende Verbindungen verringern die Bereitschaft des Neurons, zu feuern. Erregende Verbindungen erhöhen die Feuerbereitschaft (dh. die Bereitschaft, selbst Signale auszusenden).

Verbindungsmatrix: Die in einer Tabelle angeordneten Gewichtungswerte. Auch als Konnektivitätsmatrix oder Gewichtsmatrix bezeichnet.

Verfahren des kleinsten mittleren quadratischen Fehlers:

Der Fehlerkorrektur-Algorithmus, der im ADALINE-Modell benutzt wird. Er besagt:

(neue Gewichte) = (momentane Gewichte) − η * Fehler * Eingänge

wobei η der Koeffizient ist, der die Rückkoppelungsverstärkung oder die Sprunggröße bestimmt. Dies ist exakt dasselbe wie die Deltaregel.

Verstärker: Etwas, das bewirkt, daß eine Reaktion häufiger auftritt. Bei der Konditionierung ist ein Verstärker ein Belohnungsreiz, der ein erwünschtes Verhalten festigt.

Verstärkung: Das Auftreten oder die experimentelle Verabreichung eines nichtkonditionierten Reizes zusammen mit einem konditionierten Reiz; die Festigung einer konditionierten Reaktion durch diese Methode; die Festigung einer operanten konditionierten Reaktion, die zu einer Trieberfüllung führt; ein Ereignis, ein Umstand oder eine Bedingung, welche die Chance erhöhen, daß eine bestimmte Reaktion in einer ähnlichen Situation auftritt wie in der, in der die verstärkende Bedingung ursprünglich vorkam.

Verteiltes Gedächtnis: Eine Eigenschaft neuronaler Netze, in denen eine bestimmte Erinnerung nicht auf einer einzelnen Adresse, sondern verstreut über das ganze, hochgradig vernetzte parallele System verteilt ist.

Vorwärts gekoppeltes Netzwerk: Ein Netzwerk, in dem Neuronen ihre Eingangssignale lediglich aus der vorangehenden Schicht erhalten und ihre Ausgangswerte nur an die nächste Schicht weiterleiten. Neuronen in einer bestimmten einzelnen Schicht haben keine Verbindung untereinander. Daher gelangen vorwärts gekoppelte Netze sehr schnell zu einem Ergebnis. Während die Neuronen mit sich selbst in Wechselwirkung treten und einen stabilen Zustand anstreben gibt es keine zeitliche Verzögerung.

Weckvorgang: Ein biologischer Begriff, der die Veränderung des geistigen Erregungszustandes während des Aufwachens bezeichnet.

Weight: → Gewicht, Gewichtung

Wettbewerb: Charakteristik von Netzwerken, die eine so starke laterale Hemmung aufweisen, daß die Anzahl der aktiven Neuronen minimiert wird und nur ein Neuron in der Schicht, üblicherweise der Ausgangsschicht, auf einmal aktiv sein kann. Die Neuronen wetteifern untereinander so stark, daß nur eines von ihnen auf ein Eingangsmuster reagiert. Eine Modifikation dieser Charakteristik besteht in einer Veränderung der Wettbewerbsregeln, so daß es mehr als ein Gewinnerneuron geben kann, doch müssen die Signale der Gewinner sich zu 1 addieren.

Zeitliche Assoziation: Der Mechanismus, durch den zeitliche Folgen gemerkt und rekonstruiert werden.

Zeitliche Muster: Abfolgen von räumlichen Mustern.

Zeitliche Summierung oder Ruheanpassung: Der Effekt, daß Reizstimulierung über die Zeit aufsummiert wird, so daß das Ruhepotential des Neurons verändert wird.

Zentrumsaktiv, umgebungshemmend: Eine Gruppe von Neuronen, in der das zentrale Neuron erregend ist, während die umgebenden Neuronen hemmend sind. Sie empfangen alle das gleiche Eingangssignal. Der Gesamteffekt ist eine Aktivierung des Zentrums und keine Aktivierung der umgebenden Neuronen.

Vektoralgebra

Eine kurze Einführung in die lineare Algebra

Neuronale Netze bestehen aus einer Menge miteinander verbundener Neuronen. Bei den meisten Implementierungen verwendet das betreffende Programm Arrays von Zahlen (ein Array ist die programmiersprachliche Entsprechung eines Vektors, beispielsweise als Datentyp in Pascal, das heißt eine Ansammlung von Elementen gleichen Typs, wie zum Beispiel ganze oder reelle Zahlen, von denen jedes über einen ganzzahligen, eindeutigen Index angesprochen werden kann. In den folgenden Beispielen finden Sie häufig Vektoren, in denen ganze Zahlen und Bruchzahlen gemischt vorkommen. Dann sind entweder besondere programmiertechnische Vorkehrungen notwendig – wie etwa ein Array aus Recordvarianten – oder man speichert einfach die ganzen Zahlen auch als REAL-Zahlen. Anm. d. Üs.). Diese Arrays stellen die Ausgangswerte der Neuronen und die Verbindungsstärken zwischen den Neuronen dar. Die Arrays nennt man auch Vektoren und Matrizen. Das Gebiet der Vektoren und Matrizen ist viel umfangreicher als wir es hier darstellen. Wenn Sie daran über das für das Verständnis neuronaler Netze notwendige Minimum hinaus interessiert sind, sollten Sie sich eines der im Anschluß an die Anhänge in der Bibliographie aufgeführten Werke vornehmen.

Vektoren

Ein Vektor ist eine geordnete Liste von Zahlen. Die Liste wird normalerweise in eckigen Klammern angeschrieben. Wir stellen Vektoren durch fettgedruckte Kleinbuchstaben dar:

a = [1 2 3]
b = [1,3   2,9   -30   0   -6,3]

Wenn der Name eines bestimmten Vektors beispielsweise **u** ist, dann wird der i-te Eintrag mit u_i bezeichnet. Das bedeutet, wenn **u** eine Liste aus vier Zahlen ist, werden die einzelnen Zahlen als u_1, u_2, u_3 und u_4 bezeichnet. Beachten Sie, daß wir *kein* fettgedrucktes u verwenden, wenn wir einzelne Einträge in den Vektor **u** bezeichnen!

$\mathbf{u} = [1 \quad 2{,}71828 \; 3{,}14159 \quad 4]$
$u_2 = 2{,}718283$

Die Reihenfolge der Zahlen ist wichtig. Zwei Vektoren sind nicht gleich, wenn sie dieselben Zahlen in unterschiedlicher Reihenfolge enthalten: [1 2 3] ist nicht gleich [2 3 1], Vektoren sind also nicht dasselbe wie Mengen!

Wir können uns einen Vektor als Liste vorstellen, in der jede Zahl einen bestimmten Charakterzug einer Person beschreibt. Wir können beispielsweise die Größe einer Person in Zentimetern, das Gewicht in Kilogramm, das Alter und das Geburtsjahr in Jahren angeben und die Daten dieser Person als Vektor anschreiben:

	Größe	Gewicht	Alter	Geboren
Hans	170,2	70	24	1964
Stefan	180,3	82	41	1947
Georg	176,5	80	64	1924
Miriam	167,6	55	60	1928

Um die Daten mit einem neuronalen Netz zu verarbeiten, könnte „Hans" ein Eingabevektor $\mathbf{h}$ sein: jede Zahl in $\mathbf{h}$ teilt einem der Eingangsneuronen eine jeweils besondere Eigenschaft mit. Auch zur Darstellung der Neuronenschichten verwenden wir Vektoren. Für jede Schicht werden die Ausgänge aller Neuronen in einen Vektor geschrieben. Dieser Vektor kann auf eine andere Neuronenschicht (als Eingabe) angewendet werden oder er bildet den Ausgang des Netzes. Das ist nicht nur ein organisatorisches Hilfsmittel, es gestattet auch, mathematische Standardverfahren zu benutzen, um auf die Neuronen zuzugreifen und sie zu verändern. Wenn die erste Schicht eines neuronalen Netzes beispielsweise 50 Neuronen enthält, können wir uns auf deren Ausgänge durch einen Vektor beziehen:

SchichtEins = [SchichtEins$_1$ SchichtEins$_2$ SchichtEins$_3$ ... SchichtEins$_{50}$]

Beachten Sie, daß die „1" bei SchichtEins$_1$ sich auf einen bestimmten Eintrag in dem Vektor **SchichtEins** bezieht, nämlich den ersten. SchichtEins$_1$ ist eine symbolische Bezeichnung für den Ausgang des ersten Neurons, die nicht besagt, das erste Neuron habe den Wert 1.

Graphische Darstellung

$\mathbf{a}$ = [1 4 5 5]   dim ($\mathbf{a}$) = 4
$\mathbf{b}$ = [0 1 6 2 2 6]   dim ($\mathbf{b}$) = 6

Vektoren mit zwei Dimensionen können durch einen Graphen dargestellt werden. Der Vektor $\mathbf{c}$ wird durch einen Pfeil dargestellt, der vom Ursprung (0, 0) ausgeht und in dem Punkt (c_1, c_2) endet. Wir können einen zweidimensionalen Vektor durch die Länge und Richtung eines Pfeils beschreiben. Die Länge des Pfeils wird Betrag des Vektors genannt. Die Richtung des Pfeils nennt man einfach Richtung des Vektors. Wenn zwei Vektoren gleich sind, dann besitzen sie denselben Betrag und dieselbe Richtung. Umgekehrt sind zwei Vektoren gleich, wenn sie denselben Betrag und dieselbe Richtung aufweisen. Der Betrag eines Vektors wird durch den Namen des Vektors, umgeben von zwei |, dargestellt. Der Betrag |$\mathbf{c}$| des Vektors $\mathbf{c}$, wird definiert durch:

$$|\mathbf{c}| = (c_1^2 + c_2^2)^{1/2}$$

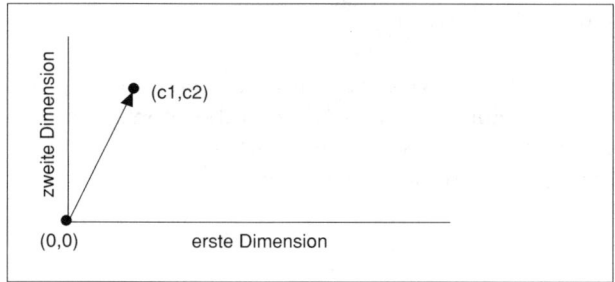

Auch dreidimensionale Vektoren können graphisch dargestellt werden. Solche Vektoren besitzen ebenfalls einen Betrag und eine Richtung. Auch Vektoren mit 4 oder mehr Dimensionen können durch ihren Betrag und ihre Richtung beschrieben werden, doch können wir sie nicht mehr zeichnerisch darstellen. Wenn $\mathbf{d}$ ein Vektor mit n Dimensionen ist, so wird sein Betrag |$\mathbf{d}$| definiert durch:

$$|\mathbf{d}| = (d_1^2 + d_2^2 \ldots + d_n^2)^{1/2}$$

Der Betrag von $\mathbf{a}$ ergibt sich zu

$(0{*}0 + 1{*}1 + 6{*}6 + 2{*}2 + 2{*}2 + 6{*}6)^{1/2} = 9$

bzw.

$$\sqrt{(0{*}0 + 1{*}1 + 6{*}6 + 2{*}2 + 2{*}2 + 6{*}6)} = \sqrt{81} = 9$$

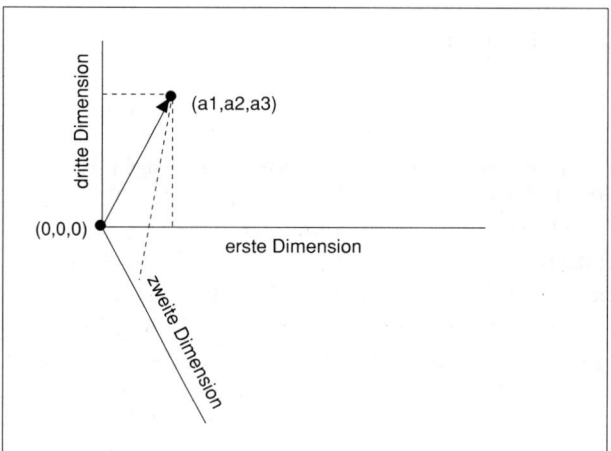

Vektorrechnung

Im folgenden wollen wir annehmen, daß alle Vektoren n-dimensional sind, ohne daß wir die Größe von n festlegen. Es ist einfach eine beliebige (aber konstante und endliche) ganze Zahl, die größer als 1 ist. In den Beispielen wird n in der Regel den Wert 2 oder 3 haben. In den Abbildungen hat n meist den Wert 2.

Multiplikation eines Vektors mit einem Skalar

Ein Skalar ist einfach eine reelle Zahl. Sie wird durch einen einfachen kleinen Buchstaben dargestellt.

k = 30;   l = -9;   m = 192,51

Man kann einen Vektor mit einem Skalar multiplizieren. Dazu multipliziert man einfach jede Komponente des Vektors mit dem Skalar. Sei **u** ein dreidimensionaler Vektor und k ein Skalar.

Dann ist

k*$\mathbf{u}$ = k * [u_1 u_2 u_3] = [k*u_1 k*u_2 k*u_3]

Die Multiplikation eines n-dimensionalen Vektors mit einem Skalar ergibt wieder einen n-dimensionalen Vektor. Die Multiplikation eines Vektors mit einem positiven Skalar (der verschieden von 1,0 ist) verändert den Betrag, aber nicht die Richtung des Vektors. Die Multiplikation eines Vektors mit einem negativen Skalar kehrt die Richtung um. Wenn der Skalar nicht den Betrag 1 hat, ändert sich außerdem der Betrag des Vektors. Die Muliplikation eines Vektors mit Null ergibt den Nullvektor, das ist der Vektor mit dem Betrag (der Länge) 0, der sich im Ursprung befindet und in keine Richtung weist (da er praktisch zu einem Punkt zusammengeschrumpft ist).

Vektoraddition

Sind zwei Vektoren $\mathbf{a}$ und $\mathbf{b}$ mit derselben Dimension gegeben, so können wir sie miteinander addieren, indem wir ihre Komponenten addieren:

$\mathbf{a}$ + $\mathbf{b}$ = [a_1+b_1 a_2+b_2 ... a_n+b_n]

Auf ähnliche Weise können wir zwei Vektoren voneinander subtrahieren, indem wir die Elemente Term für Term voneinander subtrahieren. Vektoren mit verschiedener Dimension können nicht addiert oder subtrahiert werden.

Vektormultiplikation:
Das innere Produkt oder Skalarprodukt

Es gibt zwei Möglichkeiten, Vektoren miteinander zu multiplizieren. Man nennt sie das innere Produkt (Skalarprodukt, nicht mit der Multiplikation eines Vektors mit einem Skalar zu verwechseln!) und das äußere Produkt. Sie werden mit den Operatoren „•" und „x" notiert. Das innere Produkt wird daher auch „Punktprodukt" (dot product) „Skalarprodukt" genannt, das äußere Produkt (siehe nächster Abschnitt) heißt auch „Kreuzprodukt" oder „Vektorprodukt". Das Skalaprodukt liefert einen Skalar (daher der Name!). Es wird gewonnen, indem man die i-te Komponente des einen Vektors mit der i-ten Komponente des anderen Vektors multipliziert und die Produkte aufsummiert:

$\mathbf{a}$ • $\mathbf{b}$ = a_1*b_1 + a_2*b_2 + ... + a_n*b_n

a • b wird gelesen als: „**a** Punkt **b**“. Das Skalarprodukt zweier Vektoren ist also gleich dem Produkt ihrer Beträge und dem Cosinus des Winkels zwischen ihnen:

a • b = $|a|$ * $|b|$ * cos (θ)

Graphisch betrachtet, ist das Skalarprodukt ein Maß für die Parallelität von Vektoren (d.h. wie gleich oder verschieden ihre Richtungen sind). Wenn die Vektoren in die gleiche Richtung zeigen, dann ist **a • b** = $|a|$ * $|b|$ und eine positive Zahl. Wenn die Vektoren in entgegengesetzte Richtungen zeigen, dann ist **a • b** = - $|a|$ * $|b|$ und eine negative Zahl. Wenn das Skalarprodukt der beiden Vektoren Null ergibt, sagt man, die beiden Vektoren seien orthogonal (rechtwinklig). Der Begriff der Orthogonalität ist eine Verallgemeinerung des Konzeptes eines rechten Winkels in einer zweidimensionalen Ebene. Wir verwenden das Skalarprodukt häufig, um zu entscheiden, wie nahe zwei Vektoren beieinanderliegen.

Vektormultiplikation: Das äußere Produkt (Vektorprodukt oder Kreuzprodukt)

Das äußere Produkt wird unter anderem dazu gebraucht, Hopfield-Netzwerke zu konstruieren. Die Verbindungsstärken in einem Hopfield-Netzwerk sind alle in einer Gewichtsmatrix versammelt. Diese Gewichtsmatrix erhält man, indem man die äußeren Produkte eines jeden Fakts mit sich selbst bildet und diese aufsummiert.

Das äußere Produkt wird durch eine Multiplikation jedes Paares von Vektortermen gebildet. Zum Beispiel ergibt das äußere Produkt von **a** = [1 2 3 5] und **b** = [2 4 7 9] das folgende:

	2	4	7	9
1	2	4	7	9
2	4	8	14	18
3	6	12	21	27
5	10	20	35	45

Das äußere Produkt [1 2 3 5] x [2 4 7 9] bildet eine Matrix.

Orthogonalität

Das Konzept der Orthogonalität ist in der linearen Algebra sehr wichtig. Zwei Vektoren heißen orthogonal, wenn ihr inneres Produkt 0 ist. Zwei Vektoren, die senkrecht aufeinander stehen, sind orthogonal. Die Vektoren a und b im vorigen Abschnitt sind nicht orthogonal, da $a \cdot b$ = 76, also nicht 0.

a = [1 2 3 5] und b = [2 4 7 9]

dann ist

$a \cdot b$ = (1 * 2) + (2 * 4) + (3 * 7) + (5 * 9) = 76;

sind hingegen:

c = [-1 0 5] und d = [3 0 0,6] ,

dann ist

$c \cdot d$ = (-1 * 3) + (0 * 0) + (5 * 0,6) = 0 .

Also sind c und d orthogonal. Das innere Produkt der beiden Vektoren kann als das Maß ihrer Ähnlichkeit gesehen werden: Das innere Produkt ist am größten, wenn beide Vektoren in dieselbe Richtung zeigen. Zeigen die Vektoren in dieselbe Richtung, dann ist das innere Produkt gleich dem Produkt der Längen der Vektoren.

Das innere Produkt ist am kleinsten, wenn die Vektoren genau in die entgegengesetzte Richtung zeigen (sie sind um 180° auseinander). In diesem Fall ist der Betrag gleich dem negativen Wert des Produkts der Vektorenlängen.

Wenn beide Vektoren orthogonal sind, ist ihr inneres Produkt 0; wenn das innere Produkt 0 ist, so sagt man, daß die Vektoren vollständig unkorreliert sind.

Matrizen

In den meisten neuronalen Netzen ist jedes Neuron in einer Zwischenschicht mit allen anderen Neuronen der vorhergehenden Schicht verbunden. Die Gewichtungen oder Verbindungsstärken aller dieser Verbindungen müssen gespeichert werden. Dies kann in Form einer Matrix geschehen.

Eine Matrix ist eine Liste von Vektoren. Man kann sie auch als zweidimensionale Liste von Zahlen betrachten. Optisch betrachtet, ist eine Liste von Vektoren eine rechteckige Anordnung von Zahlen. Wir stellen Matrizen mit fettgedruckten Großbuchstaben dar.

Zum Beispiel wird **M** folgendermaßen dargestellt:

$$\mathbf{M} = \begin{bmatrix} 1 & -3 & 0 & 2 \\ 2 & 5 & 3 & -1 \\ 4 & 6 & 1 & 8 \end{bmatrix}$$

Die obenstehende Matrix enthält 12 Zahlen in einer 3 mal 4-Anordnung. Ein bestimmter Eintrag in die Matrix wird durch seine Zeilen- und Spaltennummer angesprochen. Zum Beispiel ist in der obigen Matrix M_{32} = 6, weil 6 die Zahl ist, die man in der dritten Zeile und zweiten Spalte findet. Allgemein bezieht sich N_{ij} auf die i-te Zeile in der j-ten Spalte der Matrix **N**.

Matrizen-Addition

Um zwei Matrizen **A** und **B** zu addieren, muß man lediglich die einander entsprechenden Paare von Elementen A_{ij} und B_{ij} addieren, um die neuen Elemente C_{ij} zu erhalten, die die neue Matrix **C** bilden. Zu beachten ist, daß zur Addition zweier Matrizen beide dieselbe Anzahl von Zeilen und Spalten aufweisen müssen. Das heißt, wenn **A** eine m mal n Matrix darstellt, so muß auch **B** eine m mal n Matrix sein, ebenso wie **C**.

$$\begin{bmatrix} 1 & 0 & -2 & 0 \\ 0 & 0 & 0 & 0 \\ -2 & 0 & 4 & 0 \\ 0 & 0 & 0 & 0 \end{bmatrix} + \begin{bmatrix} 1 & 1 & 0 & 1 \\ 1 & 1 & 0 & 1 \\ 0 & 0 & 0 & 0 \\ 1 & 1 & 0 & 1 \end{bmatrix} = \begin{bmatrix} 2 & 1 & -2 & 1 \\ 1 & 1 & 0 & 1 \\ -2 & 0 & 4 & 0 \\ 1 & 1 & 0 & 1 \end{bmatrix}$$

Multiplikation einer Matrix mit einem Skalar

Eine Matrix kann auf dieselbe Weise mit einem Skalar multipliziert werden wie ein Vektor mit einem Skalar. Jedes Element von **W**, also W_{ij}, wird mit dem Skalar c multipliziert, woraus die neue Matrix c**W** entsteht.

Matrizen-Multiplikation

Um eine m mal n Matrix **A** mit einer p mal q Matrix **B** zu multiplizieren, muß die Anzahl der Zeilen von **B** gleich der Anzahl der Spalten von **A** sein, also p = n. Das Ergebnis der Operation ist eine neue m mal q Matrix **C**.

Die Multiplikationsregel ist etwas kompliziert. Zu beachten ist, daß jede i-te Zeile von **A** einen n-dimensionalen Vektor darstellt, jede j-te Spalte von **B** ebenso einen n-dimensionalen Vektor. Man nimmt das Punktprodukt dieser beiden Vektoren, um C_{ij} zu erhalten.

$$\begin{bmatrix} 1 & 3 & 5 \\ -1 & 2 & -4 \\ 6 & 0 & 4 \\ -5 & 1 & -3 \end{bmatrix} \quad x \quad \begin{bmatrix} 2 & 0 & -2 \\ 0 & 1 & 1 \\ -1 & 0 & 1 \end{bmatrix} \quad =$$

$$\begin{bmatrix} 1*2+3*0+5*-1 & 1*0+3*1+5*0 & 1*-2+3*1+5*1 \\ -1*2+2*0-4*-1 & -1*0+2*1-4*0 & -1*-2+2*1-4*1 \\ 6*2+0*0+4*-1 & 6*0+0*1+4*0 & 6*-2+0*1+4*1 \\ -5*2+1*0-3*-1 & -5*0+1*1-3*0 & -5*-2+1*1-3*1 \end{bmatrix} \quad =$$

$$\begin{bmatrix} -3 & 3 & 6 \\ 2 & 2 & 0 \\ 8 & 0 & -8 \\ -7 & 1 & 8 \end{bmatrix}$$

Vektor-Matrix-Multiplikation

Matrizen können miteinander multipliziert werden. **X** * **Y** ist dann und nur dann eine erlaubte Operation, wenn die Anzahl der Zeilen in **Y** gleich der Anzahl der Spalten in **X** ist. Das äußere Produkt zweier Vektoren ist lediglich ein Sonderfall der Matrix-multiplikation, wobei

X x **Y** = **X**^{T}* **Y**

X^T lies: X transponiert. Transponiert bedeutet, daß Zeilen zu Spalten werden:

X = [1 2 3 5]

$$\mathbf{X}^T = \begin{pmatrix} 1 \\ 2 \\ 3 \\ 5 \end{pmatrix}$$

Mathematik zur Fehlerrückführung (Back Propagation)

Einführung

Dieser Anhang beschreibt die mathematischen Grundlagen für die Implementierung des Back-Propagation-Algorithmus. In den folgenden Abschnitten bezeichnet „$\delta f/\delta x$" die partielle Ableitung von f nach x.

Back Propagation (Fehlerrückführung) ist ein überwachtes Lernverfahren, bei dem ein aus mehreren Schichten bestehendes Netzwerk dazu trainiert wird, eine Mustererkennungsmaschine zu werden. Das Netz kann zu Anfang vortrainiert oder vollständig mit zufällig gewichteten Verbindungen initialisiert sein. Es kann als heteroassoziative Maschine trainiert werden (willkürliche Ein-/Ausgabe-Paarungen) oder als Autoassoziierer (Eingaben auf sich selbst abbildend). In den meisten Anwendungen werden Fehlerrückführungs-Netzwerke als Heteroassoziierer genutzt.

Wir gehen davon aus, daß die Neuronen in einer bestimmten Schicht keine Verbindungen untereinander haben. Sie empfangen auch keine Signale von nachfolgenden Schichten oder von Schichten vor der unmittelbar vorangehenden. Die Ausgänge von Schicht 1 gehen also zu Schicht 2, und Schicht 2 empfängt Signale von Schicht 1 und sendet ihre Ausgänge an Schicht 3. Wenn wir uns jede Schicht als einen Vektor aus Neuronenausgängen vorstellen, dann bilden die Verbindungsstärken zwischen zwei beliebigen Schichten die Elemente einer Matrix mit reellen Werten. Wir bezeichnen diese Matrix als **W**. W_{ij} stellt den Gewichtungsfaktor zwischen Neuron j (in irgendeiner Schicht) und Neuron i (in der nachfolgenden Schicht) dar. Die Gewichtungen sind die Werte, die durch den Trainingsalgorithmus verändert werden.

Abschnitt 1:
Mittlerer quadratischer Fehler

Das Fehlerquadrat für das Neuron i ist:

$$(d_i - o_i)^2 = d_i^2 + o_i^2 - (2 * d_i * o_i)$$

wobei d_i der gewünschte Ausgangswert des Neurons und o_i der tatsächliche Ausgangswert ist. Durch Anpassung der Gewichtungen versuchen wir, den mittleren quadratischen Fehler zu minimieren. Der mittlere quadratische Fehler beträgt:

$$\frac{\sum_{i=1}^{N} (d_i - o_i)^2}{N}$$

wobei N die Anzahl der Neuronen ist. Die graphische Darstellung des mittleren quadratischen Fehlers zweier Gewichtungen ist eine Hyperbel. Die beste lineare Lösung nach dem Prinzip der kleinsten Quadrate entspricht dem tiefsten Punkt der Kurve.

Man erhält die Lösung, indem man den Gradienten (die „Ableitung") der Funktion des mittleren quadratischen Fehlers bestimmt. Da wir es mit zwei Gewichtungen zu tun haben, ist der mittlere quadratische Fehler quadratisch in den Gewichtungen. Der Gradient ist die erste Potenz der Gewichtungen, in diesem Fall eine lineare Funktion der Gewichtungen.

Der am schnellsten zum Ergebnis führende Algorithmus wendet eine Korrektur an, die dem Gradienten proportional ist. Folglich ist die Korrektur proportional zu einer linearen Funktion der Gewichtungen. Das bedeutet, daß wir im Endeffekt eine Rückkoppelung verwenden, um auf den Boden der Kurve zu gelangen. Wir können die Theorie der linearen Rückkoppelung benutzen, um das dynamische Verhalten der Gewichtungen zu beschreiben.

Abschnitt 2:
Fehlerrückführungs-Mathematik

In unserem Programm erhält ein Neuron nur von Neuronen in der vorhergehenden Schicht Eingangssignale und sendet seine Ausgangswerte nur an die Eingänge von Neuronen in der nächsten Schicht. Die Verbindungsstärken zwischen je zwei

Schichten bilden die Elemente einer Matrix aus reellen Werten. Sie wird als Gewichtungsmatrix **W** bezeichnet. W_{ij} stellt die Gewichtung der Verbindung von Neuron j zu Neuron i dar.

Wenn N Eingabe-Ausgabe-Paare gelernt werden müssen, können wir diese Paare mit dem Buchstaben „p" indizieren, wobei der Wert für p von 1 bis N läuft. Wir bezeichnen den p-ten Input als $Input_p$ und das gewünschte Ausgangsmuster als $Pattern_p$. Wir müssen die Gewichtungen dazu bringen, sich auf solche Weise zu verändern, daß das Netz schließlich einen Zustand erreicht, in dem es für alle Werte von p den $Input_p$ auf das $Pattern_p$ für alle Werte von p abbildet.

Wir bezeichnen den Ausgang irgendeines einzelnen Neurons mit dem Index i als $Output_i$. Entsprechend ist der Aktivierungszustand des Neurons i A_i. Es gibt eine Übertragungs- oder Transferfunktion TF, die stetig und differenzierbar sein muß, so daß der $Output_i$ = $TF(A_i)$ wird.

Das $Pattern_{pi}$ stellt die Zielausgabe des i-ten Neurons in der Ausgangsschicht des Netzwerks für das p-te Eingabe-Ausgabe-Paar dar. $Output_{pi}$ bezeichnet die tatsächlichen Ausgänge des jeweiligen Neurons. $Output_{pi}$ wird zu Anfang nicht gleich dem $Pattern_{pi}$ sein, da das Netz zu Beginn noch nicht trainiert ist. Wir definieren den Fehler („error") im Muster p für das i-te Ausgangsneuron als

$$Error_{pi} \equiv \tfrac{1}{2} (Pattern_{pi} - Output_{pi})^2$$

Die Quadrierung stellt sicher, daß alle Fehlerbeträge positiv sind, und der Faktor 1/2 vereinfacht die späteren Berechnungen ein wenig. Der Gesamtfehler des Musters p ist nun:

$$Error_p \equiv \tfrac{1}{2} \Sigma_i (Pattern_{pi} - Output_{pi})^2$$

Der Gesamtfehler für alle Muster ist die Summe der Fehler für jedes Muster über alle p:

$$Error = \Sigma_p Error$$

$$= \tfrac{1}{2} \Sigma_p \Sigma_i (Pattern_{pi} - Output_{pi})^2$$

Man kann sich den Vorgang, das Netz so zu trainieren, daß es die Assoziation zwischen den Eingabe- und Ausgabemustern lernt, als ein Minimierungsproblem vorstellen, wobei die zu minimierende Größe der Gesamtfehler E in allen Mustern ist.

Die bei der Minimierung zu verwendenden unabhängigen Variablen sind die Gewichtungen w_{ij}. Da schon ein recht kleines Netz Hunderte von Neuronen und Tausende von Verbindungen enthält, sprechen wir von der Minimierung eines Skalarfeldes über einem Vektorraum mit Hunderten von Dimensionen.

Abschnitt 3:
Das Gradientenabstiegsverfahren

Die einfachste Methode, um ein Minimum zu finden, ist als „Gradientenabstiegsverfahren" bekannt. Rechentechnisch gesehen ist das kein sehr guter Algorithmus, aber er ist brauchbar. Das Gradientenabstiegsverfahren beinhaltet, daß man auf dem lokalen Gradienten des Skalarfeldes einen kleinen Schritt nach unten geht. Das entspricht ganz einem Skifahrer, der stets hangabwärts fährt, bis er auf der Talsohle anlangt. Ein schwerwiegender Nachteil liegt darin, daß dieses Verfahren in ein lokales Minimum führen kann anstatt in das globale Minimum, welches das eigentliche Ziel darstellt. Der Algorithmus sitzt dann in diesem Minimum fest, bis man den Gewichtungen einen Störfaktor hinzufügt, wodurch der Algorithmus aus dem falschen Minimum „herausgeschüttelt" wird.

Wenn die Veränderung des Gewichtes w_{ij} als $\Delta_p w_{ij}$ geschrieben wird, dann erhalten wir für den Gradientenabstieg beim Fehler E_{pi} folgendes:

$\Delta_p w_{ij} = \eta * -\delta E_{pi}/\delta w_{ij}$, wobei η eine Konstante ist.

Beachte daß, da $\delta E/\delta w_{ij} = \Sigma_p \, \delta E_{pi}/\delta w_{ij}$, dieser Algorithmus keinen wahren Gradientenabstieg in F implementiert, wenn die Gewichte nach jeder Musterdarbietung verändert werden. Er entspricht ihm aber hinreichend genau, um in der überwiegenden Mehrzahl der Fälle zu funktionieren.

Abschnitt 4:
Die Kettenregel

Nach der Kettenregel gilt:

$\delta E_{pi}/\delta w_{ij} = (\delta E_{pi}/\delta A_{pi})(\delta A_{pi}/\delta w_{ij})$

Wir wissen, daß

$A_{pi} = \Sigma_i \, w_{ij} \, O_{pj}$,

also gilt

$\delta A_{pi}/\delta w_{ij} = O_{pj}$.

Nun definieren wir

$\delta_{pi} \equiv -\delta E_{pi}/\delta A_{pi}$, so daß

$\Delta_p w_{ij} = \eta \, \delta_{pi} \, O_{pj}$,

Da

$$\delta_{Epi}/\delta A_{pi} = \delta_{Epi}/\delta O_{pi} \; \delta O_{pi}/\delta A_{pi}$$

und

$$O_{pi} = TF(A_{pi}),$$

erhalten wir

$$\delta_{pi} = -(\delta_{Epi}/\delta O_{pi})TF'(A_{pi}).$$

Wenn das Neuron i sich in der Ausgangsschicht befindet, können wir $\delta_{Epi}/\delta O_{pi}$ sofort aus der Definition von E_{pi} berechnen:

$$Error_{pi} = 1/2(Pattern_{pi} - Output_{pi})^2$$

$$E_{pi} = 1/2(T_{pi} - O_{pi})^2$$

$$\delta_{Epi}/\delta O_{pi} = -(T_{pi} - O_{pi})$$

Der Faktor 1/2 soll die 2 der obenstehenden Differentation aufheben. Da $O = TF(A)$, gilt $\delta O_{pi}/\delta A_{pi} = dTF/dA$. Aus diesem Grund müssen die Übertragungsfunktionen von Neuronen stetig und stetig differenzierbar sein. Folglich können wir für ein beliebiges Neuron i in der Ausgangsschicht schreiben:

$$\begin{aligned}\delta_{pi} &= -(\delta_{Epi}/\delta O_{pi}) \; TF'(A_{pi}) \\ &= (T_{pi} - O_{pi}) \; TF'(A_{pi})\end{aligned}$$

Wenn sich das Neuron i nicht in der Ausgangsschicht befindet, wenden wir die Kettenregel ein weiteres Mal an und erhalten:

$$\begin{aligned}\delta E_{pi}/\delta O_{pi} &= \Sigma_k(\delta E_{pi}/\delta A_{pk})(\delta A_{pk}/\delta O_{pi}) \\ &= \Sigma_k - \delta_{pk} \, w_{ki}\end{aligned}$$

so daß

$$\delta_{pi} = TF'(A_{pi}) \; \Sigma_k d_{pk} w_{ki},$$

wenn das Neuron i nicht in der Ausgangsschicht ist. Diese ks werden auch als lokale Fehlersignale bezeichnet; sie werden beim Training rückwärts weitergegeben, daher der Name des Algorithmus. Im Wesentlichen besteht das Training darin, Muster vorwärts durch das Netz zu schicken, anschließend die Fehler rückwärts, wobei die Gewichte entsprechend folgender Gleichung korrigiert werden

$$\Delta_p w_{ij} = \eta \; \delta_{pi} \; O_{pj},$$

wobei η eine Konstante ist, die man als „Lernrate" bezeichnet. Wir verwenden eine Version des Rechenverfahrens, das von Sejnowski und Rosenberg in ihrem NETtalk-System benutzt wurde, wobei

$$\Delta_p w_{ij} = \eta((1-\mu) \; \delta_{pi} \; O_{pj} + \mu \; \Delta_{p-1} \; w_{ij})$$

Dabei ist μ ein weiterer Parameter, der sogenannte „Glättungsfaktor". Er verbessert die Konvergenz etwas, obwohl der Algorithmus auch dann, jedoch etwas langsamer, konvergiert, wenn μ auf Null gesetzt wird.

Die Übertragungsfunktion TF, die wir gewöhnlich verwenden, ist eine numerische (sigmoide oder S-förmige) Funktion, deren allgemeine Form wie folgt lautet:

$$TF(A) = \frac{(\text{Höchstwert} - \text{Tiefstwert})}{1 + e^{(-\text{Verstärkung} * (A - \text{Mittelwert}))}} + \text{Tiefstwert}$$

Wenn wir den Höchstwert auf 1 und den Tiefstwert auf 0 setzen sowie die Verstärkung auf 1 und den Mittelwert auf 0, reduziert sich dies auf die von Rumelhart verwendete Form:

$$TF(A) = 1/(1 + e^{-A})$$
$$TF(A) = e^{-A}/(1 + e^{-A})^2$$
$$= 1/(1 + e^{-A}) * -e^{-A}/(1 + e^{-A})$$
$$= TF(A) * (1 - TF(A))$$

Hopfield-Mathematik

Um die Gewichtsmatrix **W** für einen inhaltsadressierbaren Speicher nach Hopfield (CAM oder content addressable memory) zu erhalten, nehmen wir einfach das äußere Produkt jedes Faktenvektors mit sich selbst und addieren diese. Das heißt:

$$\mathbf{W} = \Sigma_i \, F^t_i \, F_i$$

wobei i als Werte die Anzahl der Speicherinhalte annimmt und F_i der Vektor ist, der das i-te Faktum darstellt.

Wenn wir ein Hopfield-Netz konstruieren, das aus vier Neuronen besteht und drei Inhalte speichert, nehmen wir die äußeren Produkte der drei Speicherinhalte:

```
A1 = [1   0 –2   0]
A2 = [1   1   0   1]
A3 = [0   2   1 –1]
```

	A₁					A₂					A₃			
	1	0	-2	0		1	1	0	1		1	0	-2	0
1	1	0	-2	0	1	1	1	0	1	0	0	0	0	0
0	0	0	0	0	1	1	1	0	1	2	0	4	2	-2
-2	-2	0	4	0	0	0	0	0	0	1	0	2	1	-1
0	0	0	0	0	1	1	1	0	1	-1	0	-2	-1	1

Die Matrix der Verbindungsstärken nach Hopfield ist die Summe der obenstehenden drei Matrizen:

```
            1  0 -2  0      1  1  0  1      0  0  0  0
            0  0  0  0      1  1  0  1      0  4  2 -2
Gewichte = -2  0  4  0   +  0  0  0  0   +  0  2  1 -1
            0  0  0  0      1  1  0  1      0 -2 -1  1

            2  1 -2  1
            2  5  2 -1
         = -2  2  5 -1
            1 -1 -1  2
```

Um eine teilweise vollständige Eingabe **X** durch das CAM-Netz zu schicken, wenden wir die Gewichtsmatrix **W** und die Übertragungsfunktion f an und erhalten einen neuen Vektor

$$X' = W * f(X)$$

Diesen Vorgang wiederholen wir so lange, bis das Netz konvergiert, das heißt, bis sich der Vektor nicht mehr verändert. Diese Lösung ist dann hoffentlich einer der Speicherinhalte A_i. Die festgehaltenen Speicherinhalte A_i stellen die lokalen Minima einer Funktion dar, die Hopfield als Energie des Systems bezeichnete. Das ist eine Analogie zu einem physikalischen System, das nach dem Zustand geringster Energie strebt.

Bidirektionale assoziative Speicher

Ein anderer Typ von rückgekoppeltem Netzwerk, der als assoziativer Speicher arbeiten kann, ist der sogenannte bidirektionale assoziative Speicher, BAM (für Bi-Directional Associative Memory). Dieser Speicher wurde von Bart Kosko an der University of Southern California entwickelt. Die verwendete Basisarchitektur ist ein zweischichtiges nichtlineares rückgekoppeltes Netzwerk, das durch eine einzige symmetrische Gewichtsmatrix verbunden ist. BAMs haben die Fähigkeit, sowohl selbst- als auch fremdassoziativ zu arbeiten, sie werden normalerweise jedoch als Fremdassoziator verwendet. Das BAM ist eine Verallgemeinerung des CAM-Netzwerkes nach Hopfield.

Die Gewichtsmatrix wird aufgrund der zu speichernden Muster gebildet. Das Netzwerk arbeitet in oszillierender (schwingender) Weise. Das heißt, daß das Netzwerk auf eine dargebotene Eingabe eine Ausgabe produziert, die dann ihrerseits durch das Netz geschickt wird, um eine neue Ausgabe zu erzeugen. Dieser Vorgang wiederholt sich bis sowohl die Eingabe als auch die Ausgabe des Netzes sich nicht mehr verändern.

Dieser bidirektionale, in zwei Richtungen ablaufende Vorgang gibt dem BAM seinen Namen. Koskos Terminus für diesen bidirektionalen Informationsfluß heißt "pseudo-adaptive Resonanz", benannt nach Grossbergs Theorie der adaptiven Resonanz. Dieses stabile Resonanzmuster entspricht einem lokalen Energieminimum für das gesamte Netz, genauso wie für die gespeicherten Erinnerungen in einm Hopfield-CAM. Die Anzahl der Fakten, die zuverlässig von einem BAM gespeichert und abgerufen werden können, ist kleiner als die Anzahl der Neuronen in der kleinsten Schicht.

Interessant an einem BAM ist die Tatsache, daß es sowohl zeitliche Sequenzen als auch unverbundene Assoziationspaare speichern kann. Man kann dadurch Dinge wie zum Beispiel Musikstücke und andere zeitlich strukturierte Daten speichern. Um in einem BAM einen Satz binärer Assoziationen zu speichern, also { $(\mathbf{F}_1, \mathbf{G}_1)$, $(\mathbf{F}_2,$ $\mathbf{G}_2$), ..., $(\mathbf{F}_n, \mathbf{G}_n)$}, muß man zuerst die binären Vektoren zu bipolaren Vektoren konvertieren (jede 0 wird zu einer -1). Die bipolare Transformation von $\mathbf{F}_i$ wird $\mathbf{X}_i$ genannt, die bipolare Transformation von $\mathbf{G}_i$ heißt $\mathbf{Y}_i$, wobei i = {1,...,n}. Um diesen Satz von Assoziationen zu speichern, erzeugt man die Gewichtsmatrix $\mathbf{W}$ mit der folgenden Prozedur:

$$\mathbf{W} = \Sigma_i \mathbf{X}_i^T * \mathbf{Y}_i$$

Dies erzeugt übringens auch die Transpositionsmatrix $\mathbf{W}^T$, die für das "Zurückgehen" von Schicht 2 zu Schicht 1 benutzt wird. Im Anhang B finden Sie ausführlichere Informationen zur linearen Algebra.

Gibt man einen Input $\mathbf{I}$ an die erste Schicht des BAM, so schickt es das BAM durch seine Übertragungsfunktion f, was den Vektor f($\mathbf{I}$) ergibt. Dies wird auf $\mathbf{W}$ angewendet, um den Vektor $\mathbf{O}$ zu erzeugen:

$$\mathbf{O} = \mathbf{W} \bullet f(\mathbf{I})$$

Wenn dies die korrekte Antwort ist, so ist man fertig. Sonst muß man $\mathbf{O}$ durch f schicken, und $\mathbf{W}$ erhält einen neuen Vektor $\mathbf{I}'$. Man führt dies solange durch, bis $\mathbf{I}$ und $\mathbf{O}$ sich nicht mehr verändern. Dies sollte dann einem der gespeicherten Paare entsprechen. Interessanterweise konnte Kosko beweisen, daß die Technik der bidirektionalen Evaluation konvergiert, und daß jede Matrix ein stabiles System definiert.

Übertragungsfunktionen für Neuronen

Es gibt mehrere Arten von Übertragungsfunktionen für Neuronen. Die Übertragungsfunktion wird am Aktivierungswert des Neurons angelegt, um den Ausgang des
Neurons zu erzeugen. Im folgenden werden die lineare Übertragungsfunktion, die
lineare Schwellenwertfunktion, die Stufen-Übertragungsfunktion, die sigmoide und
die Gaußsche Übertragungsfunktion beschrieben.

Die lineare Übertragungsfunktion (Linear Transfer Function)

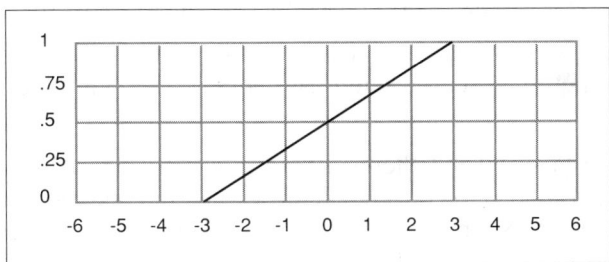

Eine lineare Übertragungsfunktion mit einer Verstärkung von 1/6

Bei einer linearen Übertragungsfunktion errechnet sich der Ausgangswert indem der
Aktivierungswert (gegebenenfalls um einen konstanten Betrag nach links oder rechts
verschoben) mit einem konstanten Faktor, der Verstärkung, multipliziert wird. Als
Zentrum wird hier der Aktivierungswert bezeichnet, der am Ausgang 0 liefert; die
Verstärkung ist die Steigung der Geraden.

Für die meisten Anwendungen sind lineare Übertragungsfunktionen nicht sehr gut
zu gebrauchen. Ein Netzwerk mit linearen Neuronen ist nicht sehr interessant –
obwohl es interessant wäre herauszufinden, welche Probleme durch die Verwendung eines solchen Netzes teilweise lösbar sind.

Die lineare Schwellenwertfunktion (Linear Threshold Function)

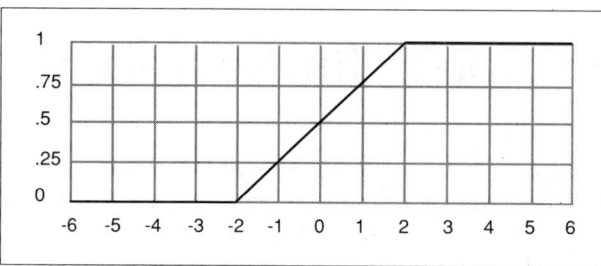

Eine lineare Schwellenwertfunktion mit einer Verstärkung von 1/4

Die lineare Schwellenwertfunktion verhält sich innerhalb eines bestimmten Bereiches wie eine lineare Übertragungsfunktion, unterhalb dieses Bereiches bleibt der Ausgangswert konstant auf dem Tiefswert, oberhalb konstant auf dem Höchstwert.

Als Zentrum wird hier der Wert des Eingangs, bei welchem der Ausgang gleich (Höchstwert+Tiefstwert)/2 bezeichnet. Die Verstärkung ist hier die Steigung des linearen Teils der Kurve.

Aufgrund des Schwellenwertes sind lineare Schwellenwertfunktionen nichtlinear, ein mit nichtlinearen Neuronen ausgestattetes Netzwerk kann etwas interessanteres Verhalten zeigen als eines mit linearen Neuronen. Lineare Schwellenwertneuronen wurden beispielsweise im Perceptron verwendet. Es zeigte sich jedoch, daß solche Neuronen starken Einschränkungen bezüglich der Lerninhalte unterliegen; ihre Möglichkeiten sind heute völlig ausgeschöpft.

Die Stufen-Übertragungsfunktion (Step Transfer Function)

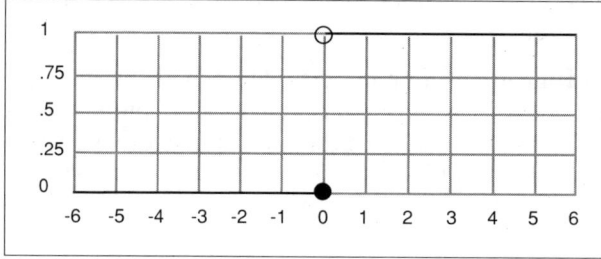

Eine Stufen-Übertragungsfunktion

Bei einer Stufen-Übertragungsfunktion ist der Ausgang auf zwei mögliche Werte beschränkt. Unterhalb der Schwelle ist der Ausgang stets der Tiefstwert, oberhalb davon stets der Höchstwert. In dieser Hinsicht funktioniert das Neuron wie ein Chip mit digitaler Logik. Das Zentrum ist hier der Wert des Eingangs, bei welchem der Ausgang vom Tiefst- auf den Höchstwert (wenn A zunimmt) oder vom Höchst- auf den Tiefstwert (wenn A abnimmt) springt.

Aufgrund ihrer Diskontinuität sind Stufen-Übertragungfunktionen (auch Sprungfunktionen) vollständig nichtlinear. Netzwerke mit solchen Neuronen zeigen ein weitaus interessanteres Verhalten als Netzwerke mit teilweise oder ganz linearen Neuronen. In den frühesten Forschungsversuchen zu neuronalen Netzen, wie etwa bei McCulloch und Pitts 1943, wurden solche vollständig nichtlinearen Neuronen verwendet; in den Netzwertypen nach Hopfield wird diese Neuronenart ebenfalls meistens angewandt.

Rückgekoppelte Netzwerke könnten zwar mit diesen Neuronen arbeiten, aber nicht besonders „gerne", weil der Algorithmus der Rückkoppelung die Ableitung der Übertragungsfunktion benötigt – eine Stufen-Übertragungsfunktion hat jedoch keine definierte Ableitung an der Sprungstelle.

Die sigmoide Übertragungsfunktion (Sigmoid Transfer Function)

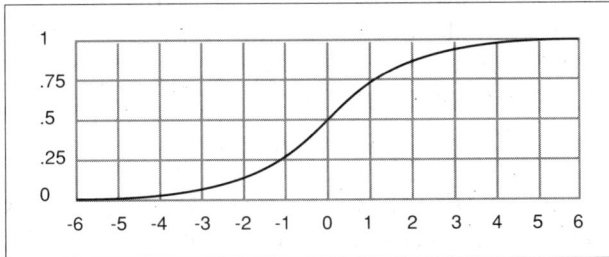

Eine sigmoide Übertragungsfunktion mit einer Verstärkung von 1/4

In einer sigmoiden Übertragungsfunktion, auch als S-förmige oder semi-lineare Funktion bekannt, ist der Ausgang eine kontinuierliche monotone Funktion des Eingangs. Sowohl die Funktion selbst als auch ihre Ableitung sind überall stetig. Die Funktion nähert sich asymptotisch dem Höchst- und dem Tiefstwert.

Zentrum ist hier wiederum der Wert des Eingangs, bei welchem der Ausgang gleich (Höchstwert+Tiefstwert)/2 ist. Die Verstärkung ist direkt proportional zur Ableitung der Funktion am Zentrumspunkt.

Weil semi-lineare Funktionen sowohl nichtlinear als auch stetig differenzierbar sind, weisen sie viele wünscheswerte Eigenschaften für die Erzeugung eines neuronalen Netzes auf. Insbesondere arbeitet der Rückkoppelungs-Algorithmus mit diesen Funktionen sehr gut. Zu beachten ist, daß für sehr hohe Verstärkung

(Verstärkung>>1) die sigmoide Funktion fast zu einer Stufen-Funktion wird, während sie sich für sehr niedrige Verstärkung (Verstärkung<<1 aber >0) der linearen Funktion nähert. Eine Verstärkung von 1 ist normalerweise eine gute Wahl.

Die Gaußsche Übertragungsfunktion (Gaussian Transfer Function)

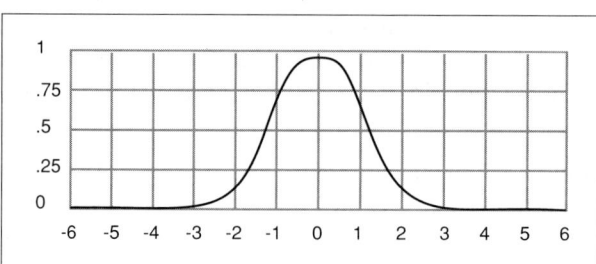

Eine Gaußsche Übertragungsfunktion mit einer Verstärkung von 1/4

Eine Gaußsche Übertragungsfunktion (auch als Glocken-Kurve bekannt) ist eine ziemlich eigenartige Wahl für eine Neuronen-Übertragungsfunktion. Soviel wir wissen, ist das Programm BrainMaker von California Scientific Software das einzige Produkt, das diese Fähigkeit anbietet; auch in der Forschung hat – soweit wir das beurteilen können – bis heute noch niemand diese Funktion verwendet.

Zunächst ist die Funktion nicht-monoton, obwohl ihre beiden Hälften monoton sind. Sie ist jedoch stetig und stetig differenzierbar und kann deshalb wie eine sigmoide Kurve als Übertragungsfunktion verwendet werden. Man kann sich die Funktion als zwei Sigmoide vorstellen, wobei die eine zunimmt und die andere abnimmt. Es gibt keine (zumindest bekannte) Analogie zu realen Neuronen, aber die Funktion kann solche Probleme wie das XOR mit weniger Neuronen lösen als andere Typen von Übertragungsfunktionen.

Zentrumswert ist der Wert des Eingangs, bei welchem der Ausgang gleich dem Höchstwert ist. Die Verstärkung ist proportional zur Gaußschen Standardabweichung.

Diese Übertragungsfunktion erzeugt sehr eigenartige und inkonsistente Ergebnisse und sollte, mit Ausnahme der Forschung, vermieden werden.

ANHANG F

Bibliographie

Ahmad, S. / Tesauro, G.: Scaling and Generalization in Neural Networks: A Case Study. In: D. Touretzky (Hrsg.): Advances in Neural Information Processing Systems, Vol.1. San Mateo, CA, Morgan Kaufman (Pub), 1989.

Aleksander, I. / Burnett, P.: Thinking Machines. The Search for AI. Knopf (Pub), 1987.

Amari, S.: A Mathematical Approach to Neural Systems. In: J. Metzler (Hrsg.): Systems Neuroscience. Univ. of Mass. Center for Systems Neuroscience. Academic Press, 1977.

Amari, S. / Arbib, M.A. (Hrsg.): Competition and Cooperation in Neural Networks. Proceedings Feb. 1982 of U.S.-Japan Joint Seminar at Kyoto, Japan. New York, Springer-Verlag, 1982.

Anderson, J.A. : A simple neural network generating an interactive memory. In: Mathematical Biosciences 14, S. 197-220, 1972.

Anderson, J.A. / Rosenfeld, E. (Hrsg.): Neurocomputing, Foundations of Research. Cambridge, MIT Press, 1988.

Bras, H. / Gogan, P. / Tyc-Dumont, S.: The Mammalian Central Neurone is a complex computing device. In: IEEE Neural Networks Conference Proceedings, Vol. 4-123. Piscataway, IEEE, 1987.

Broadbent, D.: A Question of Levels: Comment on McClelland and Rumelhart. In: Journal of Experimental Psychology, Vol.114, S.189-192, 1985.

Caudill, M.: Neural Networks Primer. San Francisco, Miller Freeman , 1989.

Caudill, M. / Butler, C. (Hrsg.): IEEE First International Conference on Neural Networks Proceedings. Piscataway, IEEE, 1987.

Chagas, Carlos (Hrsg.): Pattern Recognition Mechanisms, Proceedings of a study organized by the Pontifical Academy of Sciences, Vatican City. Springer-Verlag, 1985.

Denker, J. / Schwartz, D. / Wittner, B. / Solls, S. / Hopfield, J. / Howard, R. / Jackal, L. : Automatic Learning, Rule Extraction, and Generalization. In: Complex Systems 1, S. 877-922, Oktober 1987.

Eccles, J. C. / Popper: The Self and Its Brain. Berlin, New York, Springer-International, 1977.

Fukushima, K.: A neural network for visual pattern recognition. In: IEEE Computer, S. 65-75, März 1988.

Guez, A. / Protopopescu, V. / Barhen, J.: On the Stability, Storage, Capacity, and Design of Nonlinear Continuous Neural Networks. In: IEEE Transactions on Systems, Man and Cybernetics, Vol. 18, Nr.1, Jan.-Feb. 1988. Piscataway, IEEE, 1988.

Grossberg, S.: Studies of Mind and Brain. A collection of papers. Dodrecht (Holland), D. Reidel, 1982.

Grossberg, S. / Levine, D.: Attentional Mechanism in Neural Information Processing: Examples from Pavlovian Conditioning. In: IEEE First International Conference on Neural Networks, Vol IV. Piscataway, IEEE; 1987.

Hebb, D.: The Organization of Behavior. New York, Wiley Publications, 1949.

Hecht-Nielsen, R.: Counter Propagation Networks. In: IEEE First International Conference on Neural Networks, Vol. II. Piscataway, IEEE, 1987.

Hill, W.F.: Learning. A Survey of Psychological Interpretations. New York, T. Crowell Co., 1977.

Hopfield, J.J.: Neural Networks and Physical Systems with Emergent Collective Computational Abilities. In: Proceedings of the National Academy of Sciences 79, S. 2554-2558, 1982.

Jones, E.G. / Peters, A. (Hrsg.): Functional Properties of Cortical Cells. In: Cerebral Cortex Vol 2, New York, Plenum Press, 1984.

Kandel, E. / Schwartz, J. (Hrsg.): Principles of Neural Science. New York, Elsevier (Pub), 1985.

Kohonen, T.: Correlation matrix memories. In: IEEE Transactions on Computers 21, S.353-359. Piscataway, IEEE, 1972.

Kohonen, T.: The "neural" phonetic typewriter. In: Computer 21, S.11-22. 1988.

Kohonen, T.: Self Organization and Associative Memory, 2. Auflage. Berlin, Springer-Verlag, 1988.

Kosko, B.: Adaptive bidirectional associative memories. In: Applied Optics 26, S.4947-4960.

Kuffler, S. / Nicholis, J. / Martin, A.: From Neuron to Brain. Sunderland, MA, Sinauer Assoc.

Leukel, Francis: Introduction to Physiological Psychology. St. Louis, C.V. Mosby, 1972.

Marr, D. / Poggio, T.: Cooperative Computation of Stereo Disparity. In: Science 194, S. 283-287, 1976.

McEliece, R. / Posner, E. / Rodemich, E. / Venkatesh, S.: The Capacity of the Hopfield Associative Memory. In: IEEE Transactions on Information Theory, Vol II-33, Nr.4. Piscataway, IEEE, Juli 1987.

McClelland, J. / Rumelhart, D.: An interactive activation model of context effects in letter perception: part 1. An account of basic findings. In: Psychological Review 88, S. 375-407, 1981.

Mesulam, M.: Large-Scale Neurocognitive Networks and Distributed Processing for Attention, Language, and Memory. In: Annals of Neurology, Vol 28, Nr.5, 1990.

Minsky, M. / Papert, S.: Perceptrons. Cambridge, MIT Press, 1969.

Rosenblatt, F.: The perceptron: a probabilistic model for information storage and organization in the brain. In: Psychological Review 65, S. 386-408, 1958.

Rumelhart, D.E. / Hinton, G.E. / McClelland, J.L.: Parallel Distributed Processing, Volumes 1 and 2. Cambridge, MIT Press, 1986, 1987.

Rumelhart, D.E. / McClelland, J.: Levels Indeed! A Response to Broadbent. In: Journal of Experimental Psychology, Vol. 114, S. 193-197, 1985.

Sampath, G. / Srinivasan, S.K.: Stochastic Models for Spike Trains of Single Neurons. In: Lecture Notes on Biomathematics, Vol 16. Springer-Verlag, Berlin, 1977.

Schmitt, F.O. / Worden, F.G. / Adelmann, G. / Dennis, S.G (Hrsg.): The Organisation of the Cerebral Cortex. In: Proceedings of a Neurosciences Research Program Colloquium. Cambridge, MIT Press, 1981.

Sejnowsky, T. / Rosenberg, Ch.: NetTalk: A Parallel Network That Learns to Read Aloud. In: Neurocomputing, Foundations of Research. Cambridge, MIT Press, 1988.

Selverston, A. (Hrsg.): Model Neural Networks and Behavior. Plenum. New York, 1985.

Sklansky, J. / Wassel, G.N.: Pattern Classifiers and Trainable Machines. New York City, Springer-Verlag, 1981.

Tank, G. / Hopfield, J.J.: Collective Computation in Neuronlike Cicuits. In: Scientific American, Dezember 1987.

Tesauro, G. / Sejnowsky, T.J.: A Parallel Network that Learns to Play Backgammon. Eingereicht bei Artificial Intelligence 1988.

Werbos, P.J.: Building and Understanding Adaptive Systems: A Statistical/Numerical Approach to Factory Automatation and Brain Research. In: IEEE Transactions on Systems, Man and Cybernetics Vol. SMC-17, Nr.1. Piscataway, IEEE, 1987.

Widrow, B.: Adaline and Madeline - 1963. In: IEEE First International Conference on Neural Networks , Vol.II. Piscataway, IEEE, 1987.

Wittner, B. / Denker, J.: Strategies for Teaching Layered Networks Classification Tasks. In: IEEE Conference Neural Info Processing. Piscataway, IEEE, 1987.

Wittner, B. / Denker, J.: Network Generality, Training Required and Precision Required. In: IEEE Conference Neural Info Processing. Piscataway, IEEE, 1987.

Davis, J.L.: Neural Networks Program Summary. Office of Naval Research (Hrsg.), 1990.

[Aufstellung der mit neuronalen Netzen befaßten Forschungen und Wissenschaftlern]

Klimasauskas, C.C.: Neural Applications in Anti-Submarine Warfare. NeuralWorks Connection 1, (1990),2.

Roth, M.W.: Survey of Neural Network Technology for Automatic Target Recognition. In: IEEE Transactions on Neural Networks, Vol.1, Nr.1, S.28-43, März 1990.

[Überblicksartikel zur Zielerkennung]

Webb, A.R.: Applications of Neural Networks in Military Systems. In: Military Microwaves (Wembley Conference Center), S.356-361, London, 1990.

Anmerkung der Bearbeiterin der zweiten deutschen Auflage:

Zu diesen Publikationen, die eher eine prinzipielle wissenschaftliche Auseinander-
setzung mit der informationstechnischen Lösbarkeit von Problemen anhand neuronaler Netze widerspielgeln, seien im folgenden einige wenige Titel angeführt, die
den Bereich der *Anwendungen* neuronaler Netze betreffen. Damit sollen die Inter-
essen aufgezeigt werden, die hinter der oben genannten wissenschaftlichen Ausein-
andersetzung stehen, diese zum großen Teil mit Forschungsgeldern fördern oder erst
ermöglichen, und sie damit von vornherein in eine ganz bestimmte – nämlich militärische – Nutzbarkeit einbinden (so zum Beispiel die DARPA; Mitteilung des FIFF,
Forum InformatikerInnen für Frieden und gesellschaftliche Verantwortung e. V.)

Dieser Zusammenhang ist im zweiten Kapitel des vorliegenden Buches, Abschnitt
„Neue Chips für neuronale Netze", bereits angedeutet worden.

DARPA (Defense Advance Research Projects Agency; Wissenschaftsbehörde des
Pentagon für innovative Technologien): Neural Network Study. Final Report. MIT
Lincoln Lab, Mass., 1988. [eine auf militärische Verwendbarkeit neuronaler Netze
ausgerichtete Studie]

Stichwortverzeichnis